UTB 4435

D1935949

Eine Arbeitsgemeinschaft der Verlage

Böhlau Verlag · Wien · Köln · Weimar
Verlag Barbara Budrich · Opladen · Toronto
facultas · Wien
Wilhelm Fink · Paderborn
A. Francke Verlag · Tübingen
Haupt Verlag · Bern
Verlag Julius Klinkhardt · Bad Heilbrunn
Mohr Siebeck · Tübingen
Nomos Verlagsgesellschaft · Baden-Baden
Ernst Reinhardt Verlag · München · Basel
Ferdinand Schöningh · Paderborn
Eugen Ulmer Verlag · Stuttgart
UVK Verlagsgesellschaft · Konstanz, mit UVK/Lucius · München
Vandenhoeck & Ruprecht · Göttingen · Bristol
Waxmann · Münster · New York

Rechtstheorie

von

DDr. Michael Potacs
Universitätsprofessor an der Wirtschaftsuniversität Wien

1. Auflage

Wien 2015

facultas

Bibliografische Information Der Deutschen Nationalbibliothek
Die Deutsche Nationalbibliothek verzeichnet diese Publikation in der Deutschen Nationalbibliografie; detaillierte bibliografische Daten sind im Internet über http://dnb.d-nb.de abrufbar.

facultas, 1050 Wien, Österreich

Satz: Wandl Multimedia-Agentur
Einbandgestaltung: Atelier Reichert, Stuttgart
Druck und Bindung: CPI – Ebner & Spiegel, Ulm
Printed in Germany
ISBN 978-3-7089-4435-4

Vorwort

Leitgedanke des vorliegenden Buches ist es, theoretische Einsichten über das positive Recht zu gewinnen, um die Auslegung positiver Rechtsvorschriften zu fundieren. Dementsprechend wird darin das positive Recht unter verschiedenen Gesichtspunkten betrachtet und analysiert. Nach seiner Konzeption verfolgt das Buch ein doppeltes Ziel. Zum einen werden wichtige Lehrmeinungen zu Begriff, Erkennbarkeit und Struktur des positiven Rechts sowie zur Wissenschaftlichkeit und Angemessenheit seiner Interpretation dargelegt und diskutiert. Das Buch besitzt damit den Charakter einer Einführung in die Theorie des positiven Rechts und soll als Lehrbuch und Nachschlagwerk der Rechtstheorie dienen. Zum anderen werden aber auch Lösungsvorschläge zu wesentlichen Fragen der Rechtstheorie geboten, weshalb das Buch gleichzeitig einen fachlichen Beitrag zur rechtstheoretischen Diskussion leisten soll. Insoweit kann das Buch auch als Grundlegung einer Theorie des positiven Rechts verstanden werden. In jedem Fall aber ist mit dem Buch die Hoffnung verbunden, dass es zumindest in bescheidenem Umfang die Bedeutung der Rechtstheorie für eine wohl begründete juristische Auslegung ins Bewusstsein zu bringen vermag.

Für wertvolle Unterstützung beim Verfassen des Buches darf ich mich bei meiner Mitarbeiterin *Dr. Claudia Wutscher* bedanken. *Prof. Dr. Christoph Bezemek* möchte ich dafür danken, dass er das Manuskript gelesen und mir wichtige Hinweise gegeben hat, die den Aufbau und Inhalt des Buches entscheidend verbesserten. Besonderen Dank schulde ich insbesondere auch meinen Sekretärinnen *Esra Cinar* und *Maria Fegerl* für die unschätzbare technische Hilfe bei der Erstellung des Manuskriptes. Nicht zuletzt möchte ich mich bei dieser Gelegenheit wieder einmal bei meinem akademischen Lehrer *Prof. Dr. Heinz Peter Rill* bedanken, auf dessen methodologischer Grundposition das Buch an vielen Stellen basiert.

Wien, im Mai 2015 *Michael Potacs*

Inhaltsverzeichnis

Abkürzungsverzeichnis

aA	anderer Ansicht
Abs	Absatz
AEUV	Vertrag über die Arbeitsweise der Europäischen Union
AöR	(deutsches) Archiv des öffentlichen Rechts
ARSP	Archiv für Rechts- und Sozialphilosophie
Art	Artikel
Aufl	Auflage
BVerfGE	Entscheidungen des Bundesverfassungsgerichts
B-VG	Bundes-Verfassungsgesetz 1920 idF von 1929
dh	das heißt
EGMR	Europäischer Gerichtshof für Menschenrechte
EU	Europäische Union
EuGH	Europäischer Gerichtshof
EuR	Europäisches Recht
EUV	Vertrag über die Europäische Union
f/ff	folgende Seite/n
FN	Fußnote
FS	Festschrift
GG	Grundgesetz für die Bundesrepublik Deutschland
GS	Gedächtnisschrift
GV	Generalvertretung
Hrsg	Herausgeber
ICJ	International Court of Justice
insb	insbesondere
iS	im Sinne
iV	in Verbindung
JBl	Juristische Blätter
Jh	Jahrhundert
JRP	Journal für Rechtspolitik
JZ	(deutsche) Juristenzeitung
lit	litera(e)
mwN	mit weiteren Nachweisen
MRK	Europäische Menschenrechtskonvention
OECD	Organisation for Economic Co-operation and Development
ÖJZ	Österreichische Juristen-Zeitung
Rs	Rechtssache
Rz	Randzahl
s	siehe

Slg	Sammlung
StIGH	Ständiger Internationaler Gerichtshof
UN	United Nations
US	United States
verb Rs	verbundene Rechtssachen
VfSlg	Sammlung der Erkenntnisse und wichtigsten Beschlüsse des Verfassungsgerichtshofes
vgl	vergleiche
WVK	Wiener Vertragsrechtskonvention
zB	zum Bespiel
ZfV	Zeitschrift für Verwaltung
ZÖR	Zeitschrift für öffentliches Recht

I. Begriff

A. Begriffsbestimmung

Eine Bestimmung des Begriffs „Rechtstheorie“ setzt zunächst einmal einen bestimmten Rechtsbegriff voraus. Ein Rechtsbegriff lässt sich jedoch nicht auf rein erkenntnismäßigem Weg festmachen. Vielmehr handelt es sich bei der Entwicklung eines Rechtsbegriffes um einen Vorschlag, der sich an Zweckmäßigkeitskriterien orientiert.[1] Leitlinie für die Bestimmung des Rechtsbegriffs ist die damit verfolgte Zielsetzung. Wird doch durch die Festsetzung des Rechtsbegriffs auch der Gegenstand der wissenschaftlichen Untersuchung eingegrenzt. Bei der vorliegenden Begriffsbestimmung steht das Interesse an einer **adäquaten Erfassung** des positiven Rechts im Vordergrund, um auf diese Weise Einsichten über die **Auslegung** positiver Rechtsvorschriften zu gewinnen.[2] Ziel der folgenden Darlegungen ist es, das positive, also das von Menschen für Menschen gesetzte Recht, theoretisch zu analysieren. Schon unter diesem Aspekt wird daher hier unter dem Begriff der „Rechtstheorie“ eine Theorie des **positiven Rechts** verstanden. Freilich sollte eine juristische Begriffsbildung zumindest in gewissem Umfang einem herkömmlichen Begriffsverständnis entsprechen[3], weil sonst mit keiner ausreichenden Akzeptanz zu rechnen ist. Doch diese Gefahr besteht bei der vorliegenden Begriffsbestimmung nicht, weil sich schon seit längerem ein Verständnis von Rechtstheorie als Theorie des positiven Rechts herausgebildet hat.[4] Im Vordergrund steht nach dem hier vertretenen Verständnis von Rechtstheorie somit die Frage nach der Beschaffenheit des positiven Rechts.

Unmaßgeblich ist danach, welchen Inhalt das positive Recht in den verschiedenen Regelungsbereichen (wie Verfassungsrecht, Arbeitsrecht und Familienrecht) haben sollte. Damit unterscheidet sich das hier vertretene Verständnis der Rechtstheorie insbesondere von einem naturrechtlichen Ansatz. Einer solchen **Naturrechtslehre** oder „naturrechtlichen Rechtstheorie“ geht es darum, eine von menschlicher Setzung unabhängige (präpositive) Rechtsordnung aus der Natur des Menschen zu entwickeln. Doch ist die Naturrechtslehre nach dem hier vertretenen Begriffsverständnis nicht als Rechtstheorie[5], sondern als Form der Rechtsphilosophie zu verstehen. Denn

1 *Rill*, in Griller/Rill, 1 f.
2 Dazu *Rill*, Griller/Rill, 4 f.
3 *Rill*, Griller/Rill, 2.
4 Siehe etwa bereits *Dreier*, Rechtstheorie, 8; *Krawietz*, Entscheidung, 215, mwN.
5 Dazu schon *Kaufmann*, Rechtstheorie, 9.

auch der Rechtsphilosophie geht es nicht um eine bloße Beschreibung des positiven Rechts, sondern um die Ermittlung des „richtigen“ („gerechten“) Inhaltes rechtlicher Anordnungen.[6] Rechtstheorie hat nach dem hier vertretenen Begriffsverständnis demgegenüber die von Menschen gesetzten Vorschriften unabhängig von ihrem konkreten Inhalt zum Gegenstand seiner Betrachtung.[7]

Das Charakteristikum einer solchen Rechtstheorie besteht darin, dass sie **generelle Aussagen** zum positiven Recht unabhängig von dessen Ausgestaltung in den einzelnen Rechtsordnungen erarbeitet.[8] Der Rechtstheorie geht es demnach also im Gegensatz zur Rechtsdogmatik[9] nicht um die Interpretation einzelner Rechtsvorschriften. Die Rechtstheorie beschäftigt sich vielmehr mit grundlegenden Eigenschaften des positiven Rechts, die prinzipiell auf alle positiven Rechtsordnungen zutreffen. Damit erscheint auch die Bezeichnung „Rechtstheorie“ für eine solche Disziplin gerechtfertigt. Denn unter einer „Theorie“ werden „Regelmäßigkeiten“[10], dh allgemeine Sätze über bestimmte Phänomene, verstanden. Gegenstand der Rechtstheorie sind eben allgemeine Sätze über das positive Recht unabhängig von dessen konkreter Ausgestaltung in einzelnen Rechtsordnungen. Soweit diese allgemeinen Aussagen auf Beobachtung beruhen, kann die Rechtstheorie als empirische Disziplin angesehen werden.[11]

Das betrifft etwa Aussagen zum Aufbau von Rechtsordnungen („Stufenbau“) oder die Erscheinungsform von Rechtsvorschriften („Regeln oder Prinzipien“). Man kann diese Funktion der Rechtstheorie als **empirische Funktion** bezeichnen, die vor allem in der Strukturanalyse der positiven Rechtsordnung ihren Ausdruck findet. Versteht man die Rechtstheorie als umfassende Lehre von den allgemeinen Eigenschaften des positiven Rechts, dann kann sie sich in ihrer empirischen Funktion allerdings nicht erschöpfen.

---

6 Dazu näher I.B.1.

7 Siehe demgegenüber jedoch etwa *Arthur Kaufmann*, Rechtsphilosophie, Rechtstheorie, Rechtsdogmatik, in Arthur Kaufmann/Winfried Hassemer/Ulfried Neumann (Hrsg), Einführung in die Rechtsphilosophie und Rechtstheorie der Gegenwart[7] (2004), 1 (9).

8 *Adomeit/Hähnchen*, Rechtstheorie für Studenten[6], 10, Rz 17.

9 Dazu näher I.B.4.

10 *Popper*, Erkenntnis, 91. Siehe zu den verschiedenen Formen von „Theorien“ in der Rechtswissenschaft VI.B.1.

11 *Krawietz*, Entscheidung, 219; *Rüthers/Fischer/Birk*, Rechtstheorie[7], 12, Rz 17.

Denn zu einer solchen Lehre zählt es auch, dass sie Einsichten über die nähere Umschreibung ihres Gegenstandes (dem positiven Recht) und über die Voraussetzungen seiner Erkennbarkeit gewinnt. Man kann diesen Aspekt als **erkenntnistheoretische Funktion** der Rechtstheorie bezeichnen, die sich etwa mit der Wahrheitsfähigkeit von Aussagen über den Inhalt positiver Rechtsvorschriften beschäftigt. Zur Rechtstheorie gehören aber auch allgemeine Aussagen zur Methodik, mit der sich der Inhalt einzelner Rechtsvorschriften überhaupt ermitteln lässt. Dabei geht es um die (korrekte) Anwendung des positiven Rechts und damit um dessen praktische Handhabung, weshalb man diesen Gesichtspunkt als **praktische Funktion** der Rechtstheorie verstehen kann.

Alle drei Funktionen werden in den folgenden Ausführungen behandelt. Aus systematischen Gründen wird jedoch zuvor die Rechtstheorie im gerade beschriebenen Sinn von anderen Formen der (rechts)wissenschaftlichen Befassung mit dem positiven Recht wie der Rechtsphilosophie, der Rechtspolitik, der Rechtssoziologie und der Rechtsdogmatik abgegrenzt. Danach werden die bedeutenden Richtungen des modernen Rechtspositivismus (wie jener *Harts, Holmes* und *Ross, Kelsens* oder *Weinberger/MacCormicks*[12]) dargestellt und im Hinblick auf das dargelegte Erkenntnisinteresse an einer adäquaten Erfassung des positiven Rechts im Hinblick auf dessen Auslegung einer Bewertung unterzogen. Im Anschluss daran wird dann eine eigene, diesem Erkenntnisinteresse entsprechende theoretische Positionierung vorgenommen. Daran anschließend wird das positive Recht als Untersuchungsgegenstand der Rechtstheorie näher umschrieben. Der vierte Teil widmet sich der Erkennbarkeit des positiven Rechts als Gegenstand wissenschaftlicher Betrachtung, wobei auch hier wieder auf verschiedene erkenntnistheoretische Lehren (wie Hermeneutik, Diskurstheorie, Grundnormlehre) eingegangen und dann ein eigener Ansatz vorgestellt wird. Ausgehend von diesem Ansatz wird im fünften Teil, die Struktur des positiven Rechts, im sechsten Teil der Wissenschaftscharakter und im siebenten Teil die angemessene Methodik bei der Auslegung positiver Rechtsvorschriften behandelt.

---

12 *Norbert Hoerster*, Richtigstellung über den Rechtspositivismus, ARSP 1993, 416. Siehe darüber hinaus zu verschiedenen Spielarten des Rechtspositivismus *Ott*, Rechtspositivismus², 32 ff.

B. Abgrenzungen

1. Abgrenzung zur Rechtsphilosophie

Im Gegensatz zur Rechtstheorie geht es der Rechtsphilosophie nicht um eine bloße Beschreibung des positiven Rechts, sondern um die Bestimmung des „richtigen" („gerechten") Rechts. Demnach ist eine der zentralen rechtsphilosophischen Fragestellungen jene nach der **Gerechtigkeit**.[13] Dabei bilden Freiheit, Menschenwürde und das Bestehen unveräußerlicher Menschenrechte den Gegenstand der Betrachtung. Die heterogenen und höchst kontroversen Positionen in der Diskussion um die Gerechtigkeitsfrage betreffen unter anderem den Begriff, die Arten (zB Verteilungs- oder Tauschgerechtigkeit), den (Mindest-)Inhalt sowie das Verhältnis der Gerechtigkeit zum positiven Recht, inklusive dem Umgang mit hochgradig ungerechtem (positivem) Recht oder der Frage der Legitimation von Herrschaft und rechtlicher Gewalt.

Das letztgenannte Problem greifen etwa die naturrechtlichen Gesellschaftsvertragstheorien des 17. und 18. Jh von *Hugo Grotius*, *Thomas Hobbes*, *John Locke* und *Jean-Jacques Rousseau* auf. Gewissermaßen eine moderne Neuinterpretation dieses Gedankenexperiments zum Zweck der Herausarbeitung zentraler Gerechtigkeitsprinzipien lieferte *John Rawls* in seiner Theorie der Gerechtigkeit[14].

Angesichts der Pluralität menschlicher Wert- und Gerechtigkeitsvorstellungen muss ein positivistisches Rechtsverständnis aber von der grundsätzlichen Trennung von Recht und Gerechtigkeit ausgehen und die Frage der Legitimation von Recht und Staat der Philosophie überlassen. Rechtstheorie im hier vertretenen Verständnis betrifft (bloß) die Herausarbeitung von Kriterien zur Beschreibung und Systematisierung des positiven Rechts. Als solche befasst sie sich daher auch grundsätzlich nicht mit Gerechtigkeitsfragen. Die Frage der Gerechtigkeit oder Ungerechtigkeit einer Norm (oder einer gesamten Rechtsordnung) ist demnach auch keine Frage der Rechtstheorie im hier verstandenen Sinn und auch für die Beurteilung der Geltung einer Norm (im rechtstheoretischen Sinn[15]) ohne Bedeutung.

Unter dem Eindruck der Unrechtserfahrungen des Nationalsozialismus hat *Gustav Radbruch* allerdings die sog „Radbruch'sche Formel" entwickelt, wonach jene Bestim-

13 *Vesting*, Rechtstheorie, 14, Rz 25.

14 *John Rawls*, Theorie der Gerechtigkeit (1979).

15 Siehe III.A.1.

mungen, die die Gleichheit als Kern der Gerechtigkeit bewusst und grob verletzten, als „gesetzliches Unrecht" keine Geltung erlangen sollen.[16]

Gerechtigkeitsfragen können freilich dann zu Rechtsfragen werden, wenn das **positive Recht** selbst **auf Gerechtigkeitsvorstellungen verweist**. Das betrifft etwa das ausdrückliche Bekenntnis zur Menschenwürde in vielen Verfassungsordnungen, wie etwa in Art 1 Abs 1 des deutschen Grundgesetzes.[17] Fragen betreffend die Interpretation fundamentaler Menschenrechte sind mit philosophischen Vorstellungen eng verbunden. Aber auch die Prinzipien der Demokratie und Rechtsstaatlichkeit gehen von einem gewissen rechtsphilosophischen Verständnis aus. Auch wenn im Prozess der Schaffung von Rechtsvorschriften ein bestimmtes Gerechtigkeitsziel ausdrücklich verfolgt wurde (zB bei Gesetzen, die auf die Herstellung von Geschlechtergerechtigkeit gerichtet sind, oder bei prozessrechtlichen Bestimmungen, die in bestimmten Bereichen zu mehr Verfahrensgerechtigkeit führen sollen), ist im Rahmen der teleologischen sowie der historischen Auslegung der rechtsphilosophische Hintergrund bedeutsam. Insofern kann auch aus rechtstheoretischer Perspektive darauf hingewiesen werden, dass die Rechtsphilosophie als „Hilfswissenschaft" für die Ermittlung des Sinngehaltes positivrechtlicher Vorschriften dienen.

Aber darüber hinaus sind philosophische Überlegungen durchaus für die Rechtstheorie selbst von Bedeutung. Ist es doch gerade für die adäquate Erfassung des positiven Rechts im Hinblick auf dessen Interpretation relevant, ob und inwieweit Aussagen über positive Rechtsnormen wahrheitsfähig sind und das positive Recht (objektiv) beschrieben werden kann. Dabei handelt es sich um Fragestellungen der **Erkenntnistheorie**, die eine klassische Disziplin der Philosophie darstellt. Die Beschäftigung mit dem positiven Recht als Erkenntnisgegenstand der Interpretation umfasst daher auch notwendigerweise philosophische Überlegungen, auf die in weiterer Folge noch einzugehen sein wird.[18]

---

16 *Gustav Radbruch*, Süddeutsche Juristenzeitung 1946, 105 (107). Dazu auch *Alexy*, Begriff[3], 70 ff. Zum Recht auf einen „zivilen Ungehorsam" in Bezug auf Gesetze, deren Gültigkeit nach dem Verfassungssystem der USA zweifelhaft ist, siehe *Dworkin*, Bürgerrechte, 337 ff.

17 „Die Würde des Menschen ist unantastbar. Sie zu achten und zu schützen ist Verpflichtung aller staatlichen Gewalt". Vgl auch zB Art 2 EUV.

18 Siehe IV.

2. Abgrenzung zur Rechtspolitik

Die Rechtstheorie ist aber auch von der Rechtspolitik abzugrenzen. Gegenstand der Rechtspolitik ist die konkrete Gestaltung von Rechtsvorschriften in positiven Rechtsordnungen. Im Vordergrund steht dabei die inhaltliche Ausarbeitung generell-abstrakter Rechtsvorschriften, die in positiven Rechtsordnungen häufig als Gesetze im formellen Sinn bezeichnet werden.[19] Man kann daher die primäre Aufgabe der Rechtspolitik in der Gestaltung von Gesetzen sehen, die verschiedene Stoßrichtungen aufweist. Dazu zählt insbesondere die **sachpolitische Gestaltungsaufgabe**[20], bei der es um die inhaltliche Ausgestaltung gesetzlicher Vorschriften geht. Diese hängt von der politischen Programmatik der gesetzlichen Entscheidungsträger in einer Rechtsordnung ab. Die Beurteilung dieser Aufgabe der Rechtspolitik weist Berührungspunkte mit der Politikwissenschaft auf, zu deren Gegenstand die Analyse politischer Prozesse gehört.[21] Dabei kann es zum einen um eine Analyse des gesamten politischen Systems („Systemlehre“[22]) gehen und zum anderen um die Analyse bestimmter Politikfelder, wie der Umwelt-, Sozial- oder Wirtschaftspolitik sowie der inhaltlichen Ausrichtung einzelner politischer Akteure (Parteien).[23] Zur Rechtspolitik zählt auch die **Wirkungsforschung**, die eine Rechtsfolgenanalyse einschließlich der mit einer rechtlichen Regelung verbundenen Kosten zum Inhalt hat.[24] In engem Zusammenhang damit stehen Überlegungen zur Leistungsfähigkeit der **Steuerungsfunktion** gesetzlicher Regelungen, die sich mit den Grenzen der Verhaltenssteuerung generell abstrakter Anordnungen in bestimmten Sachbereichen mit gewissen Unsicherheitsfaktoren („Risikoentscheidungen“) befasst.[25] Zur Rechtspolitik gehört aber auch die **Gesetzgebungstechnik** (Legistik), die sich mit dem Stil und damit der sprachlichen Qualität von Gesetzen beschäftigt.[26] Ihr Anliegen ist es, dass gesetzliche Regelungen nach ihrem sprachlichen Ausdruck und

19 Siehe III.A.2.a).
20 *Noll*, Gesetzgebungslehre, 214 ff.
21 *Mols*, Lauth/Wagner, 27.
22 *Mols*, Lauth/Wagner, 42.
23 Dazu etwa Klaus Schubert/Nils C. Bandelow (Hrsg), Lehrbuch der Politikfeldanalyse (2009).
24 *Noll*, Gesetzgebungslehre, 146 ff; *Karpen*, Gesetzgebungslehre, 14.
25 *Noll*, Gesetzgebungslehre, 95; *Holoubek*, in Holoubek/Lienbacher, 13.
26 *Noll*, Gesetzgebungslehre, 164 ff; *Karpen*, Gesetzgebungslehre, 24.

ihrer systematischen Gestaltung Anordnungen möglichst klar und verständlich zum Ausdruck bringen.

Von all diesen Aufgaben der Rechtspolitik unterscheidet sich die Rechtstheorie dadurch, dass sie grundsätzlich nicht die konkrete Ausgestaltung von Rechtsvorschriften in einzelnen positiven Rechtsordnungen behandelt. Sie trachtet vielmehr danach, allgemeine Aussagen zum Charakter des positiven Rechts unabhängig von dessen jeweiliger Ausprägung in einzelnen positiven Rechtsordnungen zu treffen.[27] Freilich ist daran zu erinnern, dass nach dem hier verfolgten Erkenntnisinteresse an der Rechtstheorie die adäquate Beschreibung des positiven Rechts im Hinblick auf dessen Interpretation im Vordergrund steht. Dabei ist zu bedenken, dass die zu interpretierenden Rechtsvorschriften letztlich das Ergebnis eines politischen Willensbildungsprozesses sind. Im Hinblick auf dieses Erkenntnisinteresse darf daher auch aus rechtstheoretischer Sicht der Hinweis nicht fehlen, dass rechtspolitische Anliegen für die Interpretation eine Rolle spielen können. Geht es doch bei der Interpretation von Rechtsvorschriften darum, den (sprachlichen) Willen des Rechtsetzers nachzuvollziehen, wozu eine Analyse der politischen Grundlagen der positiven Rechtsvorschrift einen wichtigen Beitrag leisten kann.

So vermag etwa eine Analyse der sozialpolitischen Vorstellungen einer für die Erlassung einer Sozialgesetzgebung verantwortlichen politischen Partei Aufschluss über dessen Inhalt im Rahmen einer historischen oder teleologischen Interpretation geben. Auch kann in einem an ökonomischer Effizienz orientierten politischen System der Aspekt einer mit möglichst geringen wirtschaftlichen Kosten verbundenen Lösung für eine sinnvolle Auslegung gesetzlicher Vorschriften von Gewicht sein.[28] Sehen etwa „Legistische Richtlinien" von politischen Institutionen (etwa einem Legistischen Dienst eines Parlaments) die möglichst einheitliche Verwendung bestimmter Worte vor, dann ist dies auf Grund einer systematischen Auslegung („Einheitlichkeit der Rechtssprache"[29]) ebenfalls zu berücksichtigen.

3. Abgrenzung zur Rechtssoziologie

Eine Abgrenzung der Rechtstheorie ist aber auch gegenüber der Rechtssoziologie vorzunehmen. Deren Erkenntnisgegenstand ist nicht so sehr das

27 Siehe I.A.
28 Siehe näher VII.E.
29 Dazu VII.C.

positive Recht selbst, sondern dessen Ursachen und Wirkungen in der gesellschaftlichen Wirklichkeit.[30] Rechtssoziologie befasst sich also weniger mit dem Sinngehalt positiver Rechtsordnungen (*law in books*), sondern vielmehr mit dem positiven Recht als sozialem Phänomen (*law in action*).[31] Ihr Erkenntnisinteresse besteht in der Erforschung bestimmter „Parallelphänomene“[32] positiver Rechtsnormen und nicht in der Aufdeckung grundlegender Eigenschaften des positiven Rechts als Normenordnung. Dementsprechend wird das positive Recht von der Rechtssoziologie auch unter dem Blickwinkel seiner sozialen Wirklichkeit analysiert („Rechtstatsachenforschung“[33]). So versteht sie zum einen das positive Recht als Ergebnis eines gesellschaftlichen Prozesses und untersucht dessen Ursachen. Zum anderen beschäftigt sich die Rechtssoziologie aber auch mit den Wirkungen des positiven Rechts auf die gesellschaftliche Realität und weist insoweit eine Ähnlichkeit mit Aspekten der Rechtspolitik auf. Das betrifft insbesondere jene Richtung der Rechtssoziologie, die sich als „**Sozialtechnologie**“ versteht und nach operationalen Lösungen von gesellschaftlichen Problemen durch das positive Recht sucht.[34] Insgesamt geht es der Rechtssoziologie also darum, die **gesellschaftlichen Ursachen und Wirkungen** positiver Rechtsordnungen oder einzelner ihrer Normen aufzudecken und zu analysieren.[35]

Als Rechtssoziologie im dargelegten Sinn kann daher die sogenannte **marxistische Rechtstheorie** angesehen werden.[36] Diese begreift das positive Recht als Phänomen einer Klassengesellschaft, durch das eine Klasse eine andere zwangsweise unterdrückt.[37] Positive Rechtsnormen sind für die marxistische Rechtstheorie Teil einer umfassenden und durch Klassengegensätze angetriebenen dialektischen Entwicklung. Dementsprechend wendet sich die marxistische Rechtstheorie auch gegen die „Blickverkürzung auf ein ‚reines Sollen‘“, wie sie einer auf das positive Recht beschränkten Betrachtungsweise

30 *Rehbinder*, Rechtssoziologie, 1, Rn. 1; *Vesting*, Rechtstheorie, 2 f, Rz 3 f.

31 *Roscoe Pound,* Law in Books and Law in Action, American Law Review 44 (1910) 12 ff.

32 *Kelsen*, Rechtslehre², 108.

33 *Rottleuthner*, Rechtstheorie und Rechtssoziologie, 76 f; Heinz Barta/Michael Gannes (Hrsg), Rechtstatsachenforschung-Heute (2014).

34 *Rehbinder*, Rechtssoziologie, 2, Rz 2.

35 *Rehbinder*, Rechtssoziologie, 1, Rz 2.

36 Grundlegend *Eugen Paschukanis*, Allgemeine Rechtslehre und Marxismus. Versuch einer Kritik der juristischen Grundbegriffe (2003). Zum soziologischen Charakter der Marxistischen Rechtstheorie siehe *Rottleuthner*, Rechtstheorie und Rechtssoziologie, 67 f.

37 *Mahlmann*, Rechtsphilosophie², 139 ff, Rz 1 ff.

zugrunde liege.[38] Auch bei der marxistischen Rechtstheorie steht somit nicht die Analyse des positiven Rechts als solchem, sondern seiner Ursachen und Wirkungen in der gesellschaftlichen Realität im Vordergrund.

Einen rechtssoziologischen Charakter weist auch die **Systemtheorie des Rechts**[39] auf. Das gilt insbesondere für die Systemtheorie von *Niklas Luhmann*, die das Recht als soziales System auffasst[40]. Als solches existiert es in Form von Kommunikation[41], die bestimmte normative Verhaltenserwartungen auslöst[42]. Für die Systemtheorie des Rechts legt das Rechtssystem die Bedingungen der Geltung von Recht (einschließlich seiner Reproduktion) selbst fest (durch einen „Rechts-Code von Recht und Unrecht“[43]). Das Rechtssystem ist daher aus systemtheoretischer Sicht „selbstreferentiell“ und damit ein „autopoetisches System“[44].

Einer Rechtstheorie im hier verstandenen Sinn geht es demgegenüber grundsätzlich darum, allgemeine Aussagen über positive Rechtsordnungen losgelöst von ihrer gesellschaftlichen Realität zu treffen. Aus diesem Grund ist es nach dem hier vertretenen Verständnis für den Begriff des positiven Rechts auch unmaßgeblich, ob und inwieweit die Normen eines Anordnungssystems effektiv sind.[45] Denn bei der **Effektivität** von Normen geht es um die gesellschaftliche Wirkung von Normen, deren Untersuchung ein wesentliches Aufgabengebiet der Soziologie bildet („Effektivitätsforschung“[46]). Bei dem hier vertretenen Verständnis von Rechtstheorie steht dagegen das Erkenntnisinteresse an der adäquaten Beschreibung des positiven Rechts im Hinblick auf dessen Interpretation im Vordergrund. Dafür ist es zwar nicht erforderlich, die Effektivität (als zentralem Gegenstand der Rechtssoziologie) in den Begriff des positiven Rechts aufzunehmen. Allerdings ist auch aus der Perspektive des hier vertretenen Rechtsbegriffes darauf hinzuweisen, dass Einsichten über die Ursachen und Wirkungen von rechtlichen Anordnungen

38 *Heinz Wagner*, Reine Rechtslehre und marxistische Rechtstheorie, in Reine Rechtslehre und marxistische Rechtstheorie, Schriftenreihe des Hans Kelsen Instituts, Band 3 (1978), 109 (113).

39 Dazu etwa *Gralf-Peter Calliess*, Systemtheorie: Luhmann/Teubner, in Sonja Buckel/Ralph Christensen/Andreas Fischer-Lescano (Hrsg), Neue Theorien des Rechts (2006) 57; *Vesting*, Rechtstheorie, 3 f, Rz 5 ff; *Mahlmann*, Rechtsphilosophie[2], 213 f, Rz 59 f.

40 ZB *Luhmann*, Rechtstheorie 1983, 135.

41 Ebenda.

42 *Luhmann*, Rechtssoziologie, Band 1 (1972) 99.

43 *Luhmann*, Rechtstheorie 1983, 134.

44 *Luhmann*, Rechtstheorie 1983, 133. Umfassend dazu *Teubner*, System, 1989.

45 Siehe näher II.E.

46 *Rottleuthner*, Rechtstheorie und Rechtssoziologie, 69 ff, 91 ff.

für die Auslegung von Rechtsvorschriften von Bedeutung sein können. Vermögen sie doch im Rahmen einer historischen oder teleologischen Interpretation Aufschluss darüber zu geben, was einem Rechtsetzer auf Grund seiner sprachlichen Äußerung im jeweiligen Äußerungskontext als von ihm gewollt zugesonnen werden kann.

So ist einem Gesetzgeber ein Auslegungsergebnis kaum zusinnbar, das sich gänzlich über die mit einer gesetzlichen Regelung intendierte Lösung einer sozialen Problematik hinwegsetzt. Ebenso wenig kann einem Gesetz eine Auslegung unterstellt werden, die in ihrer gesellschaftlichen Auswirkung einer erkennbaren gesetzlichen Zielsetzung zuwiderläuft.[47] Insoweit kann auch eine „Sozialtechnologie“ hilfreich sein, die soziale Wirkungszusammenhänge unter teleologischen Gesichtspunkten ins Spiel bringt.[48]

4. Abgrenzung zur Rechtsdogmatik

Rechtstheorie, verstanden als Theorie des positiven Rechts, ist auch von der Rechtsdogmatik abzugrenzen. Das Wort „Dogma“ bedeutet Lehre oder Meinung.[49] Nach hier vertretenem Verständnis bedeutet Rechtsdogmatik die **Interpretation von Rechtsvorschriften**, indem über deren Inhalt Lehrmeinungen gebildet werden.[50] Jeder Auslegung von Rechtsvorschriften liegen jedoch bestimmte Grundannahmen über den Charakter positiver Rechts-

47 Siehe VII.E.

48 So *Hans Albert*, Zur Kritik der reinen Jurisprudenz. Recht und Rechtswissenschaft in der Sicht des kritischen Rationalismus, Internationales Jahrbuch für Rechtsphilosophie und Gesetzgebung 1992, 343 (350). Das Anliegen *Alberts* dürfte allerdings darüber hinausgehen, wenn er von der Rechtswissenschaft verlangt, dass Wirkungszusammenhänge aufgezeigt werden, um eine „effiziente Interpretation“ (*Albert*, Rechtswissenschaft, 31) zu gewährleisten, und die wissenschaftliche Angemessenheit der sonstigen juristischen Auslegungsmethoden in Zweifel zieht; siehe insbesondere *Hans Albert*, in Jahrbuch für Rechtssoziologie und Rechtstheorie 1972, 96; *derselbe*, Rechtswissenschaft als Realwissenschaft. Das Recht als soziale Tatsache und die Aufgabe der Jurisprudenz (1993) 22, 31. Insoweit zu Recht kritisch zu diesem *Robert Walter*, Bemerkungen zu Albert, zur Kritik der Reinen Jurisprudenz, Recht und Rechtswissenschaft in der Sicht des kritischen Rationalismus, Internationales Jahrbuch für Rechtsphilosophie und Gesetzgebung 1992, 359 ff; *Thienel*, Rationalismus, 10 ff; *derselbe*, Rechtswissenschaft ohne Sollen?, in Eric Milgendorf (Hrsg), Wissenschaft, Religion und Recht. Hans Albert zum 85. Geburtstag (2006), 415 (418 ff).

49 *Röhl/Röhl*, Rechtslehre^3, 164; *Rüthers/Fischer/Birk*, Rechtstheorie^7, 192, Rz 310.

50 Zu einem weitergehenden Verständnis von Rechtsdogmatik etwa *Vesting*, Rechtstheorie, 10 ff, Rz 19 ff.

vorschriften und einer diesen Charakter angemessenen Methodik zugrunde. Diese Grundvoraussetzungen werden auch als „Metarechtsdogmatik“[51] oder „dogmatische Präsuppositionen“[52] bezeichnet. Die Rechtsdogmatik bedient sich demgemäß jener allgemeinen Ansichten über das positive Recht, auf deren Grundlage dann weitere Überlegungen im Hinblick auf die Lösung konkreter Rechtsfragen vorgenommen werden. Bei der Interpretation von Rechtsvorschriften werden diese Grundvoraussetzungen mitunter ungeprüft als zutreffend angenommen.[53] Rechtsdogmatik nimmt also bestimmte grundlegende Aussagen über das positive Recht und dessen angemessene Auslegung als gegeben an und ermittelt auf ihrer Grundlage den Sinngehalt positiver Rechtsvorschriften.[54] Auf Basis rechtstheoretischer Überlegungen wird dann im Wege der Rechtsdogmatik eine rationale Begründung[55] eines Interpretationsergebnisses möglich und dieses damit intersubjektiv nachprüfbar. Insoweit erscheint es zutreffend, die Rechtstheorie als „Meta-Dogmatik“[56] anzusehen. Die (zumindest weitgehende) Einigung auf bestimmte der Dogmatik zugrunde liegende Sätze (wie Auslegungscanones) im Rahmen einer institutionell betriebenen Rechtswissenschaft und -anwendung lässt die juristische Tätigkeit nachvollziehbar und rational erscheinen und erfüllt insofern auch ein elementares Gerechtigkeitspostulat.[57] Die Herausarbeitung und auch Kritik der rechtsdogmatischen Grundannahmen wiederum ist zentrale Aufgabe der Rechtstheorie, insofern sie generelle Aussagen über das positive Recht trifft. Während die Rechtstheorie also nach der allgemeinen Beschaffenheit des positiven Rechts und den angemessenen Kriterien seiner Interpretation fragt, ist es die Aufgabe der Rechtsdogmatik, den **konkreten Inhalt** einer Norm herauszuarbeiten und die Voraussetzungen ihrer Anwendbarkeit festzustellen.

51 *Christian Bumke*, Rechtsdogmatik, JZ 2014, 641 (642).

52 *Mattias Goldmann*, Dogmatik als rationale Rekonstruktion: Versuch einer Metatheorie am Beispiel völkerrechtlicher Prinzipien, Der Staat 2014, 373 (374). Von manchen werden diese Grundvoraussetzungen selbst als „Dogmen“ angesehen, von denen sich dann die Rechtsdogmatik ableitet; so etwa *Jens-Peter Damas*, Ist die Rechtswissenschaft eine „Wissenschaft“?, ARSP 2003, 186 (186 f).

53 Siehe *Rill*, ZfV 1985, 461; *Arthur Kaufmann,* Rechtsphilosophie, Rechtstheorie, Rechtsdogmatik, in Arthur Kaufmann/Winfried Hassemer (Hrsg), Einführung in Rechtsphilosophie der Gegenwart (1977), 1 f.

54 Vgl *Niklas Luhmann*, Rechtssystem und Rechtsdogmatik (1982), 15.

55 Vgl *Jahr*, in Jahr/Maihofer, 303 ff.

56 *Rüthers/Fischer/Birk*, Rechtstheorie^7, 14, Rz 23.

57 Vgl *Alexy*, Theorie^7, 326 f.

Es handelt sich etwa um eine rechtsdogmatische Frage, ob in einem konkreten Fall nach einer Vorschrift ein Anspruch auf Schadenersatz besteht oder ein gültiger Vertrag geschlossen wurde. Gleichermaßen bedient man sich rechtsdogmatischer Überlegungen, um die Vereinbarkeit einer Norm mit einer übergeordneten Norm (etwa einer Verfassungsbestimmung) zu prüfen. Demgegenüber ist es eine Frage der Rechtstheorie, welcher Stellenwert dem Wortlaut bei der Interpretation von Rechtsvorschriften im Allgemeinen zukommt.[58]

Gegenstand der Rechtsdogmatik sind Rechtsvorschriften als äußeres Erscheinungsbild der Anordnung eines Rechtsetzers. Aufgabe der Rechtsdogmatik ist die Ermittlung des Sinngehaltes dieser Rechtsvorschriften, der die Rechtsnorm bildet.[59] Damit erfüllt die Rechtsdogmatik in der juristischen Arbeit eine **zentrale Funktion**, weshalb sie auch als Rechtswissenschaft im *engeren* oder *eigentlichen* Sinn verstanden wird.[60]

58 Dazu VII.B.

59 Siehe dazu II.E.

60 ZB *Bydlinski*, Juristische Methodenlehre^2, 8 f. Auch Rechtsvorschriften von nicht mehr in Geltung stehenden Rechtsordnungen lassen sich freilich rechtsdogmatisch interpretieren; vgl *Jahr*, in Jahr/Maihofer, 309.

II. Theorien

A. Die Rechtstheorie von Hart

Um das „Herz eines jeden Rechtssystems“[1] ausfindig zu machen, knüpft *H.L.A. Hart* an den Begriff der Regel an und macht ihn zum zentralen Begriff seiner Theorie des positiven Rechts.[2] *Hart* unterscheidet zwischen **primären** und **sekundären Regeln**, wobei primäre Regeln im Wesentlichen Verhaltensanordnungen in Form eines Tuns oder Unterlassens darstellen, wie man sie etwa in Strafgesetzen findet.[3] Die sekundären Regeln knüpfen an diese an und stellen daher „Regeln *über* Regeln“[4] dar, insbesondere betreffend die Identifizierung, Einführung oder Abänderung von primären Normen. Erst diese Sekundärregeln bilden „das spezifische Plus einer Rechtsordnung gegenüber einem vorrechtlichen Zustand“[5]. *Harts* Rechtsbegriff ist in dieser Hinsicht funktional und setzt insbesondere auch eine bestimmte geschichtliche Entwicklung voraus,[6] wenngleich seine Theorie weder auf ein bestimmtes Rechtssystem noch auf eine bestimmte Rechtskultur abstellt[7]. Das Recht lässt sich insofern als „Vereinigung von primären Verpflichtungsregeln mit […] sekundären Regeln bestimmen“[8].

Als Rechtspositivist vertritt *Hart* zwar grundsätzlich die These der begrifflichen Trennung von Recht und Moral. Allerdings geht er davon aus, dass eine Rechtsordnung (faktisch) einen gewissen Mindestinhalt aufweisen muss, wenn sie dem Überlebenswunsch der Menschen dienlich sein soll,[9] wie etwa einen Mindestschutz für Personen in der Form einer Regel, die den Gebrauch von Gewalt beschränkt.[10] Das bedeutet freilich nicht, dass „ungerechte“ Regeln kein Recht darstellen, sondern erklärt bloß die faktischen Einflüsse, die Recht und Moral wechselseitig aufeinander haben.[11]

Wichtigste Sekundärregel[12] ist die sogenannte „**Erkenntnisregel**“, die als „leitende Regel“[13] eines Rechtssystems eine „schlüssige Identifizierung

1 *Hart*, Begriff, 120.
2 Zum Einfluss des Spätwerks *Ludwig Wittgensteins* auf den Rechtsbegriff bei *Hart* vgl *Eckmann*, Rechtspositivismus, 101 ff.
3 *Hart*, Begriff, 99.
4 *Hart*, Begriff, 116.
5 *Pawlik*, in Griller/Rill, 47; vgl *Hart*, Begriff, 57, 115.
6 *Pawlik*, in Griller/Rill, 46.
7 *Hart*, Begriff, 317.
8 *Hart*, Begriff, 19 f.
9 *Fritzsche*, in FS Jabloner, 78.
10 Vgl *Hart*, Begriff, 229, 234 f.
11 Vgl *Ott*, Rechtspositivismus^2, 90 ff.
12 *Ott*, Rechtspositivismus^2, 95.
13 *Hart*, Begriff, 12 f.

der primären Verpflichtungsregeln" erlaubt und dadurch ein „Kennzeichen für Autorität liefert"[14]. Entgegen dem statischen Charakter der primären Regeln im vorrechtlichen Zustand regeln in einer Rechtsordnung überdies sekundäre „**Änderungsregeln**" Einführung, Änderung oder Abschaffung von Normen.[15] Die dritte Kategorie von Sekundärregeln, die eine Rechtsordnung ausmachen, nennt *Hart* „**Entscheidungsregeln**". Diese übertragen judizielle Befugnisse. Die Anerkennung der Erkenntnisregel vor allem durch die Gerichte und Beamten eines Systems ist neben der Existenz allgemein befolgter Primärregeln Voraussetzung für die Existenz eines Rechtssystems.[16] In komplexeren Rechtssystemen ist die Erkenntnisregel auch für das Entstehen einer Hierarchie unterschiedlicher Rechtsquellen verantwortlich.[17] So erklärt *Hart* auch das Phänomen der „Gültigkeit" einer Regel, in dem er die Rede von der Gültigkeit als Verweis auf eine anerkannte Erkenntnisregel deutet.[18] Ob eine Norm gültig ist, ist eine normative Frage und lässt sich immer nur von einem internen Standpunkt aus in Bezug auf die jeweilige Erkenntnisregel beantworten, die sich in der sozialen Praxis zeigt.[19] Demgegenüber ist die Wirksamkeit einer Norm eine externe, deskriptive Tatsachenfeststellung. Wer allerdings eine Aussage über die Gültigkeit von Normen in einem Rechtssystem machen will, setzt in der Regel voraus, dass dieses System allgemein wirksam ist.[20]

Der Einzelne kann gegenüber der als Vereinigung von primären mit sekundären Regeln beschriebenen Rechtsordnung verschiedene Standpunkte einnehmen. Die Betrachtung von Normen kann von einem **internen** Standpunkt aus

14 *Hart*, Begriff, 116 f. Die Erkenntnisregel kann freilich auch die Übereinstimmung mit ethischen Werten als Kriterien enthalten; *Hart*, Begriff, 330.

15 *Hart*, Begriff, 117.

16 *Hart*, Begriff, 140 f.

17 *Hart*, Begriff, 123. Je nach Beschaffenheit der Erkenntnisregel können daher in verschiedenen Rechtssystemen unterschiedliche Rechtsquellen anerkannt werden. Der wesentliche Unterschied zwischen den Rechtssystemen Kontinentaleuropas und den Systemen des „common law" kann daher nach *Hart* an der Erkenntnisregel festgemacht werden, die in „common law"-Systemen Präzedenzfällen Rechtsstatus verleiht, während das in „civil law"-Systemen nicht der Fall ist.

18 *Hart*, Begriff, 125; vgl zu diesem Problem in der Reinen Rechtslehre unten IV.D.

19 *Christoph Möllers*, Jenseits von Naturalisierung und Moralisierung: *H.L.A. Harts klassisch-moderne Theorie des Rechts*, in *Hart*, Begriff, 366 (374).

20 *Hart*, Begriff, 126. Dabei handelt es sich aber ähnlich wie bei *Kelsen* um eine bloße Zweckmäßigkeitserwägung. Ein Erkenntnisinteresse bestehe prinzipiell eben nur an effektiven Rechtsordnungen.

erfolgen und die Normativität des Rechts aus der Teilnehmerperspektive anerkennen. Diese ist von einem (deskripitiven) **externen** Gesichtspunkt abzugrenzen, der sich auf die „beobachtbaren Verhaltensregelmäßigkeiten“[21] in Bezug auf Normen beschränkt.[22] Durch die Differenzierung zwischen internem und externem Gesichtspunkt kann *Hart* die Tatsache erklären, dass rechtliche Anordnungen innerhalb einer Gesellschaft unter Verwendung normativer Begrifflichkeiten *als Regeln* Anwendung finden, die das soziale Leben entscheidend prägen.[23] Dabei leugnet er freilich nicht die schon durch die Sprache bedingte **offene Struktur von Regeln** oder den bisweilen intuitiven Charakter von Gerichtsentscheidungen,[24] die dem Richter eine gewisse Rechtsetzungskompetenz einräumt.[25] Allerdings gibt *Hart* damit noch keine Kriterien an, nach denen die Interpretation von Regeln vorzunehmen ist. Indem er aber der Rechtswissenschaft einen spezifischen Gegenstand im Bereich des Normativen zuweist, grenzt er sich deutlich von der „Voraussagetheorie“ des Rechtsrealismus ab.[26]

Von einem externen Standpunkt aus ist bei einer roten Ampel zu erwarten, dass ein sich der Kreuzung näherndes Auto stehenbleiben wird. Vom internen Standpunkt aus besteht für den Autofahrer eine normative Verpflichtung bei der Ampel stehenzubleiben.[27] Mit dem inneren Standpunkt ist dabei freilich immer schon eine Billigung der Rechtsordnung iS ihrer Anerkennung als Verhaltensstandard verbunden. Dass mit der rechtswissenschaftlichen Betrachtung von Normen nicht immer eine solche Akzeptanz verbunden ist, hat *Hart* freilich später anerkannt und durch die Einführung der Kategorie der „detached statements“ zu beschreiben versucht.[28]

Geltungsgrund einer Rechtsordnung[29] ist vom internen Gesichtspunkt aus deren Erkenntnisregel, die das oberste Gültigkeitskriterium darstellt[30]. Die Existenz dieser Erkenntnisregel ist eine empirische Tatsache in Form einer sozialen Praxis (zumindest des überwiegenden Teils der Amtsperso-

---

21 Vgl *Hart*, Begriff, 111.

22 Siehe auch *Hart*, Begriff, 112, und dazu weiters etwa *Pawlik* in Griller/Rill 43; *Mastronardi*, Rechtstheorie, 105 f, Rz 262 f.

23 Vgl *Hart*, Begriff, 22 f, 174.

24 *Hart*, Begriff, 152 ff, 162 ff. Dazu auch unter VI.A.2.

25 Vgl *Fritzsche*, in FS Jabloner, 79 f.

26 Siehe unten I.B.2.

27 *Hart*, Begriff, 111.

28 H.L.A. *Hart*, Legal Duty and Obligation, in *ders* (Hrsg) Essays on Bentham – Studies in Jurisprudence and Political Theory (1982) 154 f; kritisch *Pawlik*, in Griller/Rill, 51 f.

29 *Mastronardi*, Rechtstheorie, 105 f, Rz 263.

30 *Hart*, Begriff, 128 f.

nen), deren Bestehen von einem externen Standpunkt aus beurteilt wird.[31] In Bezug auf diese letzte Erkenntnisregel kann daher auch nicht mehr nach ihrer Gültigkeit gefragt werden, da diese immer nur *innerhalb* eines Regelsystems beurteilt werden kann.[32] Die Existenzweise der obersten Erkenntnisregel besteht daher ausschließlich im Faktum ihrer Akzeptanz in der Rechtsgemeinschaft.[33] In der Anerkennung dieser Erkenntnisregel als Grund für ein spezifisches Verhalten liegt das normative Element, das in der Folge eine normative Betrachtung der abgeleiteten Regeln legitimiert.[34] *Hart* vertritt damit einen besonders im anglo-amerikanischen Sprachraum einflussreichen Rechtspositivismus[35], der anders als die Reine Rechtslehre[36] soziale Regeln, als dem Seinsbereich zuzuordnende Tatsachen, als Ursprung rechtlicher Autorität versteht.[37] Seine Theorie vereinigt eine psychologisch-soziologische mit einer normativ-analytischen Betrachtungsweise des positiven Rechts.[38] Zwar dürfte *Hart* von einem subjektivistischen Geltungsverständnis ausgehen.[39] Unklar bleibt dann jedoch, wie die Akzeptanz der letzten Erkenntnisregel durch die *Amtspersonen* eines Systems zu einer normativen Aussage in Bezug auf die Rechtsunterworfenen führen kann, und sei es in Form von „detached statements“ von Rechtswissenschaftern, ohne wiederum von einem Sein auf ein Sollen zu schließen.[40] Im Hinblick auf das dargelegte Erkenntnisinteresse an einer adäquaten Erfassung des positiven Rechts für dessen

31 Wenngleich eine solche Praxis in der Regel wohl auch durch die Mehrheit der Bürger akzeptiert sein wird, ist das für die Existenz einer Rechtsordnung nach *Hart* nicht erforderlich; siehe *Ott*, Rechtspositivismus^2, 97.

32 *Hart*, Begriff, 131.

33 *Hoerster*, in Paulson/Walter, 8; vgl auch *Thienel*, in Paulson/Walter, 26.

34 Akzeptiert man die Geltung der obersten Erkenntnisregel, *soll* man daher auch die Gültigkeit von dieser abgeleiteter Normen akzeptieren; vgl *Hoerster*, in Paulson/Walter, 12 ff.

35 Im Postskriptum zu Der Begriff des Rechts von 1994 bezeichnet *Hart* seine Theorie als „weichen Positivismus“, der nicht ausschließe, dass sich die Erkenntnisregel auf ethische Vorstellungen beziehe; Hart, Begriff, 329.

36 Siehe unten I.B.3.

37 Die zentrale Stellung allgemeiner Regeln, die anhand ihrer Erkenntnisregel identifiziert werden können, wurde insbesondere von *Ronald Dworkin* kritisiert, da sie die zentrale Funktion von „Prinzipien“ bei der Rechtsfindung nicht berücksichtige; *Dworkin*, Bürgerrechte, 54 f; Zur Tragfähigkeit der Unterscheidung von Regeln und Prinzipien siehe unten II. A.

38 *Ott*, Rechtspositivismus^2, 89; *Eckmann*, Rechtspositivismus, 128.

39 *Hoerster*, in Paulson/Walter, 16.

40 Vgl *Joseph Raz*, Practical Reason and Norms (1999), 53 ff.

Auslegung ist jedoch vor allem unbefriedigend, dass sich dem Rechtsbegriff Harts kein Leitgedanke für die Interpretation positiver Rechtsvorschriften entnehmen lässt.

So meint *Hart*, dass ein „Auslegungs-Kanon" die Unbestimmtheit des positiven Rechts nicht vermeiden, sondern diese nur mindern könne. Dies läge daran, dass ein solcher Kanon selbst eine auslegungsbedürftige allgemeine Regel über den Sprachgebrauch darstelle.[41] *Harts* Rechtsbegriff enthält keine näheren Hinweise zum charakteristischen Inhalt (wie zB tatsächlicher oder zusinnbarer Wille des Rechtsetzers) von Rechtsregeln, der eine Leitlinie für die Handhabung der Auslegung sein könnte.[42]

41 *Hart*, Begriff, 150.

42 Siehe auch *Vogenauer*, Auslegung, 1230, der darauf hinweist, dass *Hart* keine geschlossene Interpretationslehre entwickelt hat.

B. Rechtsrealismus

Wenngleich es sich beim Rechtsrealismus nicht um eine einheitliche, in sich konsistente Theorie handelt, liegt der Fokus des Interesses zumeist primär auf der Beschreibung **menschlichen Verhaltens**. Der Rechtsrealismus beruht folglich auf soziologischen Grundlagen[43] und geht – anders als die Reine Rechtslehre[44] – nicht von einer spezifischen Existenz (Geltung) einer Sollensanordnung aus.[45] Der Rechtsbegriff einer realistischen Rechtstheorie will demnach auch ohne die als metaphysisch kritisierten Begrifflichkeiten normativer Phänomene auskommen und „Law as Fact“[46] zu seinem Gegenstand machen. Recht wird sohin nicht so sehr als Ensemble von Regeln, sondern vielmehr als **Menge von (Seins-) Tatsachen** verstanden.[47]

Im Allgemeinen wird der amerikanische Jurist und Höchstrichter *Oliver Wendell Holmes* (1841–1935) als Wegbereiter des Rechtsrealismus gesehen. Der einer vom Rechtsrealismus nicht scharf zu trennenden „Sociological Jurisprudence“ zugeordnete[48] *Holmes* formuliert sein Rechtsverständnis folgendermaßen: “The prophecies of what the courts will do in fact, and nothing more pretentious, are what I mean by the law.”[49] Zu den Hauptvertretern des amerikanischen Rechtsrealismus zählten *Karl N. Llewelyn*, *Jerome Frank*, *Herman Oliphant* und *Walter W. Cook*. Rechtsrealistische Theorien im weitesten Sinne sind freilich auch heute noch vorherrschend in den **USA**,[50] wenngleich *Robert S. Summers* in Abgrenzung zum Rechtsrealismus der 1930er und 40er Jahre für diese Strömungen aus mehreren Gründen die Bezeichnung „pragmatischer Instrumentalismus“ vorschlägt.[51] Daneben gibt es auch eine bedeutende rechtsrealistische Strömung in **Skandinavien**, die auch als „Schule von Uppsala“ bezeichnet wird und in ihren Grundlagen auf *Axel Hagerström* zurückgeht. Bedeutende Vertreter dieses Skandinavischen Rechtsrealismus sind *Alf Ross*, *Karl Olivecrona* und *Anders Vilhelm Lundstedt*.[52] Auch *Ross* beschreibt

43 Der Rechtsrealismus wird auch als Wegbereiter einer soziologischen Betrachtung des Rechts (dazu I.B.3.) angesehen; so *Rottleuthner*, Rechtslehre und Rechtssoziologie, 24.

44 Siehe unten II.C.

45 *Schmidt*, in Walter, 144.

46 So der Titel des Hauptwerks des *Hägerström* Schülers *Olivecrona*, Law^2.

47 *Kantorowicz*, Begriff, 34; *Kelsen*, ZÖR 1959, 2; *Langenbucher*, Rechtstheorie 1994, 393.

48 *Ott*, Rechtspositivismus^2, 87.

49 *Oliver Wendel Holmes*, The Path of Law, Harvard Law Review 10/1897), 457 (461).

50 *Joseph William Singer*, Legal Realism Now, California Law Review 76 (1988) 465 (467). Siehe etwa zu den „Critical Legal Studies“ unter IV.B.

51 *Robert S. Summers*, Pragmatischer Instrumentalismus und amerikanische Rechtstheorie (1983) 30 ff.

52 Vgl *Ott*, Rechtspositivismus^2, 70.

Recht als von den Richtern angewandte Normen, allerdings verbunden mit der Überzeugung der Rechtsanwender, geltendes Recht anzuwenden.[53]

Aus der metaphysikkritischen Einstellung rechtsrealistischer Strömungen folgt, dass die Rechtsgeltung auf die Rechtswirksamkeit oder auf das psychologische Faktum eines Verbindlichkeitsgefühls reduziert wird.[54] Der Geltungsbegriff im Sinne einer normativen Soll-Geltung wird von den Rechtsrealisten zum Teil als „Unsinn"[55] abgelehnt.[56] Dadurch fallen für die meisten Rechtsrealisten Geltung und Wirksamkeit einer Norm zusammen.[57] Da die spezifisch-normative Existenz von Rechtsnormen im Rechtsrealismus keinen Platz hat, wird eine Aussage über die Geltung einer Norm immer als solche nach ihrer tatsächlichen Wirksamkeit, insb iS ihrer Anwendung durch die Gerichte, verstanden.[58] Jede Wissenschaft und folglich auch die Rechtswissenschaft befasse sich mit dem Wissen über Ursachen und Wirkungen externer Phänomene und ziele insofern darauf ab, Prognosen über Abfolgen aufzustellen.[59] Auch die Rechtswissenschaft wird von realistischen Rechtstheoretikern folglich als empirische Wissenschaft verstanden, die auf die Prognose menschlichen Verhaltens, insofern es sich auf Rechtsnormen bezieht, gerichtet ist.[60] Der Rechtsrealismus ist daher zwar keine rein positivistische Position, hat mit diesen aber die Ablehnung naturrechtlicher Ansätze und damit verbunden der Erkennbarkeit absoluter Werte gemeinsam.[61] Das **Erkenntnisinteresse** des Rechtsrealismus bezieht sich demgemäß nicht direkt auf das positive Recht, sondern vielmehr auf die **Vorhersehbarkeit von Entscheidungen**. So meinen wir etwa laut *Bingham* auch im allgemeinen Sprachgebrauch, wenn wir etwas als „Rechtsnorm" bezeichnen, „that it

---

53 *Schmidt*, in Walter, 138.

54 ZB *Bingham*, Michigan Law Review 1912, 4; vgl *Ott*, Rechtspositivismus², 71 ff.

55 *Ross*, Jurisprudence, 77; *Ross*, Law, ix.

56 *Ott*, Rechtspositivismus², 72; vgl auch *Thienel*, in Paulson/Walter, 22.

57 *Kelsen*, Rechtslehre², 215. Ein Dualismus von Geltung und Wirksamkeit wird im Rechtsrealismus als metaphysisch abgelehnt; vgl *Ross*, Law, 31.

58 Vgl *Kelsen*, ZÖR 1959, 9.

59 *Bingham*, Michigan Law Review 1912, 6, 9.

60 Vgl *Ross*, Law, 40. Zu einem anderen Verständnis der Rechtswissenschaft als einer empirischen Wissenschaft siehe demgegenüber VI.B.2.

61 Das gilt insb für den skandinavischen Rechtsrealismus; siehe *Michael Schmidt*, Reine Rechtslehre und Skandinavischer Rechtsrealismus, in Robert Walter (Hrsg), Untersuchungen zur Reinen Rechtslehre II (1988), 96 (98). Zum amerikanischen Realismus auch *Danny Priel*, Were the Legal Realists Legal Positivists?, Law and Philosophy 27 (2008), 309 (311).

indicates what we are to expect of the operation of governmental machinery upon cases within its scope“[62]. Ob eine Norm Teil des Rechts ist, hängt daher zumindest nach einigen rechtsrealistischen Positionen davon ab, ob sie von Gerichten angewandt wurde[63] bzw voraussichtlich angewandt werden wird[64]. Aussagen über die Geltung von Rechtsnormen stellen insofern lediglich Prognosen mit einem mehr oder weniger großen Anspruch auf Wahrscheinlichkeit dar.[65]

Im Vergleich zu den skandinavischen Rechtsrealisten verfolgt der amerikanische Counterpart weniger einen philosophischen als einen pragmatischen Ansatz, der anhand einer behavioristisch-empirischen Analyse gerichtlicher Entscheidungen für Praktiker zu zeigen versucht, dass Richter ihre Entscheidungen in der Regel nicht primär aus rechtlichen Erwägungen, sondern aufgrund ihres persönlichen Gerechtigkeitsgefühls im konkreten Fall treffen.[66]

Das zentrale Problem aller rechtsrealistischen Positionen liegt freilich darin, dass sie die Rechtswissenschaft zu sehr als „Zweig der Psychologie und Soziologie“[67] verstehen. Damit geraten die Rechtsvorschriften als Gegenstand der juristischen Betrachtung weitgehend aus dem Blick. Im Vordergrund stehen vielmehr die Verhaltensweisen von Akteuren des Rechtslebens. „Das Recht und das ihm entsprechende oder nichtentsprechende Verhalten sind“ aber, wie *Kelsen* gegen den Rechtsrealismus zutreffend einwendet, „zwei verschiedene Dinge“[68]. Freilich kommt auch der Rechtsrealismus nicht ganz ohne einen normativen Rechtsbegriff aus. Er setzt diesen vielmehr insofern notwendig voraus, als er menschliches Verhalten *in Bezug auf Rechtsnormen* zu seinem Gegenstand macht.[69] Doch steht bei ihm dieses menschliche Verhalten und nicht die normative Anordnung im Vordergrund. Es ist einzuräumen, dass an der Betrachtung der Rechtsanwendung im Sinne einer kausalwissenschaftlichen Prognose richterlichen Verhaltens aus Sicht der Rechtspraxis durchaus ein legitimes Interesse besteht. Allerdings bleibt durch die bloße Beschreibung dieses Verhaltens die normative Dimensi-

62 *Bingham*, Michigan Law Review 1912, 23.
63 Kritisch *Hart*, Begriff, 83 f.
64 *Ross*, Law, 35.
65 *Kelsen*, ZÖR 1959, 20; *Ross*, Law, 42.
66 Siehe *Leiter*, Legal Realism, 1 f, 6 f.
67 *Ross*, Jurisprudence, 78 .
68 *Kelsen*, ZÖR 1959, 7.
69 *Schmidt*, in Walter 143; *Leiter*, Legal Realism, 16 f.

on des Rechts weitgehend unbeantwortet,[70] weil dem Sinngehalt positiver Rechtsvorschriften (wenn überhaupt) nur eine untergeordnete Rolle bemessen wird. Dem rechtsrealistischen Ansatz ist daher auch kein Leitgedanke für die Auslegung von Rechtsvorschriften (unabhängig von der interpretativen Praxis) zu entnehmen. Der Rechtsrealismus bietet daher auch keinen Ansatz für einen Maßstab, an dem sich die juristische Interpretation orientieren könnte oder nach dem ein Auslegungsergebnis kritisierbar wäre.

70 *Leiter*, Legal Realism, 19 f.

C. Die Reine Rechtslehre von Kelsen

Eine sehr bedeutende Richtung des Rechtspositivismus stellt die **Reine Rechtslehre** von *Hans Kelsen* dar. Im Zentrum dieser Lehre steht eine Auseinandersetzung mit dem Begriff des positiven Rechts. Ausführungen dazu finden sich an vielen Stellen des umfangreichen Werkes von *Hans Kelsen* und haben auch zu verschiedenen Deutungen geführt. Diese Diskussion kann hier nicht in allen Details nachvollzogen werden. Für den vorliegenden Zusammenhang ist von Bedeutung, ob und inwieweit die Ausführungen zum Rechtsbegriff in der Reinen Rechtslehre dem hier verfolgten Interesse an einer adäquaten Erfassung des Phänomens des positiven Rechts im Hinblick auf dessen Auslegung entsprechen. Dazu werden im Folgenden die wesentlichen Elemente des von *Kelsen* entwickelten Rechtsbegriffes vorgestellt und die damit verbundenen Fragen für das hier verfolgte Erkenntnisinteresse dargelegt.

Ausgangspunkt für den von *Kelsen* entwickelten Rechtsbegriff ist der Begriff der „Norm". Darunter versteht er „Willensakte", wonach sich Menschen in einer bestimmten Weise verhalten sollen.[71] Sie sind „der Sinn, den gewisse menschliche Akte haben, die intentional auf das Verhalten anderer gerichtet sind"[72]. Eine „Norm" ist für *Kelsen* also „der Sinn eines Aktes, mit dem ein Verhalten geboten oder erlaubt, insbesondere ermächtigt wird"[73]. Aber nicht alle Willensakte mit einem solchen Inhalt (einem „Sollen") sind nach Kelsen „Normen". Damit ein solcher Willensakt zu einer „Norm" wird, hat man nach *Kelsen* zwischen dem **subjektiven** und dem **objektiven Sinn** von Willensakten zu unterscheiden. Zunächst einmal ist jedes „Sollen" der „subjektive" Sinn eines Willensaktes, der intentional auf das Verhalten anderer gerichtet ist.[74] Aber nur ein „objektiver" Sinn eines Willensaktes stellt für *Kelsen* eine „Norm" dar.[75] Ein „objektiver Sinn" bedeutet, dass dieser Willensakt im Rahmen eines Anordnungssystems („Normensystems") **Geltung** besitzt. Unter „Geltung" wiederum ist nach *Kelsen* die „spezifische Existenz" einer Norm in einem solchen Normensystem zu verstehen.[76] Dies bedeutet,

71 *Kelsen*, Rechtslehre², 4.
72 Ebenda.
73 *Kelsen*, Rechtslehre², 5.
74 *Kelsen*, Rechtslehre², 7.
75 Ebenda.
76 *Kelsen*, Rechtslehre², 9.

dass in diesem System eine andere („geltende“) Norm zur Setzung dieses Willensaktes ermächtigt.[77] Eine „Norm“ liegt demnach dann vor, wenn ein intentional auf das Verhalten anderer gerichteter Willensakt in einem Normensystem gilt.

So hat der Befehl eines Gangsters auf Herausgabe einer bestimmten Geldsumme nach *Kelsen* ebenso einen „subjektiven Sinn“ wie der Befehl eines Steuerbeamten eine bestimmte Steuer zu bezahlen. Doch nur der Befehl des Steuerbeamten hat für *Kelsen* den Sinn einer geltenden Norm. Denn der Akt des Steuerbeamten ist durch ein (geltendes) Steuergesetz ermächtigt, während der Akt des Gangsters auf keiner solchen Ermächtigung beruht.[78] Neben seinem „subjektiven Sinn“ besitzt der Akt des Steuerbeamten somit einen „objektiven Sinn“ in einem Normensystem.

Aber nicht jedes Normensystem ist nach *Kelsen* als „Rechtsordnung“ zu verstehen. Voraussetzung dafür ist nach der Reinen Rechtslehre, dass dieses Normensystem zumindest ein „Minimum“[79] an **Wirksamkeit** besitzt. Denn nur an einer im Großen und Ganzen wirksamen Normenordnung besteht nach der Reinen Rechtslehre ein Erkenntnisinteresse der Rechtswissenschaft.[80] Als **Rechtsnorm** im Sinne der Reinen Rechtslehre kann demnach ein im Rahmen einer im Großen und Ganzen wirksamen Normenordnung geltender Willensakt verstanden werden. Solche Normenordnungen wiederum sind für die Reine Rechtslehre als **Rechtsordnungen** zu verstehen. Sie stellen das „positive Recht“ und damit den Gegenstand der Betrachtung der Rechtswissenschaft dar.

Rechtsordnungen zeichnen sich nach der Reinen Rechtslehre durch keinen bestimmten Inhalt (wie etwa ein „moralisches Minimum“) aus. Doch weisen sie gemeinsame formale Eigenschaften als Ordnung menschlichen Verhaltens durch organisierten Zwang auf.[81]

Die Rechtswissenschaft hat nach der Reinen Rechtslehre die Aufgabe, **Rechtssätze** über Rechtsnormen aufzustellen. Darunter sind nach *Kelsen*

---

77 *Kelsen*, Rechtslehre², 7 f. Siehe dazu auch die „Stufenbaulehre“ unter V.B.

78 *Kelsen*, Rechtslehre², 8, 46.

79 *Kelsen*, Rechtslehre², 10, 216, 219. Siehe dazu auch die Ausführungen zur „Grundnorm“ *Kelsens* unter IV.D.

80 *Thienel*, in Paulson/Walter, 30.

81 *Kelsen*, Rechtslehre², 31 ff; *Gabriele Kucsko-Stadlmayer*, Rechtsnormbegriff und Arten von Rechtsnormen, in Robert Walter (Hrsg), Schwerpunkte der Reinen Rechtslehre (1992) 20 (23); *Clemens Jabloner*, Der Rechtsbegriff bei Hans Kelsen, in Stefan Griller/Heinz Peter Rill (Red), Rechtstheorie. Rechtsbegriff – Dynamik – Auslegung (2011) 21.

Aussagesätze über den Inhalt des positiven Rechts zu verstehen. Rechtssätze können demnach wahr oder falsch sein, indem sie den Inhalt des positiven Rechts entweder zutreffend oder nicht zutreffend beschreiben.[82] Dadurch unterscheiden sie sich von den Rechtsnormen (also ihrem Betrachtungsgegenstand), die als solche keine beschreibende, sondern eine vorschreibende Funktion haben.[83] Sie besagen, welches Verhalten gesetzt werden *soll* (oder darf). Rechtssätze treffen dagegen eine Aussage darüber, welches Verhalten *nach einer bestimmten Rechtsnorm* geboten, verboten oder erlaubt ist. Allerdings können einerseits Rechtssätze als „Soll-Sätze" formuliert sein. Andererseits können auch Rechtsnormen in beschreibender Form ihren sprachlichen Ausdruck finden.

Das zeigt *Kelsen* am Beispiel einer österreichischen Rechtsnorm, nach der ein Dieb mit Gefängnis bestraft werden soll.[84] Ein Rechtssatz darüber kann nach *Kelsen* mit dem beschreibenden Satz umschrieben werden: Nach österreichischem Recht *ist* ein Dieb mit Gefängnis zu bestrafen. Der Rechtssatz kann aber auch lauten: Nach österreichischem Recht *soll* ein Dieb mit Gefängnis bestraft werden. Am Charakter dieser Äußerung als Rechtssatz ändert sich dadurch nichts. Umgekehrt kann aber auch die österreichische Rechtsnorm selbst in Form einer Aussage formuliert sein und so umschrieben werden: Diebstahl *wird* mit Gefängnis bestraft. Der Charakter als Rechtsnorm wird durch diese Formulierung ebenfalls nicht in Frage gestellt.

Für ein an der adäquaten Erfassung des positiven Rechts im Hinblick auf dessen zutreffender Interpretation orientiertes Erkenntnisinteresse wirft der Rechtsbegriff der Reinen Rechtslehre allerdings Fragen auf. Das betrifft konkret das Verhältnis zwischen Wille, Norm und ihrem sprachlichen Ausdruck. Nach der Reinen Rechtslehre ist die Norm der Sinn eines **Willensaktes**.[85] Dies kann nur besagen, dass die Bedeutung der Norm durch diesen Willensakt bestimmt wird. Damit stellt sich die Frage, um welche Art von Willen es sich dabei handelt. In frühen Schriften spricht *Kelsen* davon, dass dieser Willen „keine realpsychische Tatsache" darstellt, sondern „eine juristische Konstruktion"[86]. Später neigt *Kelsen* aber doch dazu, einen realpsychischen Willensakt als Sinn von (Rechts)Normen anzunehmen.[87] Bei dieser Ansicht

82 *Kelsen*, Rechtslehre², 75.

83 *Kelsen*, Allgemeine Theorie, 124.

84 *Kelsen*, Rechtslehre², 73 f; *derselbe*, Allgemeine Theorie, 131 f.

85 *Kelsen,* Reine Rechtslehre², 10; *derselbe*, Allgemeine Theorie, 131.

86 *Hans Kelsen*, Hauptprobleme der Staatsrechtslehre entwickelt aus der Lehre vom Rechtssatz (1911) 132.

87 Eingehend *Jabloner*, in Walter, 79 ff.

stellt sich die weitere Frage nach dem Verhältnis zwischen Norminhalt und ihrem **sprachlichen Ausdruck**. *Kelsen* weist darauf hin, dass „der Willensakt, dessen Sinn eine Norm ist, von dem Sprechakt unterschieden werden muss, in dem der Willensakt ausgedrückt wird“[88]. Im Falle einer Divergenz zwischen dem Willen des Rechtsetzers und dem sprachlichen Ausdruck einer Norm würde das positive Recht einen „Rahmen“ bilden. Innerhalb dieses „Rahmens“ wäre sowohl eine Interpretation auf Grund des Willens des Rechtsetzers als auch eine Auslegung gemäß dem sprachlichen Ausdruck der Norm „rechtmäßig“.[89] Diese „Gleichwertigkeit“ ist allerdings schwer nachzuvollziehen, wenn man mit der Reinen Rechtslehre die Norm als den Sinn eines Willensaktes ansieht.

Von Vertretern der Reinen Rechtslehre wurde dieser Position *Kelsens* allerdings in weiterer Folge entgegen gehalten, dass sie „unhaltbar“ sei.[90] Einer positivistischen Theorie könne es grundsätzlich nur darum gehen, den „tatsächlichen“ Willen des Rechtsetzers zu erforschen. Durch die Erlassung von Kundmachungsvorschriften ordne das positive Recht allerdings an, dass dem kundgemachten Rechtstext gegenüber einem davon allenfalls abweichenden Willen des Rechtsetzers der Vorrang einzuräumen sei.[91] Diese Position ist von ihrem Ansatz her problematisch, weil die Annahme eines „tatsächlichen“ Willens eines Rechtsetzers schwierig ist.[92]

88 *Kelsen*, Allgemeine Theorie, 131.

89 *Kelsen*, Reine Rechtslehre^2, 348. Zur Entwicklung dieser Position bei *Kelsen* siehe *Walter*, in Fischer/Mock/Schreiner, 130. Siehe zur „Rahmentheorie“ der Reinen Rechtslehre auch IV.D.

90 *Walter*, in Fischer/Mock/Schreiner, 130.

91 So *Walter*, FS Klug, 194 ff; *derselbe*, in Fischer/Mock/Schreiner, 133; *Mayer*, in Walter, 69 f.

92 Dazu unter II.E.

D. Institutionalistischer Rechtspositivismus

Ein anderer Ansatz liegt dem von *Donald Neil MacCormick* und *Ota Weinberger* entwickelten „Institutionalistischen Rechtspositivismus" zugrunde, wonach das positive Recht als **institutionelle Tatsache**[93] zu verstehen ist. Als solche weist das positive Recht eine spezifische „Existenz" auf, die sich in zweifacher Weise manifestiert: Zum einen handelt es sich dabei um Normen als gedankliche Konstrukte und zum anderen um gesellschaftliche Einrichtungen mit realen Auswirkungen in der sozialen Welt. Für den Institutionalisierten Rechtspositivismus sind diese beiden Erscheinungsformen des positiven Rechts für dessen angemessene Betrachtung untrennbar miteinander verbunden. Institutionelle Tatsachen wie das positive Recht sind aus dieser Perspektive also „normative Sinngebilde und bestehen gleichzeitig als gesellschaftliche Realitäten"[94]. Bei der begrifflichen Bestimmung des positiven Rechts als Gegenstand der Erkenntnis müssten beide Gesichtspunkte berücksichtigt werden. Aus dieser „Doppelnatur" des positiven Rechts ergibt sich für den Institutionalistischen Rechtspostivismus auch die **Aufgabe der Rechtswissenschaft**. Diese besteht weder in einem „bloßen Verstehen des Sinngehaltes der Rechtsordnung" noch in einer bloßen „Beschreibung der sozialen Realität"[95]. Vielmehr hat die Rechtswissenschaft bei ihrer Beschäftigung mit dem positiven Recht beide Erscheinungsformen des positiven Rechts miteinander zu verbinden.[96] Dazu gehört die Darstellung der „normenlogischen Zusammenhänge" der Rechtsnormen ebenso wie die ihrer Auswirkungen in der gesellschaftlichen Realität.[97] Keinem dieser Aspekte kommt dabei gegenüber dem anderen ein größeres Gewicht zu. Vielmehr ist dieser „doppelte Aspekt der Rechtserkenntnis – das Erfassen des normativen Sinnes und die Erkenntnis des Realseins des Rechts – … für die Jurisprudenz gleichermaßen wesentlich"[98].

Zu betonen ist allerdings, dass sich der Institutionalistische Rechtspositivismus nicht als „soziologische Institutionentheorie" versteht. Ihm geht es um eine adäquate Beschreibung des Rechts als „eines gesellschaftlich realen Normensystems". Zur Darstellung der

93 *Weinberger*, Ausgangspunkt, 35; *MacCormick*, Recht, 85; *derselbe*, Jurisprudenz, 132 ff.

94 *Weinberger*, Positivismus, 143. Ebenso *MacCormick*, Recht, 87.

95 *Weinberger*, Ausgangspunkte, 55; *MacCormick*, Postskriptum, 59.

96 *MacCormick*, Recht, 88 f.

97 *Weinberger*, Norm als Gedanke, 70.

98 *Weinberger*, Positivismus, 143.

Auswirkungen von Rechtsordnungen in der gesellschaftlichen Realität kommt der Institutionalsitische Rechtspositivismus aber nicht ganz ohne die Soziologie aus. Er versteht die Rechtssoziologie daher als „Nachbartheorie", zu der „gewisse Brücken" bestehen.[99]

Der Institutionalistische Rechtspositivismus geht somit von einem relativ weiten Begriff des positiven Rechts aus. Dementsprechend groß ist auch der **Umfang des positiven Rechts** nach diesem Ansatz. Dazu zählen „nicht nur Verhaltens- und Ermächtigungsnormen, sondern auch Rechtsgrundsätze, gesellschaftliche Wertstandards und der telelogische Hintergrund des Rechts"[100]. Zum positiven Recht gehören auch „die Gesamtheit der Einrichtungen und soziologischen Tatsachen"[101] sowie „Ideen, die das Rechtsleben" mitbestimmen[102], die Judikatur, die Rechtswissenschaft und die „gesellschaftlich verankerte Interpretationsmethodik"[103]. Insgesamt wird das positive Recht als „soziale Aktivität" mit Bezugnahme auf ein „begriffliches Rahmenwerk"[104] verstanden.

Besonders hervorzuheben ist das Verständnis von **Normen** im Institutionalistischen Rechtspositivismus. Gemäß der „Doppelnatur" des positiven Rechts weisen danach auch dessen Normen (also die Rechtsnormen) zwei Aspekte auf: Sie besitzen einerseits eine „Idealentität" als gedanklich-sprachliches Gebilde und haben andererseits eine Präsenz in der gesellschaftlichen Realität.[105] Was den Inhalt von Normen betrifft, so werden sie zwar einerseits durch „Willensakte" erzeugt und können auch als „Sinn des Aktes angesehen werden"[106]. Andererseits besitzen sie eine Existenz, „losgelöst von psychischen Akten"[107]. Die Norm als Idealidentität ist aber auch nicht identisch mit „den entsprechenden Sätzen oder mit den Sprechakten, in denen die Sätze geäußert werden"[108]. Ebenso wenig bildet der Gesetzestext allein den Sinn-

99 *Weinberger*, Ausgangspunkte, 51. In diesem Sinn etwa auch *MacCormick*, Recht, 92 f. Zutreffend wird daher der Institutionalistische Rechtspositivismus als zwischen Rechtstheorie und Rechtssoziologie (dazu I.B.3.) angesiedelte Lehre angesehen; so *Muriel de Groot/Mirjan Oude Vrielink*, Legal Theory and Sociological Facts, Law and Philosophy 17 (1998), 251 (252, 265 ff).

100 *Weinberger*, Ausgangspunkte, 19.

101 Ebenda.

102 *Weinberger*, Ausgangspunkte, 45.

103 *Weinberger*, Positivismus, 147.

104 *MacCormick*, Jurisprudenz, 124.

105 *Weinberger*, Ausgangspunkte, 16 f; *derselbe*, Norm als Gedanke, 61.

106 *Weinberger*, Tatsachen, 119.

107 *Weinberger*, Norm als Gedanke, 62.

108 *Weinberger*, Tatsachen, 120.

gehalt einer Rechtsnorm. Vielmehr stellt die gesellschaftlich geltende Norm (auch als Idealentität) „das Ergebnis der Interpretation des Textes“[109] dar. Schon darin zeigt sich die **begrenzte Leistungsfähigkeit** des Institutionalistischen Rechtspositivismus für das hier verfolgte Erkenntnisinteresse an einer adäquaten Erfassung des positiven Rechts im Hinblick auf Einsichten für dessen Interpretation. Geht es nach diesem Anliegen doch gerade darum, der Rechtswissenschaft ein Kriterium für die angemessene Interpretation des positiven Rechts bereitzustellen. Dafür ist aber ein Ansatz wenig hilfreich, der das Ergebnis der Interpretation ohne Hinweis auf deren Methodik zum Inhalt der Rechtsvorschrift erklärt.

Für den Institutionalistischen Rechtspositivismus impliziert der von ihm vertretene Ansatz zwar „gewisse Konsequenzen für die Methodenlehre“[110] und „bietet dann auch eine besser begründete Rechtsdogmatik“[111]. Er vermag aber (abgesehen von normlogischen Einsichten) keine erkennbare Leitlinie für die Interpretation von Rechtsvorschriften anzubieten, nach der sich die Auslegung einer Rechtsvorschrift als zutreffend oder unzutreffend erweisen könnte. Dazu ist der von ihm vertretene Begriff des positiven Rechts auch viel **zu weit** gefasst, weil es danach eben um die Rechtsordnung als „Idealentität“ und „gesellschaftliche Realität“ zugleich geht. Bei einem an der angemessenen Erfassung des positiven Rechts im Hinblick auf dessen zutreffender Auslegung orientiertem Erkenntnisinteresse hat aber der Sinngehalt der Rechtsvorschriften und damit die „Idealentität“ im Mittelpunkt der Betrachtung zu stehen. Der Institutionalistische Rechtspositivismus geht dagegen von einer „Gleichwertigkeit“ zwischen „Idealentität“ und „gesellschaftlicher Realität“ des positiven Rechts aus, weshalb er schon von seinem Ansatz her für das hier verfolgte Erkenntnisinteresse zu undifferenziert ist. Dabei soll nicht verkannt werden, dass die „gesellschaftliche Realität“ rechtlicher Anordnungen (wie der soziale Hintergrund ihrer Entstehung) durchaus Rückschlüsse auf ihren Inhalt haben kann.[112] Dem Institutionalistischen Rechtspositivismus sind aber keine Anhaltspunkte zu entnehmen, nach denen solche Rückschlüsse erfolgen könnten.

---

109 *Weinberger*, Tatsachen, 120. So wohl auch *MacCormick*, wenn für ihn der Gegenstand der Jurisprudenz „Rechtsordnungen“ sind, „wie sie durch Handlungen, Worte und Gedanken der durch sie verpflichteten Teilnehmer konstituiert werden“; *MacCormick*, Jurisprudenz, 137.

110 *Weinberger*, Ausgangspunkte, 53.

111 *Weinberger*, Norm als Gedanke, 72.

112 Dazu insbesondere auch *MacCormick*, Jurisprudenz, 138.

E. Positives Recht als (zumeist) sprachlicher Sinngehalt

Ein an Einsichten für die Auslegung orientiertes Erkenntnisinteresse hat bei der dafür adäquaten Erfassung des positiven Rechts als Gegenstand der Interpretation anzusetzen. Maßgeblich ist demnach, dass positivrechtliche Anordnungen als sinnlich wahrnehmbare Äußerungen zum Ausdruck kommen. Vor allem in modernen rechtsstaatlichen Rechtsordnungen handelt es sich dabei zumeist um (Rechts)Texte.[113] Das ist freilich nicht die einzige Weise, in der positive rechtliche Anordnungen ihren Ausdruck finden können. So werden auch in rechtsstaatlichen Ordnungen bestimmte Rechtsakte (etwa polizeiliche Befehle) mündlich verkündet. In bestimmten Rechtsordnungen sowie im Völkerrecht können rechtliche Anordnungen im Falle des Gewohnheitsrechts auch durch soziale Übung sichtbar werden. Entscheidend ist, dass es sich in allen diesen Fällen um sinnlich wahrnehmbare Äußerungen von Rechtsetzungsorganen (des Parlaments, einer Behörde oder der sozialen Gemeinschaft im Falle des Gewohnheitsrechts) handelt. Diese sinnlich wahrnehmbaren Ausdrucksformen rechtlicher Vorgaben kann man als **Rechtsvorschriften** bezeichnen, die den *Gegenstand* der Interpretation bilden.

Es sind etwa die Paragraphen und Artikel der verschiedenen Gesetze und Verordnungen, die mündlichen Äußerungen von Polizei- oder Gerichtsorganen oder die sozialen Übungen im Falle des Gewohnheitsrechts. Diese als Rechtsvorschriften bezeichneten Ausdrucksformen stellen empirisch erfassbare Erscheinungen (etwa im Falle von Rechtstexten schwarze Tinte auf weißem Papier) dar.

Von diesen nach außen in Erscheinung tretenden Rechtsvorschriften ist aber deren Sinngehalt zu unterscheiden. Dieser besteht in einer normativen Anordnung und stellt das *Ziel* juristischer Interpretation dar. Es handelt sich bei diesem Inhalt von Rechtsvorschriften um die **Rechtsnormen**[114], die das positive Recht bilden. Dabei ist zu bedenken, dass positive Rechtsvorschriften zumeist einen sprachlichen Ausdruck haben. Daraus ergibt sich für eine adäquate Erfassung des positiven Rechts im Hinblick auf dessen Interpretation folgende Begriffsbestimmung: Als Ziel der Interpretation kann man Rechtsnormen und damit das positive Recht als Sinngehalt zumeist sprachlicher Äußerungen (der Rechtsvorschriften) ansehen.

113 Näher dazu VI.B.2.

114 Zur Rechtsnorm als Produkt der Interpretation zB *Barak*, Purposive Interpretation, 12.

Eine an Einsichten für die Interpretation von Rechtsvorschriften orientierte Begriffsbestimmung kann bei dieser Umschreibung des positiven Rechts allerdings nicht Halt machen. Vielmehr ist dafür auch der spezifische Charakter hervorzuheben, den Rechtsnormen haben, und der Aufschluss über dessen Interpretation geben kann. Diese spezifische (sprachliche) Bedeutung von Rechtsnormen ergibt sich aus ihrer Eigenschaft als Sinngehalt einer normativen Äußerung. Solche normative Äußerungen bringen ihrem Inhalt nach einen Willensakt zum Ausdruck, nach dem ein bestimmtes Verhalten geboten, verboten oder erlaubt sein soll. Nach begründeter Auffassung handelt es sich dabei jedoch um **keinen „realen", psychologischen, Willensakt**.[115] Dagegen spricht vor allem, dass sich die Rechtsetzungsorgane – wie noch näher zu zeigen sein wird – in der Regel der allgemeinen Kommunikationspraxis bei der Erlassung von positivem Recht bedienen. In dieser ist es weder üblich noch praktisch möglich, auf das vom Äußernden tatsächlich Gemeinte abzustellen. Vielmehr wird in der allgemeinen Kommunikationspraxis einer Äußerung jene Bedeutung beigemessen, die sie nach den allgemeinen Regeln sprachlicher Konvention besitzt.[116] Das hat insbesondere in Rechtsstaaten besonderes Gewicht, wo der konventionellen Bedeutung eines Rechtstextes aus Gründen der Rechtssicherheit ein hoher Stellenwert zukommt. Dabei ist schon an dieser Stelle zu betonen, dass auch nach der allgemeinen Kommunikationspraxis die Bedeutung einer Äußerung unter Berücksichtigung ihres jeweiligen Kontextes zu ermitteln ist. Gegen die Annahme eines psychologischen Willens spricht außerdem die Rechtsetzung im Gewohnheitsrecht,

---

115 *Von Mettenheim*, Recht, 43; *Rill*; ZfV 1985, 461; 465; *derselbe*, in Vetter/Potacs, 53, 55; *Weinberger*, Norm, 183; *Jabloner*, in Walter, 84; *Thienel*, Rationalismus, 191 ff; *Potacs*, Rechtstheorie 1994, 194 f; *derselbe*, in Neck/Salamun, 111. Von einem „tatsächlichen" Willen des historischen Rechtsetzers gehen die Vertreter des **„Intentionalism"** aus; so insbesondere *Joseph Raz*, Intention in Interpretation, in Robert P. George (Hrsg), The Autonomy of Law: Essays on Legal Positivism (1996) 249 ff (dagegen insbesondere *Barak*, Purposive Interpretation, 260 ff). Siehe weiters in diesem Sinn zB *H. Jefferson Powell*, The Original Understanding of Original Intent, Harvard Law Review 1985, 885 ff; *Richard S. Kay*, Adherence to the Original Intentions in Constitutional Adjudication: Three Objections and Responses, Northwestern Law Review 1988, 226 ff; *Maltz*, Tulane Law Review 1988, 13 ff; *Correia*, Case Western Reserve Law Review 1992, 1153 ff. Dazu auch *Melin*, Gesetzesauslegung, 116 ff. Allerdings meint *Greenawalt*, Statutory and Common Law, 44, dass es keine „reinen Internationalisten" („pure intentionalists") gäbe, weil auch von den „Intentionalisten" die Bedeutung von Rechtstexten nicht in Frage gestellt werde.

116 *Rill*, ZfV 1985, 466; *derselbe*, in Vetter/Potacs, 56.

wo ein realer „kollektiver“ Wille nur schwer vorstellbar ist.[117] Ein solcher „kollektiver“ Wille ist auch bei einer Rechtsetzung durch Kollegialorgane wie Parlamente kaum anzunehmen, weil deren Mitglieder den Inhalt der von ihnen beschlossenen Gesetze vielfach gar nicht genau kennen.[118]

Diesem Einwand gegen einen dem Gesetz zugrundeliegenden „realen“ Willen könnte man allerdings mit *Kelsen* entgegenhalten: Die Abgeordneten eines Parlamentes müssen zwar den Inhalt der Vorlage nicht unbedingt kennen. Sie müssen aber wissen, dass sie für eine Gesetzesvorlage stimmen. Damit erklären sie sich mit dem Willen jener einverstanden, die eine solche Vorlage zur Abstimmung gebracht haben. Dieser Wille ist dann auch jener, der den gesetzlichen Anordnungen zugrunde liegt. Denn, so *Kelsen*: „Liegt eine geltende Norm vor, so muss irgendjemand den Willen gehabt haben, dessen Sinn die Norm ist“[119]. Aber dieser Gegeneinwand von *Kelsen* trägt der differenzierten Situation zu wenig Rechnung, unter der Gesetzestexte vielfach zustande kommen. Diese werden häufig von Legisten auf Grund von Anordnungen politischer Entscheidungsträger verfasst. Dabei ist keineswegs gewährleistet, dass diesen Anordnungen durch die Legistik immer voll entsprochen wird. Außerdem werden solche Anordnungen vielfach nur relativ allgemein erteilt und die Ausführung im Detail bleibt der Legistik überlassen. Die Legisten selbst bilden aber kaum einen eigenen Willensakt aus, sondern versuchen lediglich ihre Vorgaben so weit wie möglich zu erfüllen oder auszugestalten und so gut es geht „in Worte zu fassen“. Auch werden Gesetzestexte vor ihrer endgültigen Beschlussfassung nicht selten durch verschiedene Personenkreise (unterschiedliche Legisten, parlamentarische Ausschüsse, Plenum des Parlaments) geändert, wodurch auch deshalb ein „realer“ gesetzgeberischer Wille nicht erkennbar ist. Nicht zuletzt können Legisten kaum alle Situationen vorhersehen, auf die von ihnen verfasste Rechtsvorschriften (nicht) angewendet werden sollen.

Rechtsnormen stellen demnach keine realen Willensakte, sondern Willensakte im Sinne einer Bedeutung normativer Äußerungen dar. Da in positiven Rechtsordnungen Rechtsnormen durch Rechtsvorschriften in Erscheinung treten, sind Rechtsnormen als Willensakte im Sinne einer zumeist sprachlichen Bedeutung von Rechtsvorschriften zu verstehen. Diese Rechtsvorschriften werden zumeist als Rechtstexte erlassen, die nach ihrem sprachlichen Sinn einen Willen des Rechtsetzers zum Ausdruck bringen. Als

117 Näher *Jabloner*, in Walter, 84 ff.

118 *Rill*, ZfV 1985, 465; *Weinberger*, Norm, 183. Siehe auch die Einwände der „public choice theory“ gegen einen kollektiven Willen zusammenfassend bei *Melin*, Gesetzesauslegung, 106 ff, sowie weitere Einwände gegen einen tatsächlichen Willen des Gesetzgebers etwa bei *Richard A. Posner*, The University of Chicago Law Review 1982, 263 (274 f); *Dworkin*, Empire, 318 f; *Scalia/Garner*, Law, 376, 391. Siehe demgegenüber aber auch *Jabloner*, in FS Schambek, 445 f; *Barak*, Purposive Interpretation, 132 ff, und *Greenawalt*, Statutory and Common Law, 60.

119 *Kelsen*, Allgemeine Theorie, 244.

Rechtsnorm wird nach der hier vertretenen Ansicht somit der Sinngehalt von zumeist sprachlichen Äußerungen (den Rechtsvorschriften) verstanden, deren Bedeutung ein Willensakt ist. Rechtsnormen stellen also **Willensakte als (zumeist) sprachliche Bedeutung** dar.

Rechtsnormen sind demnach keine „realen", sondern (zumeist) „sprachliche" Willensakte. Daher ist nach der hier vertretenen Ansicht auch nicht streng zwischen dem „Willen" eines Rechtsetzers und seinem „Ausdruck" etwa in Gesetzestexten zu unterscheiden. Vielmehr besitzt nach dem hier vertretenen Verständnis der „Wille" eines Rechtsetzers keine von der Bedeutung eines Rechtstextes losgelöste Existenz. Der „Wille" des Rechtsetzers als Ziel juristischer Interpretation existiert somit nur als sprachliche Bedeutung des Rechtstextes.

Dabei ist von einem **weiten Verständnis der sprachlichen Bedeutung** einer Äußerung auszugehen. Die sprachliche Bedeutung von Rechtsvorschriften lässt sich demnach nicht nur durch bloße Wortsinninterpretation (Wörterbücher) und Grammatik ermitteln. Sprachliche Äußerungen wie Rechtsvorschriften stellen vielmehr „*Sprechakte*"[120] dar, für deren Bedeutung stets auch der jeweilige Äußerungskontext maßgeblich ist. Denn auch nach der allgemeinen Kommunikationspraxis erschließt sich die Bedeutung einer Äußerung unter Berücksichtigung ihres jeweiligen Kontextes.[121] Da sich die Rechtsetzer zur Vermittlung ihrer Anordnungen dieser Kommunikationspraxis bedienen, sind deren Regeln auch für die Auslegung von Rechtsvorschriften von Bedeutung. Unter positivem Recht kann man daher auch verstehen, was einem Rechtsetzer nach den Konventionen der Kommunikationspraxis (also „sprachlich") als von ihm gewollt zusinnbar ist.[122] Maßgebliches Kriterium für die Interpretation von Rechtsvorschriften ist demnach auch die **Zusinnbarkeit** eines Norminhaltes auf Grund der in der allgemeinen Kommunikationspraxis maßgeblichen Regeln der Verständigung. Basis der Interpretation sind dabei im Regelfall die **Rechtstexte**, deren Bedeutung sich frei-

120 Siehe zur Sprechakttheorie etwa *John L. Austin*, Zur Theorie der Sprechakte[2] (2002); *Searle*, Sprechakte; *derselbe*, Ausdruck und Bedeutung (1982); *Wunderlich*, Sprechakttheorie; *Günther Grewendorf*, Sprechakttheorie und Semantik (1979); *Sybille Krämer*, Sprache, Sprechakt, Kommunikation (2001). Zum Verständnis von Rechtsvorschriften als Sprechakte siehe bereits *Griller/Potacs*, in Vetter/Potacs, 67; *Jabloner*, in Walter, 81.

121 Näher VI.A.1. und VI.A.2.

122 *Rill*, ZfV 1985, 466, 585; *derselbe*, in Vetter/Potacs, 55. Näher zu den semantischen und pragmatischen Konventionen der allgemeinen Kommunikationspraxis (dh des allgemeinen Sprachgebrauchs) VI.A.2.

lich erst unter Bedachtnahme auf den jeweiligen textlichen und historischen Kontext erschließt.[123] Rechtsnormen als Sinngehalt von Rechtsvorschriften (und Ziel der Auslegung) bringen daher einen auch den Äußerungskontext einbeziehenden „sprachlichen" Willen zum Ausdruck.[124]

Charakteristisch für eine zu verkürzte Sichtweise ist es daher, wenn etwa *Frederick Schauer* meint: "When a legislature enacts a statute, it enacts a set of words, and at no time does it vote on a purpose or a goal or a background justification apart from the words."[125] Demgegenüber ist jedoch zu betonen, dass Rechtsetzer mit Rechtsvorschriften „Sprechakte" erlassen, deren Bedeutung sich im Zusammenhang mit ihrem Kontext ergibt, zu dem sowohl der Zweck als auch die Begleitumstände bei Erlassung der Rechtsvorschrift gehören.

Die hier vertretene Position von positivem Recht als (zumeist) „sprachliche" Willensakte unterscheidet sich allerdings auch deutlich von dem in den USA in jüngerer Zeit vertretenen **„New textualism"**[126]. Denn nach diesem ist ausschließlich eine aus dem Rechtstext ableitbare Absicht des Rechtsetzers für die Auslegung maßgeblich.[127] Demgegenüber wird nach hier vertretener Auffassung die sprachliche Bedeutung des Willens eines Rechtsetzers durch den Kontext der Anordnung mitbestimmt, zu dem neben dem Textzusammenhang auch die (etwa in Gesetzesmaterialien dokumentierten) historischen Begleitumstände gehören[128].

Zuletzt ist noch zu betonen, dass nach dem hier vertretenen Rechtsbegriff positive Rechtsordnungen **nicht unbedingt effektiv** sein müssen.[129] Steht doch bei der vorliegenden Begriffsbestimmung das Erkenntnisinteresse an einer adäquaten Erfassung des positiven Rechts im Hinblick auf dessen Interpretation im Vordergrund. Die Auslegung und Systematisierung effektiver Normenordnungen unterscheidet sich im Hinblick auf Methode und Eigenschaft des Untersuchungsgegenstandes aber nicht von jener ineffektiver Normensysteme. Da im vorliegenden Zusammenhang aber gerade diese Aspekte im Vordergrund stehen, wird hier von einem weiten Verständnis von „positivem Recht" ausgegangen. Rechtsordnungen können demnach effektiv sein oder – wie etwa das römische Recht – bereits ihre Wirkung verloren

123 Dazu VI.A.1.
124 Näher VI.A.2.
125 *Schauer*, Lawyer, 165.
126 Dazu zusammenfassend etwa *Melin*, Gesetzesauslegung, 133 ff, sowie unter VII.H.
127 *Scalia/Garner*, Law, 34.
128 So auch *Barak*, Purposive Interpretation, 283; *Greenawalt*, Statutory and Common Law, 78 f. Siehe zum „New textualism" näher unter VII.E. und VII.H.
129 Siehe auch *Thienel*, in Paulson/Walter, 37.

haben.[130] Es kann sich aber auch um Ordnungen handeln, die – wie das kanonische Recht – in Bezug auf ihre Wirksamkeit in Konkurrenz zu anderen Normensystemen stehen. Nach dem hier vertretenen Verständnis erscheint daher die Effektivität als Element der Begriffsbestimmung des positiven Rechts verzichtbar. Auch sind positive Rechtsordnungen nach der hier vertretenen begrifflichen Festsetzung **nicht unbedingt durch organisierten Zwang** charakterisiert. Es ist vielmehr der Ausgestaltung einzelner Rechtsordnungen überlassen, ob und inwieweit eine solche zwangsweise Durchsetzung der Normen erfolgt. Zwar ist einzuräumen, dass positive Rechtsordnungen in der Regel auf eine zwangsweise Durchsetzung nicht verzichten. In Bezug auf die Beschreibung des Norminhaltes und seiner Systematisierung unterscheiden sich Normenordnungen mit organisiertem Zwang nicht wesentlich von (möglichen) „zwanglosen" Anordnungssystemen. Auf Grund des hier verfolgten Erkenntnisinteresses ist daher nicht einzusehen, weshalb für eine Begriffsbestimmung von „positivem Recht" auf das Merkmal des organisierten Zwanges nicht verzichtet werden kann. Entscheidend für den Begriff des „positiven Rechts" ist somit, dass es sich um von Menschen gesetzte (positive) Anordnungssysteme handelt. Allerdings sollte eine Begriffsbildung zumindest bis zu einem gewissen Grad von einem herkömmlichen Verständnis getragen sein. Daher werden hier nur solche Normenordnungen als positives Recht verstanden, deren Bezeichnung als „Rechtsordnung" (wie etwa beim römischen Recht oder beim kanonischen Recht) im Sprachgebrauch anerkannt ist.[131]

Zusammenfassend sind daher unter „positivem Recht" von Menschen gesetzte Anordnungssysteme zu verstehen, deren Bezeichnung als „Rechtsordnungen" im Sprachgebrauch anerkannt ist. Die Rechtsnormen des positiven Rechts stellen Sinngehalte sinnlich wahrnehmbarer Rechtsvorschriften dar, deren (zumeist) sprachliche Bedeutung ein Willensakt ist. Der konkrete Inhalt einer Rechtsnorm bestimmt sich somit danach, was dem Rechtsetzer auf Grund der (weit zu verstehenden) Regeln sprachlicher Konventionen als von ihm gewollt zugesonnen werden kann.

---

130 Wer das römische Recht „lebendig lehren will", muss nach *Hart* allerdings „so tun *als ob* das System noch wirksam wäre, er muss nämlich die Gültigkeit der einzelnen Regeln besprechen und Probleme im Sinn dieser Regeln lösen"; *Hart*, Begriff, 126 (Hervorhebung im Original). Nach hier vertretener Ansicht ist eine solche Fiktion jedoch nicht erforderlich, weil sich die Regeln und die Praxis einer nicht mehr wirksamen Rechtsordnung in gleicher Weise wie jene einer wirksamen Normenordnung beschreiben lassen.

131 Siehe bereits *Potacs*, Rechtstheorie 1994, 191.

III. Gegenstand

A. Rechtsquellen

1. Geltung

Die verschiedenen in einer Rechtsordnung enthaltenen Arten von Rechtsnormen werden hier als Rechtsquellen bezeichnet. Freilich ist es Sache der jeweiligen positiven Rechtsordnung, welche Rechtsquellen sie vorsieht. Entscheidende Voraussetzung für die Zugehörigkeit einer bestimmten Rechtsquelle zu einer konkreten Rechtsordnung ist, dass diese Rechtsquelle darin Geltung erlangt hat. Der Begriff der „Geltung“ wird in der rechtstheoretischen Literatur allerdings nicht einheitlich verwendet.[1] Auf Grund des dargelegten Erkenntnisinteresses an einer adäquaten Erfassung des positiven Rechts im Hinblick auf dessen Auslegung wird im vorliegenden Zusammenhang ein **positivistischer Geltungsbegriff** vertreten. Geltung bedeutet demnach, dass eine Norm zu einem bestimmten Normensystem gehört und daher innerhalb dieses Systems „gilt“. Der Begriff der „Geltung“ wird hier somit stets in Relation zu einem Anordnungssystem verstanden. Der hier vertretene Geltungsbegriff unterscheidet sich allerdings in einem wesentlichen Punkt von jenem (ebenfalls positivistischen) *Hans Kelsens*. Dieser versteht unter Geltung „die spezifische Existenz einer Norm“[2]. Diese Existenz einer Norm wird von *Kelsen* ausschließlich in der Zugehörigkeit zu einem (letztlich durch die Annahme einer Grundnorm begründeten[3]) Normensystem gesehen. Demgegenüber erlangt nach hier vertretener Auffassung eine Norm durch ihre Geltung zwar eine „Existenz“ innerhalb eines bestimmten Normensystems. Unabhängig davon besitzen Normen nach hier vertretener Ansicht aber auch eine „Existenz“ als Sinngehalt einer sprachlichen Äußerung.[4] Geltung können solche Normen aber nur dann erlangen, wenn sie gleichzeitig einem Normensystem angehören. Das ist dann der Fall, wenn diese Norm entsprechend den in diesem Normensystem vorgesehenen Regeln zustande gekommen ist.[5]

So stellt die Anordnung einer Person als Sinngehalt dieser Äußerung zwar eine „Norm“ dar. „Geltung“ (in einem Normensystem) erlangt diese Norm jedoch nur, wenn

1 Dazu *Küper*, Rechtstheorie 1991, 71.
2 *Kelsen*, Rechtslehre², 9.
3 Siehe näher IV.D.
4 Dazu näher IV.E.
5 *Küper*, Rechtstheorie 1991, 72.

die anordnende Person im Rahmen eines Normensystems zu dieser Anordnung befugt oder verpflichtet ist.

Übertragen auf das positive Recht bedeutet dies: Eine Rechtsnorm gilt dann, wenn sie nach den in einem Rechtssystem für ihre Entstehung vorgesehenen Regelungen erlassen wurde und daher rechtlich zum Bestandteil dieser Rechtsordnung geworden ist. Voraussetzung für die Geltung einer Rechtsnorm ist also, dass sie von einer Rechtsordnung für verbindlich (dh maßgeblich) erklärt wurde.

Damit unterscheidet sich der hier vertretene positivistische Geltungsbegriff von anderen Geltungsbegriffen. Dazu gehört vor allem ein **empirischer Geltungsbegriff**, nach dem nur faktisch wirksame Normen gelten.[6] Im Skandinavischen Realismus wiederum wird ein **psychologischer Geltungsbegriff** vertreten, der auf das innere Gefühl der Gebundenheit an bestimmte Normen abstellt.[7] Ein **moralischer Geltungsbegriff** macht die Geltung einer Norm davon abhängig, ob sie mit einer bestimmten moralischen Überzeugung im Einklang steht. Es wird aber weiters etwa auch ein **kommunikativer Geltungsbegriff** vertreten, der die Geltung einer Norm von ihrer Begründbarkeit in einem rationalen Diskurs abhängig macht.[8]

Im Folgenden werden die Rechtsquellen dargestellt, die den Rechtsbestand der einzelnen positiven Rechtsordnungen ausmachen. Dabei ist nochmals zu betonen, dass die Schaffung von Rechtsquellen dem jeweiligen positiven Recht überlassen ist. Die einzelnen Rechtsquellen können daher je nach Rechtsordnung stark variieren, weshalb die folgende Darstellung nur auf in Rechtsordnungen *typischerweise* geltende Rechtsquellen beschränkt bleibt. Wegen der jeweils doch sehr unterschiedlichen Ausprägung wird dabei zwischen den Rechtsquellen im staatlichen und im internationalen Recht unterschieden. Im vorliegenden Zusammenhang sind außerdem auch die (typischen) Bedingungen der Geltung dieser Rechtsquellen sowie ihre (typischen) Ausdrucksformen (die Rechtsvorschriften) im Hinblick auf deren Auslegung von Bedeutung. Auch in dieser Hinsicht beschränken sich die folgenden Darlegungen auf einige grundsätzliche Bemerkungen. Denn die konkreten Geltungsbedingungen von Rechtsnormen hängen ebenso wie die Auslegung von

6 *Rosenmayr*, in Paulson/Walter, 193; *Hoerster*, in FS Walter, 255 ff.

7 ZB *Olivecrona*, Law², 98 ff. Dazu *Rosenmayr*, in Paulson/Walter, 198 ff; *Thienel*, in Paulson/Walter, 23.

8 ZB *Alexy*, Theorie⁷, 263 ff; *Stefan Hammer,* Geltung und diskursive Legitimität, ARSP-Beiheft 27 (1986) 37 (41); *Johannes Meiners*, Rechtsnormen und Rationalität. Zum Problem der Rechtsgeltung bei Hans Kelsen, Jürgen Habermas und Niklas Luhmann (2015), 164 f. Siehe dazu auch IV.C.

Rechtsvorschriften letztlich von der Ausgestaltung der jeweiligen positiven Rechtsordnung ab.

2. Staatliche Rechtsquellen

a) Rechtsquellen und ihre Wirkung

In sehr allgemeiner Weise kann man die staatlichen Rechtsquellen in **generelle** und **individuelle** Normen unterscheiden. Generelle Normen haben einen unbestimmten Personenkreis und beziehen sich nicht nur auf einen konkreten Fall. Individuelle Normen regeln dagegen nur einen konkreten Fall für einen bestimmten Personenkreis. Die generellen Normen einer Rechtsordnung werden als *Gesetze im materiellen Sinn* bezeichnet. Diesen werden die *Gesetze im formellen Sinn* gegenübergestellt, die nach einem bestimmten in der Rechtsordnung festgelegten „Weg der Gesetzgebung" zustande kommen.[9] Gesetze im formellen Sinn sind daher nur solche Rechtsakte, die von einem in der Rechtsordnung vorgesehenen „Gesetzgebungsorgan" (in Demokratien den „Parlamenten") erlassen wurden und für die in der Rechtsordnung die Bezeichnung „Gesetze" vorbehalten ist. Gesetze im materiellen Sinn können dagegen auch von anderen staatlichen Organen erlassen werden und in der Rechtsordnung eine andere („formelle") Bezeichnung haben. So erlassen Verwaltungsorgane typischerweise individuelle Rechtsnormen wie Genehmigungen oder polizeiliche Anordnungen. Aber auch in verschiedenen parlamentarisch-demokratisch geprägten Rechtsordnungen werden Verwaltungsorgane dazu ermächtigt, generelle Anordnungen als „Verordnungen" zu erlassen. Dabei handelt es sich um keine Gesetze im formellen, wohl aber um solche im materiellen Sinn.

In manchen Rechtsordnungen wie etwa den Case Law-Systemen wird aber auch gerichtlichen Urteilen zumindest in gewissem Umfang eine generelle (*erga omnes*) Wirkung eingeräumt.[10] Insoweit üben in solchen Systemen Gerichte die Funktion eines „Gesetzgebers im materiellen Sinn" aus. In anderen Rechtssystemen entfalten die Urteile von Gerichten dagegen nur eine Rechtswirkung für die am Verfahren beteiligten Parteien (*inter partes*).

9 ZB *Merkl*, Verwaltungsrecht, 7 ff; *Walter Antoniolli*, Allgemeines Verwaltungsrecht (1954), 70.

10 Siehe V.B.2.

Solche Urteile stellen individuelle Rechtsnormen dar. Damit ist freilich nicht ausgeschlossen, dass sich die Praxis dennoch an solchen Urteilen mit dem Charakter einer individuellen Rechtsnorm orientiert. Dies wird insbesondere dann anzunehmen sein, wenn es sich dabei um Urteile von Höchstgerichten handelt. Doch üben in solchen Systemen diese Urteile keine rechtlich angeordnete, sondern eine „bloß" faktische Wirkung aus. Wenn sich ein untergeordnetes Gericht in solchen Rechtssystemen nicht an die Rechtsmeinung eines Höchstgerichtes hält, dann handelt es allein aus diesem Grund nicht rechtswidrig. Das Gericht riskiert in einem solchen Fall allerdings, dass sein Urteil vom Höchstgericht aufgehoben wird. Entfalten allerdings auch höchstgerichtliche Urteile in einem Rechtssystem nur eine Wirkung zwischen den am Verfahren beteiligten Parteien, dann darf das Höchstgericht seine Rechtsauffassung in einem anderen Verfahren aber auch wieder ändern und anders entscheiden. In jedem Fall hängt es von der Ausgestaltung der jeweiligen Rechtsordnung ab, ob und inwieweit sie den Anordnungen staatlicher Organe den Charakter individueller oder genereller Rechtsnormen verleiht. Schließlich ist auch noch zu erwähnen, dass „Gesetzgeber" im materiellen Sinn nicht unbedingt ein staatliches Organ sein muss. In Rechtsordnungen, die das Gewohnheitsrecht als Rechtsquelle anerkennen, können generelle Rechtsnormen auch durch von einer Rechtsüberzeugung (*opinio iuris*) getragenen sozialen Übung entstehen. „Gesetzgeber im materiellen Sinn" ist in diesem Fall die Rechtsgemeinschaft, die im Wege der Gewohnheit generelle Normen hervorbringt.

b) Geltungsvoraussetzungen

Die Rechtsordnungen legen die Bedingungen fest, unter denen die einzelnen Rechtsquellen **Geltung** in ihrem System erlangen. Nur wenn die von der Rechtsordnung für die Entstehung von Rechtsquellen vorgesehenen Bestimmungen bei der Erlassung von Rechtsnormen erfüllt sind, gelten diese im Rahmen der Rechtsordnung und erhalten in dieser eine „Existenz". Das betrifft sämtliche in einer Rechtsordnung geltenden individuellen und generellen Rechtsquellen und daher namentlich auch das *Gewohnheitsrecht.* Darauf ist deshalb besonders hinzuweisen, weil im Gewohnheitsrecht mitunter ein Problem für die Geltungslehre gesehen wird. Das Problem wird vor allem darin gesehen, dass Gewohnheitsrecht nicht auf einer Positivierung durch den Gesetzgeber beruhe und durch desuetudo auch wieder außer

Kraft gesetzt werden könne.[11] Demgegenüber ist aber darauf hinzuweisen, dass auch die Geltung von Gewohnheitsrecht innerhalb einer Rechtsordnung von dieser selbst abhängt. Die jeweiligen Rechtsordnungen legen (implizit oder explizit) fest, ob und inwieweit im Rahmen ihres Systems Rechtsnormen im Wege der Gewohnheit Geltung erlangen und diese auch wieder verlieren können. Innerhalb einer Rechtsordnung kommt Gewohnheitsrecht als Rechtsquelle nur dann in Betracht, wenn die Rechtsordnung dies zulässt. Nur in diesem Fall kann das Gewohnheitsrecht am Geltungsanspruch der jeweiligen Rechtsordnung teilhaben. Dem steht nicht entgegen, dass die Normen des Gewohnheitsrechts nicht auf einem Gesetzgebungsakt beruhen. Denn die Rechtsquellen einer positiven Rechtsordnung sind keineswegs auf Gesetze (im formellen Sinn) beschränkt. Voraussetzung für die Geltung sämtlicher Rechtsakte ist allerdings, dass sie die für ihre Entstehung maßgeblichen Voraussetzungen der jeweiligen Rechtsordnung erfüllen. Rechtsordnungen enthalten schließlich in der Regel auch Rechtsquellen, die durch autonome Dispositionen ihrer privaten Rechtssubjekte (**„Privatautonomie“**) entstehen. Auch die Geltungsbedingungen dieser Rechtsquellen werden durch die jeweilige positive Rechtsordnung festgelegt. Sie entfalten daher auch nur dann und insoweit Gültigkeit, wie es die positiven Rechtsordnungen vorsehen.

Zu diesen durch autonome Gestaltung Privater zustande gekommenen Rechtsquellen zählen insbesondere *Verträge*. Sie sind dadurch charakterisiert, dass sie durch Willensübereinstimmung der Vertragspartner Geltung erlangen. Die zivilrechtlichen Vorschriften zahlreicher Rechtsordnungen enthalten aber auch Rechtsvorschriften, die durch einseitige Versprechungen in Geltung gesetzt werden können.

Dabei ist davon auszugehen, dass Rechtsnormen in positiven Rechtsordnungen bestimmten Vorgaben entsprechen müssen. Dazu gehören Regelungen über das Verfahren und die Kundmachung der Rechtsakte ebenso wie Bestimmungen über inhaltliche Anforderungen an Rechtsakte (wie etwa die Übereinstimmung mit Grundrechten). Freilich führt nicht jede Verletzung einer dieser Regelungen unbedingt dazu, dass eine Rechtsnorm keine Gültigkeit erlangt. Vielmehr bestimmen positive Rechtsordnungen häufig, dass nicht jeder rechtliche Mangel das gültige Zustandekommen einer (individuellen oder generellen) Rechtsnorm verhindert (**„Fehlerkalkül“**[12]). Somit können positive Rechtsordnungen Fehler eines Rechtsaktes unterschiedlich gewichten und an verschiedene rechtliche Mängel unterschiedliche Konse-

11 *Küpper*, Rechtstheorie 1991, 72.
12 *Adolf Julius Merkl*, Die Lehre von der Rechtskraft (1923), 293.

quenzen knüpfen. Manche im Sinne einer bestimmten Rechtsordnung unerhebliche Rechtsverletzungen bleiben gänzlich folgenlos. Schwerwiegendere Verstöße gegen rechtliche Regelungen führen meist dazu, dass der Rechtsakt anfechtbar ist und entweder rückwirkend (*ex tunc*) oder mit Wirkung für die Zukunft (*ex nunc*) ganz oder teilweise beseitigt werden kann. Das setzt allerdings voraus, dass die Rechtsnorm zunächst einmal (trotz ihrer Fehlerhaftigkeit) gültig zustande gekommen ist. Besonders schwerwiegende Verletzungen der Rechtsordnung können aber bewirken, dass von vornherein gar keine gültige Rechtsnorm entsteht. Im Sinne der jeweiligen Rechtsordnung stellen solche Akte ein „rechtliches Nichts“[13] dar, weil sie vom „Fehlerkalkül“ der Rechtsordnung nicht mehr umfasst sind. Wie weit das „Fehlerkalkül“ einer Rechtsordnung reicht, ist jeweils durch Interpretation des positiven Rechts zu ermitteln.

Ein positivrechtliches Fehlerkalkül enthält etwa eine Vorschrift, nach der ein Rechtsakt bei „Verletzungen von Rechtsvorschriften“ von einer nächsthöheren Instanz aufgehoben werden kann. Wird doch damit zum Ausdruck gebracht, dass auch ein fehlerhafter Rechtsakt bis zu seiner Aufhebung durch die übergeordnete Instanz rechtlich in Geltung steht. Freilich kann wiederum nur im Wege der Auslegung geklärt werden, ob durch eine solche Regelung auch wirklich jeder rechtliche Mangel vom Fehlerkalkül erfasst ist. Eine solche Interpretation könnte zum Ergebnis führen, dass bestimmte schwerwiegende Verstöße gegen die bei der Erlassung eines Rechtsaktes zu beachtenden Vorschriften (etwa über die Zuständigkeit: Verhängung einer mehrjährigen Haftstrafe durch einen Polizisten) die Entstehung eines gültigen Rechtsaktes dennoch verhindern.

Von besonderer Bedeutung ist das Fehlerkalkül staatlicher **Höchstgerichte**, weil deren Entscheidungen im Instanzenzug nicht mehr angefochten werden können. Allein aus diesem Umstand kann aber nicht geschlossen werden, dass es für Höchstgerichte kein Fehlerkalkül geben kann.[14] Vielmehr hängt das Fehlerkalkül auch insoweit von der Ausgestaltung der jeweiligen Rechtsordnung ab, die durch Interpretation zu ermitteln ist. In rechtsstaatlichen Ordnungen wird dabei auch die Funktion staatlicher Höchstgerichte in Rechnung zu stellen sein. Diese besteht ganz offenkundig in der Gewährleis-

13 *Merkl*, Verwaltungsrecht, 196.

14 Siehe aber *Merkl*, Die gerichtliche Prüfung von Gesetzen und Verordnungen, Österreichisches Zentralblatt für die juristische Praxis XXXIX (1921), 569 (603 ff).

tung von Rechtssicherheit. In rechtlich strittigen Fragen sollen sie eine verbindliche Entscheidung treffen. Gerade die Grenze zwischen einer vertretbaren und einer nicht vertretbaren Auslegung stellt einen häufig besonders schwer abgrenzbaren Bereich dar. Hier kommt Höchstgerichten eine wesentliche Bedeutung zu, weil sie diese Grenze in den von ihnen zu entscheidenden Fällen festsetzen müssen. Aus dieser Funktion kann wohl abgeleitet werden, dass sie in der Regel auch über ein gewisses Fehlerkalkül verfügen müssen. Deshalb wird man in rechtsstaatlichen Ordnungen grundsätzlich nur Entscheidungen von Höchstgerichten mit besonders schwerwiegenden und evidenten Fehlern die rechtliche Gültigkeit absprechen.[15]

c) Ausdrucksformen

Nach außen wahrnehmbar treten die Rechtsquellen als Rechtsvorschriften in Erscheinung, deren Sinngehalt die einzelnen Rechtsnormen sind.[16] Diese Rechtsvorschriften können unterschiedliche Ausdrucksformen aufweisen. Gerade in rechtsstaatlichen Ordnungen handelt es sich dabei meistens um publizierte Texte mit sprachlichen Anordnungen. Rechtsnormen können aber auch mündlich kundgemacht werden, wie die Beispiele eines mündlich verkündeten gerichtlichen Urteils oder einer mündlichen polizeilichen Anordnung veranschaulichen. Sofern das Gewohnheitsrecht in einer Rechtsordnung als Rechtsquelle anerkannt ist, manifestieren sich die auf diese Weise erzeugten Rechtsnormen durch ein bestimmtes soziales Verhalten.

Grundsätzlich müssen sich die Rechtsetzer bei der Wahl der Ausdrucksformen ihrer Anordnungen an den Möglichkeiten der Kenntnisnahme und dem Verständnis der Normadressaten orientieren, wenn die Anordnungen den gewünschten Effekt erzielen sollen. Aus diesem Grund bedienen sich die Rechtsetzer in der Regel der **natürlichen Sprache**, um ihren Rechtsnormen Ausdruck zu verleihen.[17] Das betrifft sowohl die meisten in Texten publizierten Rechtsvorschriften als auch die verschiedenen Formen mündlich verkündeter Anordnungen. Daran ändert der Umstand wenig, dass sich gerade in Rechtstexten die Rechtsetzer häufig auch einer fachspezifischen Terminologie bedienen. Denn auch diese ist wiederum in die Regeln und

15 *Potacs*, Auslegung, 292 f.

16 Siehe II.E.

17 ZB *Weinberger*, Norm, 50.

Wortbedeutungen des natürlichen Sprachgebrauchs eingebettet.[18] Allerdings gibt es durchaus Ausnahmen von diesem Primat der natürlichen Sprache bei Rechtsvorschriften. Dabei handelt es sich zum einen um das gerade erwähnte Gewohnheitsrecht, das in einer bestimmten sozialen Übung wahrgenommen wird. Zum anderen können sich Rechtsetzer ausnahmsweise auch einer **formalen Kunstsprache** bedienen, um ihre Anordnungen auszudrücken. Beispiele dafür bieten die Straßenverkehrsordnungen in vielen positiven Rechtsordnungen, die Rechtsvorschriften in Form einer klar definierten Zeichensprache enthalten. Solche Kunstsprachen weisen ein hohes Maß an Präzision auf, das in der Regel wenig Raum für Interpretationen lässt. Demgegenüber sind natürlichen Sprachen durch eine relativ hohe *Vagheit*, *Unbestimmtheit* und Auslegungsbedürftigkeit gekennzeichnet. Außerdem ist für natürliche Sprachen charakteristisch, dass die Bedeutung sprachlicher Äußerungen unter Einbeziehung ihres *Kontextes* ermittelt wird.[19]

Um die Bedeutung von in natürlicher Sprache verfassten Rechtsvorschriften zu ermitteln, ist grundsätzlich auf die allgemeinen Regeln der Interpretation natürlicher Sprachen (dh den allgemeinen Sprachgebrauch) zurückzugreifen.[20] Denn bedient sich ein Rechtsetzer zur Vermittlung seiner Anordnungen der natürlichen Sprache, dann will er prinzipiell wohl auch nach den Auslegungsregeln der natürlichen Sprache verstanden werden. Diese Auslegungsregeln sind in den verschiedenen natürlichen Sprachen weitgehend gleich. Daraus erklärt sich auch, dass die Auslegungsregeln in den verschiedenen Rechtsordnungen ebenfalls nicht allzu sehr voneinander abweichen.[21] Gewiss können positive Rechtsordnungen bestimmte Regeln der Interpretation ihrer Rechtsvorschriften auch ausdrücklich vorschreiben. Häufig handelt es sich dabei allerdings um Interpretationsregeln des allgemeinen Sprachgebrauchs, auf deren Geltung für die Auslegung juristischer Texte nur besonders hingewiesen wird.

---

18 Solche Fachsprachen (wie etwa ein spezifisch juristischer Sprachgebrauch) werden daher auch als „Subsprachen" („sub-languages") des natürlichen Sprachgebrauchs angesehen; so *Bankowski/MacCormick/Summers/Wróblewski*, in MacCormick/Summers, 25.

19 Siehe VI.A.1.

20 Näher VI.A.1.

21 Siehe etwa *Summers/Tartuffo*, in *MacCormick/Summers*, 462 ff; *Vogenauer*, Auslegung, 234, 1295 ff; *Barak*, Purposive Interpretation, 107.

So darf nach § 12 des italienischen Zivilgesetzbuches einem Gesetz „kein anderer Sinn als der beigelegt werden, der sich aus der eigenen Bedeutung der Worte in ihrem Zusammenhang und aus der Absicht des Gesetzgebers ergibt". Ganz ähnlich ist nach § 6 des österreichischen Allgemeinen Bürgerlichen Gesetzbuches gesetzlichen Vorschriften jene Bedeutung beizumessen, „die aus der eigentümlichen Bedeutung der Worte in ihrem Zusammenhange und aus der klaren Absicht des Gesetzgebers hervorleuchtet". Dabei handelt es sich um Auslegungsformen unter Berücksichtigung semantischer (Wortsinn) und pragmatischer (Kontext) Kriterien, die auch für die Interpretation natürlicher Sprachen im allgemeinen Sprachgebrauch charakteristisch sind.[22]

Für die Auslegung privater Verträge normieren die Rechtsordnungen mitunter besondere Auslegungsregeln, die allerdings häufig auch im allgemeinen Sprachgebrauch in Verwendung stehen und wohl gerade deshalb auch den Vertragsparteien unterstellt werden können. So legt etwa Art 1367 des französischen Code civile fest, dass im Zweifel ein Vertrag oder dessen Klauseln so auszulegen sind, dass sie irgendeine Wirkung haben können und nicht so, dass sie gar keine haben. Dabei handelt es sich um eine Auslegung nach dem effet utile, die auch bei der Interpretation natürlicher Sprachen generell Anwendung findet.[23]

d) Entstehungszeitliche Bedeutung und Bedeutungswandel

In natürlicher Sprache verfasste Rechtsvorschriften sind grundsätzlich im Sinne ihrer Bedeutung zu ihrem **Entstehungszeitpunkt** im Sprachgebrauch auszulegen. Maßgeblich ist demnach prinzipiell der sprachlich zum Ausdruck kommende „historische Wille" des Rechtsetzers. Eine **dynamische Interpretation**, die auf die aktuelle Bedeutung einer Rechtsvorschrift abstellt, ist daher prinzipiell abzulehnen.[24] Dies folgt schon aus den allgemeinen Regeln der Interpretation natürlicher Sprachen, wo grundsätzlich ebenfalls auf die dem Autor einer Äußerung zu ihrem Entstehungszeitpunkt maßgebenden Umstände abgestellt wird. Da sich Rechtsetzer der natürlichen Sprache bedienen, sind auch deren Anordnungen in ihrer entstehungszeitlichen Bedeutung zu verstehen. Hinzu kommt, dass es sich wohl bei den meisten positiven Rechtsordnungen um Systeme grundsätzlich abänderbarer Rechtsnormen handelt. In diesen Systemen spricht für ein entstehungszeitliches Verständnis der Rechtsvorschriften überdies der Umstand, dass die Aufhebung oder Änderung von rechtlichen Regelungen prinzipiell den da-

22 Näher VI.A.2.

23 Näher VII.G.

24 Siehe demgegenüber jedoch *Barak*, Purposive Interpretation, 154, 191 f, 196, 287 f, 351 f.

für zuständigen Rechtsetzungsorganen vorbehalten ist und daher nicht im Wege der Interpretation erfolgen darf.[25] Eine entstehungszeitliche Interpretation ist allerdings dann nicht geboten, wenn das positive Recht erkennbar ein Abstellen auf eine aktuelle Bedeutung der Rechtsvorschrift verlangt. Das ist insbesondere dann der Fall, wenn in Rechtsvorschriften auf Wandlungen im außerrechtlichen Bereich abgestellt wird. Erkennbar wird dies vor allem, wenn sich Rechtsetzer einer Terminologie mit raum-zeitlich dynamischer Bedeutung bedienen.[26]

So kann eine steuerrechtliche Vorschrift eine Gewinnermittlung nach den „Grundsätzen ordnungsgemäßer Buchführung" verlangen. Diese Grundsätze sind im Laufe der Zeit Veränderungen ausgesetzt, die aber von der Vorschrift mit erfasst sind.[27] Aus diesem Grund besitzt diese Bestimmung einen raum-zeitlich dynamischen Sinngehalt und ist insoweit „aktuell" zu interpretieren.[28]

Aber auch die relativ offene Formulierung von Grundrechten kann Raum für eine dynamische Interpretation bieten.

Ein prinzipieller **Bedeutungswandel** von Rechtsvorschriften auf Grund einer **Veränderung des Sprachgebrauchs**[29] ist aber nach hier vertretener Auffassung nicht anzunehmen. Auch die Rechtsanwendung vermag die Bedeutung von Rechtsvorschriften nur dann zu ändern, wenn das positive Recht dies vorsieht. So bewirken etwa Urteile von Höchstgerichten nur insoweit eine Änderung oder verbindliche Interpretation von Rechtsvorschriften, als ihnen das positive Recht eine entsprechende (*erga omnes*) Wirkung verleiht.[30] Haben die Urteile von Höchstgerichten allerdings nur eine beschränkte Wirkung (zB *inter partes*), dann mögen sie zwar eine praktische Orientierungswirkung ausüben und auch das Verständnis der Rechtspraxis ändern.

25 *Schäffer*, Verfassungsinterpretation, 192; *Rill*, ZfV 1985, 588; *Potacs*, Auslegung, 26 f; *Greenawalt*, Statutory and Common Law, 39 f; *Greenawalt*, Statutory and Common Law, 41.

26 *Potacs*, Auslegung, 57 f.

27 Siehe dazu VfSlg 13785/1994.

28 Siehe dazu auch VII.B.

29 So etwa *Stefan Griller*, in FS Rill, 565; *derselbe*, Kommunikation in der Rechtswissenschaft und die Sprache des Rechts: Sprachspiele oder Machtspiele, in Reinhard Neck/Heinrich Schmidinger/Susanne Weigelin-Schwiedrzik, Kommunikation – Objekt und Agens von Wissenschaft (2013) 87 (96). In diese Richtung aber auch *Posner*, Legal Theory 166 f, sowie *Barak*, Purposive Interpretation, 154, 287 f, 351 f. Siehe in Bezug auf die Praxis britischer Gerichte auch *Vogenauer*, Auslegung, 1182.

30 Siehe etwa in Bezug auf Vorabentscheidungen des EuGH *Öhlinger/Potacs*, EU-Recht[5], 74.

Die Bedeutung der Vorschrift unterliegt damit freilich noch keinem Wandel, sondern allenfalls nur ihre faktische Interpretation durch die Rechtspraxis.

3. Internationale Rechtsquellen

a) Rechtsquellen und ihre Wirkung

Es ist charakteristisch für die Rechtsquellen des internationalen Rechts, dass sie direkt oder indirekt von **Staaten** bzw deren Praxis ausgehen.[31] Gleichermaßen sind sie auch primär an souveräne Entitäten gerichtet und regeln deren Beziehungen.[32] Zwar lassen sich auch im internationalen Recht abstrakt geltende Rechtsnormen von konkreten Einzelfallregelungen unterscheiden. Allerdings ist der Adressatenkreis (mit Ausnahme des höchst strittigen Bereichs eines *ius cogens*[33]) immer insofern individuell, als das Völkerrecht als Rechtsordnung souveräner Entitäten zentral auf einer Gleichordnung und daher dem Konsens[34] seiner Subjekte basiert. Ein souveräner Staat (oder auch ein anderes Völkerrechtssubjekt, wie eine internationale Organisation) kann daher einen anderen souveränen Staat grundsätzlich nicht gegen seinen Willen verpflichten. So kann ein Völkerrechtssubjekt sogar seine Bindung an eine Norm des Völkergewohnheitsrechts verhindern, wenn es sich dieser von Anfang an beharrlich widersetzt hat („persistent objector").[35] Gleichermaßen ist die Rechtsetzungs- und Rechtsprechungskompetenz internationaler Organisationen oder Gerichte von den sie einrichtenden zwischenstaatlichen Verträgen und daher wiederum vom Willen souveräner Staaten abhängig. Dieser Strukturunterschied zu nationalen Rechtsordnungen, die von einer Über- und Unterordnung von (wenngleich bisweilen von den Rechtsunterworfenen gewählten) Rechtsetzenden und Rechtsunterworfenen ausgehen, ist mitverant-

31 *Klabbers*, International Law, 21.

32 *Daillier/Pellet*, Droit International Public[7], 84. Wann ein Gebilde als souverän bezeichnet werden kann bzw was die konstitutiven Elemente *eines* Staates sind, ist freilich für das Vorliegen internationalen Rechts so wesentlich wie umstritten. Auch das richtet sich aber nach den Regeln des internationalen Rechts.

33 Vgl Art 53 WVK, wonach ein völkerrechtlicher Vertrag, der im Widerspruch zu einer zwingenden Norm des allgemeinen Völkerrechts steht, nichtig ist.

34 Vgl StIGH, *SS Lotus (France/Turkey)*, Judgment, Publ PCIJ 1927, Series A, No 10.

35 Vgl IGH, *Fisheries Case* (*United Kingdom/Norway*), Judgment, ICJ Reports 1951, 115 (131).

wortlich für die vielfach vorgetragenen Zweifel an der Rechtsqualität des internationalen Rechts.[36] Gemäß dem hier vertretenen Rechtsbegriff handelt es sich aber auch beim internationalen Recht um ein von Menschen (als „Urheber“ und Repräsentanten souveräner Staaten) gesetztes Anordnungssystem, das im Sprachgebrauch als „Recht“ bezeichnet wird und damit um eine positive Rechtsordnung.[37]

Als Ausgangspunkt für die Beschreibung der Völkerrechtsquellen dient traditionellerweise **Art 38 IGH-Statut**, der eine Aufzählung jener Rechtsquellen enthält, die der Internationale Gerichtshof (ein Organ der UN) anzuwenden hat. Demnach zählen das Völkervertragsrecht, das Völkergewohnheitsrecht sowie die allgemeinen Rechtsgrundsätze zu den Rechtsquellen des internationalen Rechts. Daneben sind gemäß Art 38 IGH-Statut Gerichtsentscheidungen und die Lehrmeinungen der Völkerrechtswissenschaft („Lehren der anerkanntesten Autoren“) als Hilfsmittel zur Feststellung der Rechtsnormen, dh als Rechtserkenntnisquellen[38], heranzuziehen. Die Aufzählung in Art 38 IGH-Statut sowie die dort getroffene Unterscheidung in Primärquellen und Rechtserkenntnisquellen ist zwar strittig und wird von vielen als unvollständig kritisiert, sie liefert aber einen durchaus probaten Anhaltspunkt für eine Typologie der Rechtsquellen auf internationaler Ebene, zumal sie einen universal (jedenfalls von allen UN-Mitgliedern) anerkannten Konsens darstellen dürfte[39].

Vielfach wird kritisiert, dass weder einseitige Rechtsakte (Versprechen oder Verzicht) noch Beschlüsse internationaler Organisationen (dazu gehören zB auch Urteile des EGMR) im Rechtsquellenkatalog des Art 38 IGH-Statut erwähnt werden.[40] Bei Beschlüssen internationaler Organisationen handelt es sich insofern um von völkerrechtlichen Verträgen abgeleitete (sekundäre) Rechtsquellen, als die Kompetenzen zum Erlass solcher Beschlüsse auf dem die Organisation einrichtenden Vertrag beruhen. Daneben kommt vielen solchen Beschlüssen freilich bloß empfehlender Charakter zu (zB Beschlüssen der GV der UN), wenngleich sie Ausdruck einer allgemeinen Rechtsüberzeugung sein können.[41] Für die internationalen Beziehungen sind neben Rechtsquellen im eigentlichen Sinn aber auch solche *soft law*-Quellen oder die Regeln der Courtoisie bedeutsam.

---

36 ZB *John Austin*, Lectures on Jurisprudence[5] (1885), Lecture I, 87. Vgl *Daillier/Pellet*, Droit International Public[7], 85 ff mwN.

37 Siehe dazu oben II.E.

38 ZB *Herdegen*, Völkerrecht[12], 113.

39 *Daillier/Pellet*, Droit International Public[7], 114.

40 Vgl *Daillier/Pellet*, Droit International Public[7], 114.

41 *Herdegen*, Völkerrecht[12],160.

b) Geltungsvoraussetzungen

Auch hinsichtlich der Quellen internationalen Rechts gilt, dass es letztlich von der (historisch-gewachsenen) konkreten Ausgestaltung der Rechtsordnung abhängt, welche Rechtsquellen anerkannt werden und nach welchen Regeln diese auszulegen sind. Allerdings erschwert das **Fehlen zentralisierter Rechtserzeugung und -durchsetzung** sowohl die Auffindung der Rechtsquellen als auch allgemeine Aussagen über die Rechtsgeltung im internationalen Recht. Anders als im modernen Verfassungsstaat gibt es nämlich für die Beziehungen der Staaten untereinander keine vergleichbare „Verfassung", die allgemeine Erzeugungsregeln für internationales Recht festschreibt. Dennoch haben sich verschiedene typische Formen internationaler Rechtsquellen herausgebildet, die anhand der Art ihrer Entstehung unterschieden werden können.

Ursprünglichste Rechtsquelle ist demnach das Völkergewohnheitsrecht, dem im internationalen Recht weiterhin eine beachtliche Bedeutung zukommt.[42] Gewohnheitsrecht zeigt sich als Ausdruck einer allgemeinen, gleichförmigen Staatenpraxis, der *consuetudo* (objektives Element)[43] verbunden mit der *opinio iuris*, also der Überzeugung, dass die entsprechende Praxis rechtlich geboten sei (subjektives Element).[44] Die meisten Regeln des Gewohnheitsrechts können als dispositives Recht abgeändert oder aufgehoben werden, zB durch desuetudo oder völkerrechtliche Verträge.[45] Einigen Normen kommt als *ius cogens* freilich *erga omnes*-Wirkung zu, wenngleich sowohl das Konzept des *ius cogens* als auch sein Inhalt umstritten sind.[46] Dazu wird etwa das Verbot von Sklaverei oder Genozid gezählt.[47] Seit Beginn des 19. Jahrhunderts wurden in vielen Bereichen die völkergewohn-

42 Vgl *Reinisch*, JRP 2001, 294 (300).

43 Daran darf freilich kein allzu strenger Maßstab angelegt werden. So ist etwa auch bloß regionales oder bilaterales Völkergewohnheitsrecht denkbar; so IGH, *Case Concerning Right of Passage Over Indian Territory* (*Portugal/India*), Judgement, ICJ Reports 1960, 6 (39).

44 Art 38 IGH-Statut spricht von einer „allgemeinen, als Recht anerkannten Übung".

45 *Herdegen*, Völkerrecht[12] ,153.

46 Vgl zB *Christina Binder/Karl Zemanek*, Völkervertragsrecht, in August Reinisch (Hrsg), Österreichisches Handbuch des Völkerrechts, Band 1[5] (2013) 50 (82, Rz 364). Siehe auch IGH, Case Democratic *Republic of the Congo versus Rwanda*, Judgement, ICJ Reports 2006, 4 (30).

47 *Klabbers*, International Law, 61.

heitsrechtlichen Regelungen durch Umgießung in völkerrechtliche Verträge kodifiziert.[48] Dem Völkervertragsrecht[49] kommt demnach heute zentrale Bedeutung zu und die großteils gewohnheitsrechtlichen Regeln über den Umgang (Abschluss, Auslegung, Änderung etc) mit völkerrechtlichen Verträgen wurden selbst in einem völkerrechtlichen Vertrag, der WVK, kodifiziert.

Nicht alle Vereinbarungen von Staaten sind völkerrechtliche Verträge. Ob nach dem Willen der Parteien ein völkerrechtlicher Vertrag oder ein bloßes *gentlemen's agreement* vorliegt, ist durch Auslegung zu ermitteln.

Eine Lückenfüllungsfunktion kommt den in Art 38 IGH-Statut ebenfalls genannten „von den zivilisierten Staaten anerkannten" allgemeinen Rechtsgrundsätzen zu.[50] Dabei handelt es sich um in der Mehrheit der nationalen Rechtsordnungen anerkannte Grundsätze, die sich zur Anwendung im internationalen Recht eignen.[51] Auch Entscheidungen internationaler Streitbeilegungsmechanismen stellen individuelle, für die Streitparteien bindende Rechtsquellen dar (*inter partes*-Wirkung). Eine über den Einzelfall hinausgehende Bindungswirkung von Entscheidungen des IGH schließt Art 38 iV mit Art 59 IGH-Statut zwar ausdrücklich aus, gesteht ihnen allerdings eine Orientierungsfunktion bei der Auffindung internationaler Rechtsquellen zu.[52] Darüber hinaus lässt sich aber allgemein konstatieren, dass den Entscheidungen internationaler Streitbeilegungsorgane in der Praxis (gerade auch des IGH) *de facto* eine weitergehende Präjudizienwirkung iS einer Herausbildung von Entscheidungsregeln zukommt, zumal wenn es um die Feststellung von Gewohnheitsrecht geht, aber auch bei der Auslegung von Bestimmungen in völkerrechtlichen Verträgen.[53] Die von Art 38 IGH-Statut getroffene Unterscheidung zwischen Primärquellen und Rechtserkenntnisquellen erscheint daher in diesem Bereich unscharf. Die Möglichkeiten sowie die Wirkungen der Entscheidungen eines internationalen Streitbeilegungsorgans richten sich freilich primär nach dem Vertrag, der dieses einrichtet. So kommt etwa Vorabentscheidungen des EuGH nach begründeter Auffassung nicht bloß

48 *Bruno Simma/Stephan Wittich*, Völkergewohnheitsrecht, in August Reinisch (Hrsg), Österreichisches Handbuch des Völkerrechts, Band 1[5] (2013) 32 (47 f, Rz 219).

49 Zum Begriff des völkerrechtlichen Vertrages siehe Art 2 Z 1 a) WVK.

50 *Klabbers*, International Law, 24 f.

51 *Daillier/Pellet*, Droit International Public[7], 351 f.

52 Aus Art 3 Abs 2 des Dispute Settlement Understanding (DSU) wird auch für den Bereich des WTO-Rechts der Ausschluss einer Bindungswirkung von Entscheidungen des Dispute Settlement Body (DSB) gefolgert.

53 Vgl *Reinisch*, JRP 2001, 294 (296).

faktisch eine über den Einzelfall hinausgehende Wirkung zu.[54] Im Interesse der Rechtssicherheit und ähnlich einem nationalen Fehlerkalkül werden aber auch im Völkerrecht grundsätzlich nur solche Entscheidungen von Streitbeilegungseinrichtungen als ***ultra vires***-Akte und damit von vorneherein als nichtig anzusehen sein, die rechtliche Grenzen eklatant überschreiten. Nur ein offensichtlicher und erheblicher Verstoß gegen die eingeräumten Kompetenzen rechtfertigt es demnach, von einem Nicht-Akt auszugehen.[55]

c) Ausdrucksformen

Auch im internationalen Recht werden Normen oftmals, etwa in völkerrechtlichen Verträgen oder Beschlüssen internationaler Organisationen (die auf Grundlage solcher Verträge ergehen), in natürlicher Sprache in Form publizierter Texte ausgedrückt. Die Regeln des Gewohnheitsrechts manifestieren sich demgegenüber in einer von einer opinio iuris getragenen Praxis der Vökerrechtssubjekte. Die sprachlich verfassten Vorschriften des Völkerrechts sind ebenso wie nationale Rechtsquellen gemäß den Regeln der Interpretation natürlicher Sprachen auszulegen. Außerdem kann das internationale Recht auch selbst ausdrückliche Regelungen über seine Interpretation vorschreiben. So enthält die WVK in den Art 31 ff Regeln über die Auslegung völkerrechtlicher Verträge, die freilich überwiegend eine Kodifikation des Völkergewohnheitsrechts in diesem Bereich darstellen.

Auch im internationalen Recht entsprechen die positivierten Interpretationsregeln weitgehend den allgemeinen semantischen und pragmatischen Regeln der Interpretation natürlicher Sprachen. So sieht Art 31 Abs 1 WVK im Sinne einer Wortsinninterpretation (Semantik) unter Bedachtnahme auf Konventionen (wie Gutgläubigkeit[56]) und den Kontext (Pragmatik) vor, dass ein Vertrag „nach Treu und Glauben in Übereinstimmung mit der gewöhnlichen, seinen Bestimmungen in ihrem Zusammenhang zukommenden Bedeutung und im Lichte seines Zieles und Zweckes auszulegen" ist. Diese Interpretationsregeln natürlicher Sprachen finden freilich eine der Besonderheiten des Völkerrechts entsprechende Ausgestaltung.[57] Die Bedachtnahme auf die „vorbereitenden Arbeiten" (*travaux préparatoires*) eines völkerrechtlichen Vertrages gemäß Art 32 WVK stellt etwa

---

54 *Öhlinger/Potacs*, EU-Recht[5], 74.

55 Siehe in Bezug auf das EU-Recht etwa *Potacs*, Auslegung, 291 ff, sowie BVerfGE 89, 155 (*Maastricht*) Rz 106; BVerfGE 126, 286 (*Mangold*) Rz 61; BVerfGE 123, 267 (*Lissabon*) Rz 240.

56 Dazu auch VII.E.

57 Zum Charakter der juristischen Auslegungsregeln als Interpretationskriterien des Gebrauchs natürlicher Sprachen (des allgemeinen Sprachgebrauchs) siehe VI.A.1.

eine Ausprägung der Auslegung nach dem historischen Kontext dar.[58] Daneben gibt es auch besondere Auslegungskriterien, die der Eigenart des Völkerrechts Rechnung tragen. Dazu gehört die Berücksichtigung einer späteren Übung bei der Anwendung des Vertrages durch die Vertragsparteien gemäß Art 31 Abs 3 lit b) WVK sowie die Verpflichtung zur Berücksichtigung der in den Beziehungen zwischen den Vertragsparteien anwendbaren einschlägigen Völkerrechtssätze gemäß Art 31 Abs 3 lit c) WVK. Zu diesen Völkerrechtssätzen zählt auch das Verständnis des Völkerrechts als System, weshalb die Auslegung eines völkerrechtlichen Vertrages so zu erfolgen hat, dass möglichst keine Widersprüche zu anderen Völkerrechtsnormen entstehen.[59]

Besonders im internationalen Recht stellt sich das Problem des Umgangs mit der **Mehrsprachigkeit**, das entsteht, wenn eine Rechtsquelle in mehreren Sprachfassungen vorliegt. Besonders augenscheinlich sind diese Auslegungsprobleme in der Europäischen Union, wo 24 Sprachfassungen gleichermaßen Verbindlichkeit beanspruchen. Der EuGH hat für die Auslegung mehrsprachiger Rechtsakte Grundsätze entwickelt, die Einheit und Eigenständigkeit des EU-Rechts betonen.[60] Auch die WVK hat dafür in Art 33 eine eigene Regel für die Auslegung von Verträgen mit zwei oder mehr authentischen Vertragssprachen, die eine einheitliche Auslegung aller Sprachfassungen verlangt. Führt ein Vergleich der verschiedenen Sprachfassungen zu unterschiedlichen Auslegungsergebnissen, dann ist diejenige Bedeutung zugrunde zu legen, die unter Berücksichtigung von Ziel und Zweck des Vertrags die Wortlaute am besten miteinander in Einklang bringt. Auch darin ist eine dem Völkerrecht angemessene Ausprägung der allgemeinen Auslegungsregel zu sehen, wonach der Sinngehalt einer Äußerung unter Berücksichtigung ihres Kontextes zu ermitteln ist.

d) Bedeutungswandel?

Bei textlich verfassten Bestimmungen etwa in völkerrechtlichen Verträgen oder in Beschlüssen internationaler Organisationen (die auf Grundlage solcher Verträge ergehen) handelt es sich um in natürlichen Sprachen verfasste Äußerungen, die gemäß den allgemeinen Regeln der Interpretation natürlicher Sprachen grundsätzlich nach ihrer Bedeutung zu ihrem **Entste-**

58 Siehe III.A.2.d) und VII.H.

59 *Dörr,* in Dörr/Schmalenbach, 560 ff, Rz 89 ff.

60 *Hans-Joachim Cremer,* Art 55 EUV, in Christian Calliess/Matthias Ruffert (Hrsg), EUV/AEUV⁴ (2011), 479, Rz 4.

hungszeitpunkt auszulegen sind.[61] Daher ist auch im internationalen Recht prinzipiell nach dem historischen Willen des Normsetzers zu fragen, wenngleich einer auf die historischen Materialien (*travaux préparatoire*) abstellenden Auslegung völkerrechtlicher Verträge schon auf Grund von deren beschränkten Verfügbarkeit grundsätzlich nur eine subsidiäre Bedeutung zukommt.[62] Allerdings sind im internationalen Recht die Völkerrechtssubjekte gleichzeitig Rechtsetzer und primäre Rechtsadressaten, weshalb ihre spätere Auslegungspraxis für die Interpretation der Rechtsquellen durchaus eine gewisse Bedeutung beanspruchen kann. So normiert Art 31 Abs 3 lit b) WVK, dass für die Interpretation völkerrechtlicher Verträge neben dem Zusammenhang „jede **spätere Übung** bei der Anwendung des Vertrags, aus der die Übereinstimmung der Vertragsparteien über seine Auslegung hervorgeht", zu berücksichtigen ist. Das spricht freilich nicht dagegen, völkerrechtliche Verträge grundsätzlich entstehungszeitlich zu interpretieren, gesteht aber dem (auch veränderlichen) Verständnis der Vertragsparteien einen gewissen Vorrang zu.[63] Außerdem ist gemäß Art 31 Abs 3 lit c) WVK für die Auslegung völkerrechtlicher Verträge auch jeder in den Beziehungen zwischen den Vertragspartnern anwendbare einschlägige **Völkerrechtsgrundsatz** maßgeblich. Davon sind nach begründeter Ansicht auch nach Abschluss eines Vertrages entwickelte Völkerrechtsgrundsätze umfasst.[64] Schließlich stellen Bestimmungen in internationalen Rechtsquellen bisweilen erkennbar auf eine aktuelle Bedeutung von Begriffen oder auf Wandlungen im außerrechtlichen Bereich ab, weshalb in solchen Fällen schon nach dem Wortsinn des **Vertragstextes** das jeweils aktuelle Begriffsverständnis ausschlaggebend ist.

So hat nach Art 3 Abs 2 des OECD-Musterabkommens zur Vermeidung von Doppelbesteuerung bei der Anwendung des Abkommens durch einen Vertragsstaat, „wenn der Zusammenhang nichts anderes erfordert, jeder im Abkommen nicht definierte Ausdruck die Bedeutung, die ihm im Anwendungszeitraum nach dem Recht dieses Staates über die Steuern zukommt". Diese Bestimmung enthält somit eine Aufforderung zu einer raumzeitlich dynamischen Interpretation[65] von Begriffen in internationalen Verträgen im Sinne ihrer jeweils aktuellen Bedeutung im Recht des anwendenden Staates.

61 *Dörr,* in Dörr/Schmalenbach, 533, Rz 24.
62 Siehe Art 32 WVK, näher *Grabenwarter/Pabel*, Menschenrechtskonvention[5], 31 f, Rz 5.
63 *Böth*, Evolutive Auslegung, 75, 88.
64 *Dörr*, in Dörr/Schmalenbach, 568, Rz 104; *Böth*, Evolutive Auslegung, 97.
65 ZB *Peter J. Wattel/Otto Mares*, Characterization of Fictitious Income under OECD-Patterned Tax Treaties, European Taxation 2003, 66 (71); *Michael Lang*, Art 3 Abs 2

Wenn sich in der Rechtsprechung des EGMR Ansätze einer „dynamischen" bzw „evolutiven" Auslegung finden, bei der die „present day conditions"[66] bei der Interpretation der Konventionsrechte berücksichtigt werden müssen, folgt das aus der Verwendung relativ unbestimmter Begriffe mit raum-zeitlich dynamischer Bedeutung und der Verpflichtung zum Ziel eines effektiven Menschenrechtsschutzes.[67] Insofern sind zB die Begriffe „Moral", „öffentliche Ordnung", „Gesundheit" oder „in einer demokratischen Gesellschaft notwendig" in den Gesetzesvorbehalten der Konventionsrechte jeweils „aktuell" zu interpretieren.[68]

OECD-MA und die Auslegung von Doppelbesteuerungsabkommen, IWB 2011, 281 (291).

66 EGMR 25.04.1978, 5856/72 (*Tyrer/UK*) Rz 31.

67 Vgl Art 19 MRK.

68 Vgl *Grabenwarter/Pabel*, Menschenrechtskonvention[5], 36 f; *Böth*, Evolutive Auslegung, 41 ff.

IV. Erkenntnis

A. Allgemeines

Zu den wesentlichen allgemeinen Aussagen über das positive Recht gehören jene, die sich mit der Erkennbarkeit und Beschreibbarkeit positiver Rechtsvorschriften befassen. Das gilt insbesondere dann, wenn wie im vorliegenden Zusammenhang bei den rechtstheoretischen Überlegungen das Erkenntnisinteresse an einer adäquaten Erfassung des positiven Rechts im Hinblick auf dessen Interpretation im Vordergrund steht. Denn ein solches Erkenntnisinteresse hat sich vor allem auch mit der Frage zu befassen, welche Eigenschaften das positive Recht als Erkenntnisgegenstand aufweist. Daraus ergeben sich wiederum Konsequenzen für die Methodik bei der Auslegung des positiven Rechts. Es klingt daher vielleicht auch etwas verkürzt, wenn man die Auffassung vertritt, dass mit der Festlegung des positiven Rechts als Erkenntnisgegenstand gleichzeitig auch die Methode seiner Ermittlung bestimmt wird.[1] Denn zunächst besteht in der rechtstheoretischen Literatur keineswegs vollständige Klarheit darüber, was unter positivem Recht zu verstehen ist.[2] Aber auch wenn man wie hier als positives Recht den Sinngehalt von zumeist sprachlichen Äußerungen ansieht[3], ist damit die Frage nach der Erkennbarkeit von positivem Recht und der Möglichkeit seiner Beschreibung keineswegs beantwortet. Vielmehr haben sich zu dieser Frage eine Reihe von Ansätzen in der Rechtstheorie gebildet, von denen im Folgenden einige wichtige besprochen werden. Diese Ansätze nehmen ihren Ausgang von bestimmten philosophischen Grundüberlegungen und übertragen sie dann auf eine rechtstheoretische Ebene.

Da es sich um Überlegungen zur Erkennbarkeit des positiven Rechts handelt, gehören die folgenden Darlegungen zur **Erkenntnistheorie des positiven Rechts**. Diese stellt einen wesentlichen Teil der Rechtstheorie dar, weil die Ausführungen zur Erkennbarkeit des positiven Rechts die Basis für weitere Überlegungen im Hinblick auf eine adäquate Methodik für dessen Interpretation bilden. Indem positives Recht vor allem sprachlich zum Ausdruck kommt, befassen sich die folgenden Darlegungen insbesondere mit der Erkennbarkeit des Sinngehaltes sprachlicher Äußerungen mit normati-

1 In diesem Sinne könnte man etwa *Adolf Julius Merkl*, Zum Interpretationsproblem in Hans Klecatsky/René Marcic/Herbert Schambeck (Hrsg), Die Wiener rechtstheoretische Schule (1968), 1059 (1060), verstehen.

2 Siehe die verschiedenen Auffassungen dazu unter II.

3 Siehe II.E.

vem Inhalt. Es geht also auch wesentlich um die Frage, ob und inwieweit der Sinngehalt sprachlicher Äußerungen wahrheitsfähig ist und als vorgegebener Gegenstand erkannt und beschrieben werden kann. Die Diskussion dreht sich dabei um den Punkt, ob es auch eine „objektive" oder nur eine „subjektive" Bedeutung sprachlicher Äußerungen gibt. Als **„subjektive"** Bedeutung einer sprachlichen Äußerung ist dabei jener Sinngehalt zu verstehen, der ihr von den jeweiligen Interpreten beigemessen wird. Eine **„objektive"** Bedeutung weist eine sprachliche Äußerung dagegen auf, wenn sie einen von der jeweiligen Deutung durch ihre Interpreten unabhängigen Sinngehalt besitzt. Die einzelnen subjektiven Interpretationen können dann mit der objektiven Bedeutung übereinstimmen oder nicht. Strittig ist allerdings, ob sprachliche Äußerungen und damit auch Rechtsvorschriften nur einen subjektiven oder auch einen objektiven Sinngehalt haben können. Im Anschluss an die Darstellung und Besprechung einiger wesentlicher erkenntnistheoretischer Auffassungen zu dieser Frage wird im Folgenden ein eigener Ansatz vorgestellt, der für eine objektive Erfassung des positiven Rechts angemessen erscheint.

B. Hermeneutik

Ein in der Rechtstheorie vertretener Ansatz basiert auf der vor allem von *Martin Heidegger*[4] und *Hans-Georg Gadamer*[5] vertretenen Ansicht, dass sich das menschliche Verstehen „zirkulär" bewegt. Demnach unterliegt jedes Verständnis insoweit einem **„hermeneutischen Zirkel"**, als jede Deutung von einem **„Vorverständnis"** abhängig ist, das den Gegenstand der Deutung mitprägt. Jedes Ergebnis eines Denkvorganges trägt somit auch das Deutungsschema eines „Vorverständnisses" in sich und ist von diesem mitgeformt. Entscheidend für die Hermeneutik ist, dass es aus dieser zirkulären Struktur des menschlichen Denkens kein Entkommen gibt. Objektive Erkenntnis wird damit zu einem von vorneherein zum Scheitern verurteilten Versuch. Einen solchen Versuch zu unternehmen, heißt mit den Worten *Heideggers* „das Verstehen von Grund auf missverstehen"[6]. Zu betonen ist allerdings, dass es sich bei der zirkulären Struktur des Verstehens um eine bloße **Annahme** der Hermeneutik handelt. Für diese Annahme mag die Hermeneutik zwar das eine oder andere Argument ins Treffen führen, eine strenge Beweisführung erscheint aber nicht möglich. Eine solche ist schon deshalb ausgeschlossen, weil nach der Hermeneutik der „hermeneutische Zirkel" den gesamten Erkenntnisprozess prägt und damit in keiner weiteren Instanz mehr überprüfbar ist.

Wendet man die Aussagen der Hermeneutik über die zirkuläre Struktur des Denkens auf sie selbst an, dann relativiert sich ihr eigener Aussagewert. Denn dann stehen auch die Einsichten der Hermeneutik unter der Bedingung eines bestimmten „Vorverständnisses" und können mit dessen Änderung an Gewicht verlieren.

Die Grundüberlegungen der Hermeneutik haben auch in der Rechtstheorie Fuß gefasst und Anhänger gefunden.[7] Nach ihrer Auffassung legt die interpretierende Person durch ihr von „Richtigkeitsüberzeugungen"[8] ge-

4 *Heidegger*, Sein und Zeit[15], 153.

5 *Hans Georg Gadamer*, Wahrheit und Methode[4] (1975), 250 ff. Siehe kritisch dazu *Greenawalt*, Legal Interpretation, 154 ff.

6 *Heidegger*, Sein und Zeit[15], 153.

7 Gegenüber der allgemeinen sprachlichen Hermeneutik kommt nach Ansicht einer hermeneutischen Rechtstheorie allerdings hinzu, dass es in der Rechtssprache um die Übermittlung von Entscheidungsmustern, Werten und Handlungsanweisungen geht. Dabei werde immer schon eine bestimmte Ordnungsfrage an den Text herangetragen; so *Esser*, Vorverständnis, 134 f.

8 *Esser*, Vorverständnis, 139 ff.

prägtes „individuelles“ oder (gesellschaftlich formiertes) „globales“ Vorverständnis[9] den Inhalt einer rechtlichen Anordnung fest. Jede Interpretation unterliegt demnach insoweit einem „hermeneutischen Zirkel“ als sie unter der Bedingung eines solchen Vorverständnisses steht und damit das Interpretationsergebnis stets durch dieses Vorverständnis mitbestimmt wird. Die Interpreten formen daher auf Grund ihres „Vorverständnisses“ maßgeblich den Sinngehalt der von ihnen auszulegenden Rechtsvorschrift. Für die Hermeneutik wird die Normbedeutung daher nicht als „vorgegebene statische Eigenschaft eines Textes“, sondern „als praktischer Vorgang begreifbar“[10]. Nach ihr besteht der Sinngehalt einer Rechtsvorschrift letztlich auch nur in der Vorstellung der Interpreten. Da es ein völlig stabiles Vorverständnis in deren Köpfen aber nicht gibt, unterliegt die Rechtsordnung nach Ansicht der Hermeneutik einem „vielfach kaum merklichen Wandel“[11]. Beim positiven Recht handelt es sich demnach also um einen „Bewusstseinsinhalt“ und **nicht um einen dem erkennenden Subjekt vorgegebenen** Gegenstand. Mit der Veränderung des „Vorverständnisses“ der Interpreten ändert sich nach hermeneutischer Auffassung auch die Bedeutung positiver Rechtsvorschriften. Der Sinngehalt des positiven Rechts erfährt dadurch einen **Wandel durch Interpretation**. Den Interpreten kommt damit ein wesentliches Gewicht bei der Ermittlung des Sinngehaltes von Rechtsvorschriften zu. Deren Bedeutung konstituiert sich nach diesem Ansatz somit im praktischen Vollzug der Interpretation und weist eine „dynamische Eigenschaft“[12] auf. Ausschlaggebende Bedeutung für die Interpretation und damit auch den Sinngehalt der Rechtsvorschriften hat dabei das „Vorverständnis“ der Interpreten.

Die grundsätzliche Relevanz der **juristischen Auslegungsregeln** wird auch von der Hermeneutik nicht in Frage gestellt.[13] Allerdings steht die Heranziehung der jeweiligen Auslegungsregel nach Auffassung der Hermeneutik stets unter dem Vorbehalt eines die Auswahl prägenden Vorverständnisses

---

9 *Thomas Gizbert-Studnicki*, Der Vorverständnisbegriff in der juristischen Hermeneutik, ARSP 1987, 476 (480).

10 *Müller/Christensen*, Methodik II^2, 205, Rz 266.

11 *Theo Öhlinger*, Kann die Rechtslehre das Recht verändern?, ÖJZ 1991, 721.

12 *Müller/Christensen*, Methodik II^2, 205, Rz 266.

13 Von Vertretern der Hermeneutik wird sogar der Wortsinninterpretation ein gewisser Vorrang gegenüber anderen Interpretationsmethoden eingeräumt; *Müller/Christensen*, Methodik I^{11}, 299 ff, Rz 304 ff. Siehe dazu auch VII.B.

und damit des dargelegten „hermeneutischen Zirkels".[14] Es sind also nicht so sehr die Auslegungsmethoden, die zum Verständnis der Rechtsvorschriften beitragen. Vielmehr erfolgt umgekehrt die Auswahl zwischen den einzelnen Methoden auf Grund des „Vorverständnisses" der interpretierenden Personen. Mit den juristischen Auslegungsregeln wird nach Ansicht der Hermeneutik somit lediglich begründet, was schon dem vorgefassten „Vorverständnis" des jeweiligen Interpreten entspricht. Entscheidend ist auch hier, dass nach diesem Ansatz diese zirkuläre Struktur bei der juristischen Interpretation unabwendbar ist.[15]

Dabei wird es nicht als Problem angesehen, dass in der juristischen Diskussion durchaus mehrere inhaltlich verschiedene Vorverständnisse einander gegenüberstehen können. Das wird vielmehr als Vorzug erachtet, weil „eine Vielzahl miteinander konkurrierender Erkenntnis-Programme eine der wichtigsten Bedingungen für Fortschritt in der Sache und für wechselseitige Kritik"[16] sei. Auch der Umstand, dass diese Sichtweise einem Bemühen um allgemein anerkannte Lösungen im Wege stehen könnte, wird nicht als entscheidendes Problem betrachtet. Die Forderung nach „Objektivität" und damit wohl nach mehr Rationalität wird aus hermeneutischer Perspektive nicht durch das „Beseitigen, sondern das *Offenlegen* der erforderlichen und der tatsächlichen *Wertungen*"[17] erfüllt.

Gegen den hermeneutischen Ansatz sprechen einige Argumente. Sollte seine Betrachtungsweise zutreffen, dann gäbe es keinen vorgegebenen Inhalt des positiven Rechts, sondern nur eine Vielzahl von sich wandelnden und von einem „Vorverständnis" geprägten subjektiven Vorstellungen darüber. Demnach gäbe es aber auch keine dem individuellen Bewusstsein vorgegebenen Regeln der sprachlichen Kommunikation, die den objektiven Inhalt von Rechtsvorschriften (als zumeist sprachliche Äußerungen) konstituieren. Unter dieser Voraussetzung wäre aber sprachliche Kommunikation nur schwer möglich, weil sie sich an keinen objektiven Anhaltspunkten für eine Verständigung orientieren könnte. Eine solche Kommunikation findet aber durchaus statt und funktioniert auch im Großen und Ganzen. Dieser Umstand spricht dagegen, dass sich der Sinngehalt sprachlicher Äußerungen (wie jener von Rechtsvorschriften) ausschließlich im Bewusstsein des

14 Nach Ansicht der Hermeneutik bewegen sich die interpretierenden Personen und die auszulegenden Rechtsvorschriften „im Prozess des Verstehens aufeinander zu"; *Winfried Hassemer,* Juristische Hermeneutik, ARSP 1986, 195 (208).

15 So etwa *Matthias Jestaedt*, Wie das Recht so die Auslegung?, ZÖR 55 (2000), 133 (150).

16 *Müller/Christensen*, Methodik II^2, 486, Rz 677.

17 *Müller/Christensen*, Methodik I^{11}, 275, Rz 269 (Hervorhebungen im Original).

Interpreten bildet. Vielmehr kann ganz im Gegenteil aus der Beobachtung der allgemeinen **Kommunikationspraxis** geschlossen werden, dass es gewisse vorgegebene und damit auch die Bedeutung sprachlicher Äußerungen objektiv prägende Konventionen gibt. Hinzu kommt, dass nach dem hermeneutischen Ansatz Lösungen letztlich auf einem von Wertvorstellungen geprägten Vorverständnis beruhen. Die Überzeugungskraft eines Arguments hängt davon ab, inwieweit das Vorverständnis der Diskussionspartner geteilt wird. Denn der hermeneutische Ansatz verfügt über **kein Kriterium**, nach dem ein Vorverständnis gegenüber einem anderen die größere Überzeugungskraft besäße.[18] Letztlich vermag der hermeneutische Ansatz damit auch keinen Anhaltspunkt zu liefern, nach dem eine Lösung als mehr oder weniger zutreffend qualifiziert werden kann. Das ist für ein Wissenschaftsverständnis unbefriedigend, das sich einer möglichst rationalen Begründung seiner Ergebnisse verpflichtet fühlt. Schließlich erscheint dieser Ansatz auch für Rechtssysteme unpassend, die wie etwa viele rechtsstaatlich-demokratische Ordnungen durch eine relativ strenge **Gesetzesbindung** charakterisiert sind. Eine solche soll doch gerade behördliche Willkür vermeiden und dem Willen des demokratischen Gesetzgebers zum Durchbruch verhelfen. Diesen Vorstellungen entspricht es wohl nicht so sehr, wenn der Sinngehalt von Gesetzen weniger durch objektive Anhaltspunkte, sondern mehr durch ein subjektives „Vorverständnis" ermittelt wird.[19]

Als neuere Spielarten der juristischen Hermeneutik lassen sich zunächst einige den **Critical Legal Studies** zugeordnete Positionen begreifen, die sich gegen eine objektive und rationale Rechtserkenntnis richten.[20] Sie gehen demgegenüber von einem interessengeleiteten Rechtsverständnis aus und sehen ihre maßgebliche Aufgabe darin, vor allem in der Interpretationspraxis des juristischen „*mainstream*" Widersprüche, Machtstrukturen und Interessen etc aufzudecken.[21] Der hermeneutische Charakter dieser Positionen der Critical Legal Studies zeigt sich in der Betonung der prinzipiellen Unbestimmtheit

18 Siehe *Robert Walter*, Das Recht als objektive Gegebenheit oder als Bewusstseinsinhalt, ÖJZ 1992, 281 (282).

19 Siehe bereits *Potacs*, in FS Mayer, 552.

20 Dabei führen sie die rechtsrealistische Rechtskritik fort; siehe etwa *Langenbucher*, Rechtstheorie 1994, 400; *Schauer*, Lawyer, 146 f. Spuren des Rechtsrealismus, der marxistischen Rechtstheorie sowie der Sprachtheorie in der *Critical Legal Theory* deckt etwa *James Boyle*, The Politics of Reason: Critical Legal Theory and Local Social Thought, University of Pennsylvania Law Review 133 (1985), 685 ff, auf.

21 Hierher gehört auch die Rede *Cohens* vom „transzendentalen Unsinn" rechtlicher Argumentation, siehe *Felix S. Cohen,* Transcendental Nonsense and the Functional Approach, Columbia Law Review XXXV (1935), 809.

von Rechtsvorschriften sowie der außerrechtlichen Faktoren bei der Rechtsinterpretation, wodurch auf die maßgebliche Bedeutung des subjektiven Vorverständnisses der Rechtspraxis verwiesen wird.[22] In ähnlicher Weise betont auch die Lehre vom **nachpositivistischen Rechtsdenken** die semantische Unbestimmtheit von Rechtsvorschriften und setzt an die Stelle wertfreier Erkennbarkeit des Rechts ein Verständnis von Recht als eine von Konventionen und Vorverständnissen (wie vor allem einer „juristischen Sozialisation“[23]) geprägte interpretative Praxis rechtlichen Urteilens.[24] Sie entspricht damit weitgehend der Sichtweise einer **postmodernen Jurisprudenz**, die in der „Praxis der Gesetzesinterpretation“ und nicht in der Übereinstimmung eines Auslegungsergebnisses mit der objektiven Bedeutung einer Rechtsvorschrift die Wahrheit einer rechtlichen Aussage sieht.[25] Auch **systemtheoretischen Rechtstheorien** liegt erkenntnistheoretisch ein hermeneutischer Ansatz („hermeneutischer Zirkel“[26]) zugrunde, wenn nach ihnen eine Rechtserkenntnis durch ein vom jeweiligen Rechtssystem abhängiges Vorverständnis geprägt ist. Indem danach eine Rechtserkenntnis nur durch die „Brille“ des Rechtssystems selbst möglich ist, erscheint die Rechtserkenntnis nach dieser Lehre als „selbstreferentiell“ und das Rechtssystem insgesamt als „autopoietisches System“.[27]

22 Zu den Critical Legal Studies siehe etwa *Roberto M. Unger*, The Critical Legal Studies Morement (1986); *Mark Kelman*, A Guide to Critical Legal Studies (1990, *Posner*, Legal Theory, 13 f sowie den Überblick bei *Günther Frankenberg*, Critical Legal Studies, in Sonja Buckel/Ralph Christensen/Andreas Fischer-Lescano (Hrsg), Neue Theorien des Rechts (2006) 97 ff.

23 *Somek/Forgó*, Nachpositivistisches Rechtsdenken, 134.

24 *Somek/Forgó*, Nachpositivistisches Rechtsdenken, insb 84 f, 160 f, 331 f; *Somek*, Rechtliches Wissen, 84; *Nikolaus Forgó/Alexander Somek*, Nachpositivistisches Rechtsdenken, in Sonja Buckel/Ralph Christensen/Andreas Fischer-Lescano (Hrsg), Neue Theorien des Rechts (2006), 263 (274).

25 *Patterson*, Recht und Wahrheit, 111, 192 ff.

26 *Teubner*, System, 99.

27 *Teubner*, System, insb 99; *Karl Heinz Ladeur*, Postmoderne Rechtstheorie (1992) insb 107; *Vesting*, Rechtstheorie, 120, Rz 230. Siehe dazu bereits aus rechtssoziologischer Perspektive unter I.B.3.

C. Diskurstheorie

Ein weiterer Ansatz zur erkenntnistheoretischen Erfassung des positiven Rechts stellt die von *Robert Alexy* entwickelte „Diskurstheorie“ dar. Sie basiert auf der **„Konsenstheorie der Wahrheit“** von *Jürgen Habermas,*[28] derzufolge die Bedingung der Wahrheit einer Aussage die zumindest potenzielle Zustimmung aller Teilnehmer einer Kommunikationsgemeinschaft in einem idealen Diskurs ist. Nach dieser Theorie können normative Äußerungen wie Gebote und Bewertungen grundsätzlich in gleicher Weise im Wege eines Konsenses begründet werden wie empirische Aussagen. Der „Wahrheit“ empirischer Aussagen entspricht dabei die „Richtigkeit“ normativer Äußerungen. Nach der Diskurstheorie soll die Konsensfähigkeit durch die Einhaltung bestimmter **Diskursregeln** (zB „Jeder, der sprechen kann, darf an Diskursen teilnehmen“) sichergestellt werden. Es handelt sich somit um eine prozedurale Theorie, nach der die Richtigkeit des Ergebnisses aus der Einhaltung eines bestimmten Verfahrens (den Regeln und Formen des Diskurses) gewährleistet werden soll.[29] Auf diese Weise wird nach dieser Theorie in einem allgemeinen praktischen Diskurs die Richtigkeit normativer Aussagen vernünftig abgesichert.[30] Zu betonen ist, dass auch die Konsenstheorie der Wahrheit auf einer **Annahme** beruht. Denn der Konsens als Grundlage der Wahrheit lässt sich als solcher schwer beweisen, weil er selbst den obersten Maßstab für das Zutreffen einer Einsicht bildet.

Von diesem allgemeinen praktischen Diskurs unterscheidet sich nach der sogenannten **„Sonderfallthese“**[31] der juristische Diskurs durch seine Bindung an das Rechtssystem. Dabei ist vorweg darauf hinzuweisen, dass für *Alexy* ein „begrifflich notwendiger Zusammenhang zwischen Recht und Moral existiert“[32]. Davon geht er deshalb aus, weil „in der Praxis des Herrschaftssystems ein Anspruch auf Richtigkeit verankert und gegenüber jedermann erhoben wird“[33]. Die Verbindung von Recht und Moral ergibt sich für *Alexy* also daraus, dass Rechtssysteme auch eine moralische Verbindlichkeit für sich in Anspruch nehmen. Vor diesem Hintergrund wird nach der

28 Siehe die Nachweise bei *Alexy*, Theorie[7], 134.
29 *Martina Renate Deckert,* Recht und Wahrheit, ARSP 1996, 43 (48).
30 Eingehend *Alexy*, Theorie[7], 219 ff.
31 *Alexy*, Theorie[7], 261 ff.
32 *Alexy*, ARSP Beiheft 37, 9.
33 *Alexy*, ARSP Beiheft 37, 18.

„Sonderfallthese" im juristischen Diskurs „nicht gefragt, was die schlechthin vernünftigste Lösung ist, sondern was die im Rechtssystem vernünftigste Lösung ist. Die im Rechtssystem vernünftigste Lösung ist die, die sich unter Beachtung der Bindung an die geltenden Rechtsnormen und Berücksichtigung der Präjudizien sowie der von der Rechtswissenschaft erarbeiteten Dogmatik am besten begründen lässt. Diese drei Bindungsfaktoren: Gesetz, Präjudiz und Dogmatik, legen zwar vieles fest, sie lassen aber auch vieles offen … Wenn auf diese Fragen allein mit Hilfe des spezifisch juristischen Instrumentariums keine Antwort gefunden werden kann, bleibt nur der Rückgriff auf den allgemeinen praktischen Diskurs"[34].

Damit kommt in der Diskurstheorie der Konsensfindung nach Maßgabe von Diskursregeln eine entscheidende Bedeutung zu. Denn einerseits erscheint danach eine zutreffende Beschreibung der Elemente eines Rechtssystems nur im Wege eines Konsenses möglich, weil auch die „Sonderfallthese" auf der Konsenstheorie der Wahrheit basiert. Andererseits bedeutet dies, dass für die Auslegung von Rechtsvorschriften letztlich ein nach Maßgabe der Diskursregeln erzieltes **„vernünftiges"** Ergebnis ausschlaggebendes Gewicht besitzt. Im Ergebnis dürften auch nach diesem Ansatz positive Rechtsvorschriften keinen von den Vorstellungen der Interpreten losgelösten Sinngehalt besitzen. Als maßgeblicher Inhalt einer Rechtsvorschrift ist nach der Diskurstheorie allem Anschein nach anzusehen, worüber unter den Interpretierenden Einigung erzielt werden könnte.

Auch die Diskurstheorie bestreitet keineswegs die Bedeutung der traditionellen **juristischen Auslegungsmethoden**. So wird etwa von *Alexy* die Auffassung vertreten: „Argumente, die eine Bindung an den Wortlaut des Gesetzes oder den Willen des historischen Gesetzgebers zum Ausdruck bringen, gehen anderen Argumenten vor, es sei denn, es lassen sich vernünftige Gründe dafür anführen, den anderen Argumenten Vorrang einzuräumen"[35]. Damit wird freilich auch zum Ausdruck gebracht, dass der „vernünftige Grund" bei der Methodik der Diskurstheorie eine ausschlaggebende Rolle spielt. Das ist auch konsequent, weil die Diskurstheorie auf Grund ihrer „Sonderfallthese" den prinzipiellen Anspruch erhebt, dass ein Auslegungsergebnis „im Rahmen der geltenden Rechtsordnung vernünftig begründet werden kann"[36]. Als „vernünftige juristische Argumentation" wird dabei angesehen, worüber unter Einhaltung der auch für den praktischen Diskurs maßgeblichen Diskursregeln Einigung erzielt wird. Das Problem der Rangfolge

34 *Robert Alexy,* Ota Weinbergers Kritik der diskurstheoretischen Deutung juristischer Rationalität, in Peter Koller/Werner Krawietz/Peter Strasser (Hrsg), Institution und Recht, Rechtstheorie Beiheft 14 (1994), 143 (153 f).

35 *Alexy*, Theorie^{7}, 305.

36 *Alexy*, Theorie^{7}, 264.

der traditionellen juristischen Auslegungsmethoden „erweist sich damit als ein vor allem mit den Mitteln der allgemeinen praktischen Vernunft zu lösendes Problem“[37].

Doch auch gegen die Diskurstheorie können maßgebliche Einwände erhoben werden. So wird mit gutem Grund bezweifelt, dass es den von der Diskurstheorie postulierten herrschaftsfreien Diskurs in der gesellschaftlichen Realität überhaupt gibt. Vielmehr besteht Grund zur Annahme, dass die sogenannten „vernünftigen“ Lösungen im sozialen Leben von jenen formuliert werden, die Zugang zu den entsprechenden Institutionen und damit **gesellschaftliche Macht** haben.[38] Gewiss kann dagegen eingewendet werden, dass die Diskurstheorie unabhängig von den realen Machtverhältnissen lediglich die Bedingungen der Möglichkeit eines rationalen (juristischen) Diskurses aufzeigt. Doch stellt sich dann die Frage nach dem Sinn dieser Theorie für eine davon doch sehr verschiedene Realität. Außerdem liefert auch die Diskurstheorie **kein Kriterium** dafür, welche Argumente sich im Diskurs als die jeweils „vernünftigeren“ durchsetzen sollten. Mit den Worten von *Ota Weinberger* bieten deren Diskursregeln keine „Theorie der Güte (Stärke) von Argumenten an, und sie setzen darüber hinaus nicht fest, wann man eine Meinung aufgeben muss“[39]. Das ist auch hier für ein an möglichst rationalen Ergebnissen orientiertes Wissenschaftsverständnis unbefriedigend. Schließlich stellt sich auch bei der Diskurstheorie die Frage, ob sie gerade für demokratisch-rechtsstaatliche Systeme mit relativ strenger **Gesetzesbindung** adäquat erscheint. Solche Systeme stellen wohl eher auf eine Begründung des Gesetzesvollzuges anhand objektiver Anhaltspunkte als auf einen doch letztlich auf subjektiven und sich wandelnden Vorstellungen beruhenden „Konsens“ von Interpreten ab.[40]

Trotz ihres hermeneutischen Charakters[41] weist auch die Lehre vom **nachpositivistischen Rechtsdenken** Züge der Diskurstheorie auf. Der Gefahr einer mangelnden Rationalisierbarkeit und daher Beliebigkeit juristischer Argumente auf Basis einer hermeneutischen Position (wie sie etwa im Rahmen der *Critical Legal Studies* vertreten wird) tritt diese Lehre mit dem Hinweis auf den „juristischen Diskurs“ sowie einem damit verbundenen „prozeduralen Rechtsverständnis“ entgegen.[42]

---

37 *Alexy*, Theorie[7], 305.

38 In diesem Sinne etwa *Heinz Mayer*, „Republikanische Verfassungskultur“ gegen Reine Rechtslehre, JRP 1998, 349 (352).

39 *Ota Weinberger*, Grundlagenprobleme des Institutionalistischen Rechtspositivismus, in Peter Koller/Werner Krawietz/Peter Strasser (Hrsg), Institution und Recht, Rechtstheorie Beiheft 14 (1994) 253 (261).

40 So bereits *Potacs*, FS Mayer, 552.

41 Siehe dazu unter IV.B.

42 *Somek*/*Forgo*, Nachpositivistisches Rechtsdenken, 354.

D. Grundnorm

Die von *Hans Kelsen* im Rahmen seiner Reinen Rechtslehre[43] entwickelte Lehre von der Grundnorm nimmt ihren Ausgang von der grundlegenden **Unterscheidung zwischen Sein und Sollen** („Humsches Gesetz" oder „Sein/Sollen-Dichotomie"[44]). Danach kann aus dem Umstand, „dass etwas ist, nicht folgen, dass etwas sein soll", sowie umgekehrt „daraus, dass etwas sein soll, nicht folgen kann, dass etwas ist"[45]. *Kelsen* weist darauf hin, dass diese Einsicht unserem Bewusstsein „unmittelbar gegeben ist"[46]. Vor diesem Hintergrund geht es *Kelsen* um die Begründung einer „ausschließlich auf Erkenntnis des Rechts" gerichteten Lehre, die danach strebe, sich „dem Ideal aller Wissenschaft, Objektivität und Exaktheit, soweit als irgend möglich anzunähern"[47]. Denn er tritt für „eine objektive, ihren Gegenstand nur beschreibende Rechtswissenschaft"[48] ein. Da es sich bei positiven Rechtsnormen um ein „Sollen" handelt, geht es für *Kelsen* um die Begründung eines **„objektiven Sollens"**[49]. Das „Sollen" als objektiver Sinn eines Aktes bedeutet für ihn, „dass das Verhalten, auf das der Akt intentional gerichtet ist, nicht nur vom Standpunkt des den Akt setzenden Individuums, sondern auch vom Standpunkt eines unbeteiligten Dritten als gesollt angesehen wird"[50]. Gegenstand einer „ihren Gegenstand nur beschreibenden Wissenschaft" ist nach Meinung *Kelsens* also ein „objektives Sollen" in dem Sinn, dass der Inhalt der Anordnung von **jedermann** als gesollt angesehen wird. Bei der erkenntnistheoretischen[51] Begründung dieses „objektiven Sollens" ist nach Meinung von *Kelsen* streng dem Dualismus zwischen „Sein" und „Sollen" Rechnung zu tragen. Demnach bestehe „die spezifische Existenz" einer Norm in ihrer Geltung.[52] Der Geltungsgrund einer Norm könne aber immer nur die Gel-

43 Dazu II.B.

44 Dazu eingehend etwa *Georg Henrik von Wright*, Is and Ought, in Eugenio Bulygin/Jean-Lois Gardies/Ilkka Niiniluoto (Hrsg), Man, Law and Modern Form of Life (1985), 263 (264 ff).

45 *Kelsen*, Reine Rechtslehre^2, 5.

46 Ebenda.

47 *Hans Kelsen,* Reine Rechtslehre (1934), VIII.

48 *Kelsen*, Reine Rechtslehre^2, VIII.

49 *Kelsen*, Reine Rechtslehre^2, 7.

50 Ebenda.

51 Siehe *Kelsen*, Reine Rechtslehre^2, 205, 208.

52 *Kelsen*, Reine Rechtslehre^2, 9. Siehe dann auch III.A.1.

tung einer anderen Norm sein. Eine Norm könne somit nur dann „existieren", wenn ihre Verbindlichkeit von einer übergeordneten Norm angeordnet wird. Das treffe auch auf Normen einer Rechtsordnung zu. Doch stelle sich letztlich die Frage, was denn der Geltungsgrund der gesamten Rechtsordnung sei.

So „existiere" ein Urteil (Verwaltungsakt), weil seine Geltung in einem Gesetz angeordnet ist. Die Geltung der Gesetze ergebe sich wiederum aus den Bestimmungen einer übergeordneten Verfassung. Die Geltung der Verfassung lasse sich allenfalls noch auf eine (revolutionär entstandene) „historisch erste Staatsverfassung"[53] zurückführen, doch dann ende der Regress.

Einen solchen Geltungsgrund hält *Kelsen* aber aus erkenntnistheoretischen Gründen für unverzichtbar, weil davon letztlich die „objektive" Existenz der zu beschreibenden Rechtsordnung abhänge. Daher muss seines Erachtens eine die Geltung des gesamten Rechtssystems begründende Norm **vorausgesetzt** werden: „Ihre Geltung kann nicht von einer höheren Norm abgeleitet, der Grund ihrer Geltung nicht mehr in Frage gestellt werden. Eine solche als höchste vorausgesetzte Norm wird hier als Grundnorm bezeichnet"[54]. Bei der Grundnorm handelt es sich somit für *Kelsen* um eine zwingende Annahme[55], wenn „der subjektive Sinn der der Verfassung gesetzten Akte als ihr objektiver Sinn, als gültige Normen gedeutet wird"[56]. Die Theorie der Grundnorm besagt daher: Nur unter der **Annahme**, dass man die Anordnungen der Rechtsordnung befolgen soll, können diese Regelungen als „objektiv gültige" (im Sinne einer für jedermann verbindlichen Anordnung) aufgefasst werden. Nach der Lehre von der Grundnorm besitzt eine positive Rechtsordnung also nur dann eine „objektive Geltung", wenn angenommen wird, dass man sie auch befolgen soll.[57]

Zu betonen ist allerdings, dass die Grundnorm nach dem System der Reinen Rechtslehre zwar eine erkenntnistheoretisch zwingende Annahme zur Deutung von Anordnun-

53 *Kelsen*, Reine Rechtslehre², 203.

54 *Kelsen*, Reine Rechtslehre², 197.

55 Bei der näheren Charakterisierung der Grundnorm schwankte *Kelsen* zwischen „hypothetischer Grundlage", „transzendentallogischer" Voraussetzung und „Fiktion"; dazu etwa *Robert Walter,* Die Grundnorm im System der Reinen Rechtslehre, in Aulis Aarnia/Stanley L. Paulson/Ota Weinberger/Georg Henrik von Wright/Dieter Wyduckel (Hrsg), Rechtsnorm und Rechtswirklichkeit, Festschrift für Werner Krawietz zum 60. Geburtstag (1993), 85 (94 ff); *Matthias Jestaedt*, Geltung des Systems und Geltung im System, JZ 2013, 1009 (1010).

56 *Kelsen*, Reine Rechtslehre², 208.

57 Zutreffend *Raz*, The American Journal of Jurisprudence 1974, 105 ff.

gen als „objektiv gültige" Normen darstellt. Die Grundnorm trifft allerdings keine Aussage über die Wahl des Erkenntnisgegenstandes. Entscheidend für diese Wahl ist vielmehr ein spezielles Erkenntnisinteresse.[58] Besteht ein Erkenntnisinteresse an der Deutung einer im Großen und Ganzen wirksamen Verfassungsordnung, dann ist dies nach *Kelsen* eben nur unter der Annahme einer Grundnorm möglich, die besagt, dass „die Normen dieser Rechtsordnung befolgt und angewendet werden sollen"[59]. Liegt hingegen ein Erkenntnisinteresse an der Deutung von anderen Anordnungssystemen als „objektives Sollen" vor, dann muss auch bei ihnen eine Grundnorm vorausgesetzt werden. So bedarf nach *Kelsen* die Begründung der Geltung der christlichen Moral einer „Grundnorm der christlichen Moral"[60].

Die Lehre von der Grundnorm besagt also, unter welcher Voraussetzung eine positive Rechtsordnung als „objektiv" geltend verstanden werden kann. Sie liefert jedoch **keinen** Anhaltspunkt für einen **Leitgedanken** zur Interpretation von positiven Rechtsvorschriften.

Die Reine Rechtslehre bietet nach *Kelsen* allerdings auch eine „Theorie der Interpretation"[61]. Demnach werden die traditionellen **juristischen Auslegungsmethoden** zur Ermittlung des Sinngehaltes von Rechtsvorschriften zwar anerkannt. Doch seien diese Methoden einander grundsätzlich „gleichwertig", weil es „von einem auf das positive Recht gerichteten Standpunkt aus" kein Kriterium gäbe, „nach der von mehreren sprachlichen Bedeutungen einer Norm nur die eine als ‚richtig' ausgezeichnet werden könne"[62]. Führe die Interpretation eines Gesetzes zu mehreren Auslegungsvarianten, so habe sich eine auf wissenschaftliche Erkenntnis beschränkte Rechtswissenschaft auf die Feststellung dieses „Rahmens" der Auslegung zu beschränken.[63] Nach der Reinen Rechtslehre ist es freilich nicht ausgeschlossen, dass einzelne Rechtsordnungen bestimmte Auslegungs-

---

58 So etwa *Thienel*, Rationalismus, 7.

59 *Kelsen*, Reine Rechtslehre^2, 219.

60 *Kelsen*, Allgemeine Theorie, 205. Auch nicht mehr effektive Rechtssysteme lassen sich nach Auffassung der Reinen Rechtslehre nur unter der Annahme einer Grundnorm deuten; zutreffend *Thienel*, Rationalismus, 7, Fn 39. Aber auch in ihrer Effektivität miteinander konkurrierende Rechtsordnungen bedürfen zu ihrer Deutung jeweils der Annahme einer Grundnorm. Aus der Effektivität von Rechtssystemen lässt sich daher kein tragfähiger Einwand gegen die Grundnormlehre gewinnen; siehe demgegenüber jedoch *Raz*, The American Journal of Jurisprudence 1974, 98 f.

61 *Kelsen* Reine Rechtslehre^2, 1.

62 *Kelsen*, Reine Rechtslehre^2, 349. Analogie- und Umkehrschlüsse werden von *Kelsen* allerdings als „völlig wertlos" angesehen; *Kelsen*, Reine Rechtslehre^2, 350.

63 Näher zu dieser „Rahmentheorie" *Kelsens* etwa *Christoph Schwaighofer,* Kelsen zum Problem der Rechtsauslegung, in Stanley L. Paulson/Robert Walter (Hrsg), Untersuchungen zur Reinen Rechtslehre (1986) 232 (237); *Nicoletta Bersier Ladavac*, Zur Interpretationstheorie von Hans Kelsen, in Clemens Jabloner/Dieter Kolonovits/Gabriele Kucsko-Stadelmayer/Hans René Laurer/Heinz Mayer/Rudolf Thienel (Hrsg), Gedenkschrift Robert Walter (2013), 51 (54).

kriterien positivieren. Jedenfalls erscheint es verkürzt, wenn die Interpretationstheorie der Reinen Rechtslehre als „formalistisch“[64] angesehen wird, weil die Reine Rechtslehre die juristische Tätigkeit keineswegs auf einen bloß formal-logischen Subsumtionsvorgang beschränkt.[65]

Außerdem vermag die Lehre von der Grundnorm eine ihren Gegenstand nur objektiv beschreibende Rechtswissenschaft nicht überzeugend erkenntnistheoretisch zu fundieren.[66] Denn eine „objektive Geltung“ von Normen einer Rechtsordnung ist für die Deutung positivrechtlicher Anordnungen nicht erforderlich. Ist doch eine Beschreibung positiver Rechtsvorschriften zweifellos auch ohne die gleichzeitige Annahme möglich, dass man die Normen dieser Rechtsordnung auch befolgen soll (diese im Sinne *Kelsens* also „objektiv“ gelten). Eine Beschreibung positiver Rechtsvorschriften ist vielmehr auch dann denkbar, wenn man den Inhalt der betreffenden Rechtsvorschrift (etwa eines Terrorregimes) ablehnt. Ganz im Gegenteil muss man den Inhalt von Anordnungen auch dann erkennen und beschreiben können, wenn man meint, dass diese nicht befolgt werden sollen. Bei der Beschreibung nicht mehr wirksamer Rechtsordnungen (wie dem Römischen Recht) würde eine solche Annahme außerdem kaum Sinn machen. Die Annahme der Rechtsbefolgung (also der „objektiven“ Geltung im Sinne *Kelsens*) als Voraussetzung einer objektiven Beschreibung positiver Rechtsvorschriften erscheint daher **schwer nachvollziehbar**. Insbesondere folgt die Annahme einer Grundnorm auch nicht aus der Sein/Sollen-Dichotomie. Diese besagt lediglich, dass sich die inhaltliche Richtigkeit eines Werturteils (Gebotes, Verbotes oder einer Ermächtigung) nur mit einem anderen höherrangigen Werturteil begründen lässt. Daraus kann aber nicht abgeleitet werden, dass eine Verfassungsordnung nur unter der gleichzeitigen Annahme eines Gebotes zur Befolgung ihrer Vorschriften beschrieben werden kann. Vielmehr lässt sich aus der zutreffenden Einsicht der **Sein/Sollen-Dichotomie** zur Begründung von Werturteilen überhaupt **keine Aussage** zur Erkennbarkeit des Sinngehaltes von Anordnungen gewinnen.[67]

---

64 Dazu unter VII.B.

65 Zutreffend *Christoph Bezemek*, Pure Formalism? Kelsenian Interpretative Theory between Textualism and Realism, in D.A. Jeremy Telman (Hrsg), Kelsen in America (in Druck).

66 Dazu näher etwa, *Raz*, Legal System^2, 136 ff; *Potacs*, Rechtstheorie 2005, 11 ff; *Hoerster*, JZ 2008, 1023 ff.

67 *Potacs*, Rechtstheorie 2005, 14; *Hoerster*, JZ 2008, 1026.

Ein Verstoß gegen die Sein/Sollen-Dichotomie läge etwa vor, wenn aus der Wirksamkeit bestimmter Rechtsvorschriften (Seinstatsache) geschlossen wird, dass diese Vorschriften auch befolgt werden sollen. Umgekehrt wird die Sein/Sollen-Dichotomie nicht verletzt, wenn eine Rechtsordnung ohne die gleichzeitige Annahme ihrer Befolgung beschrieben wird. Daher ist auch nicht davon auszugehen, dass die Beschreibung positiver Normenordnungen ohne die (sei es auch „unbewusste“[68]) Annahme einer Grundnorm nicht möglich sein sollte.

68 *Kelsen*, Reine Rechtslehre², 209.

E. Objektive Rechtswissenschaft

Damit stellt sich die Frage, ob eine ihren Gegenstand objektiv beschreibende Rechtswissenschaft überhaupt möglich ist. Das wird von der Hermeneutik und der Diskurstheorie verneint und von der Reinen Rechtslehre bejaht, deren erkenntnistheoretische Fundierung aber nicht zu überzeugen vermag. Fraglich ist also zum einen, ob sich eine solche „objektive Rechtswissenschaft" überhaupt zufriedenstellend begründen lässt. Zum anderen stellt sich aber auch die Frage nach den Vorzügen eines solchen Ansatzes gegenüber anderen Positionen wie etwa der Hermeneutik oder der Diskurstheorie. Zur Beantwortung beider Fragestellungen ist zunächst daran zu erinnern, dass Rechtsnormen (ebenso wie andere Anordnungen) als menschliche Äußerungen in Erscheinung treten. In der Regel handelt es sich dabei um sprachliche Äußerungen in Form von Texten. Rechtliche Anordnungen können aber auch als mündliche Verkündung oder im Falle des Gewohnheitsrechts als eine ganz bestimmte soziale Übung wahrgenommen werden. Erst durch Deutung („Auslegung", „Interpretation") werden diese sinnlich wahrnehmbaren Verhaltensweisen als normative Äußerungen verstanden. Bei der Beschreibung einer normativen Aussage (wie etwa einer Rechtsvorschrift oder dem Befehl eines Gangsters[69]) handelt es sich somit um die **Deutung einer sinnlich wahrnehmbaren Äußerung**. Als Bedeutung zumeist sprachlicher Äußerungen besitzen Normen damit eine spezifische „Existenz" als Erkenntnisgegenstand einer beschreibenden Wissenschaft. In diesem Sinn stellen sie eine **„Seinstatsache"** dar und „existieren" grundsätzlich in derselben Weise wie die Bedeutung anderer sprachlicher Äußerungen oder die Erkenntnisse der Natur- und Sozialwissenschaften.[70] Sie stellen ein „Sein" dar, dessen besonderer Sinn eben ein „Sollen" ist. Diese Form von „Existenz" einer Norm ist *allein* für ihre Erkennbarkeit und Beschreibung relevant.[71]

Diese erkenntnistheoretisch relevante „Existenz" von Normen schließt es freilich nicht aus, dass man ihnen auch noch in anderer Hinsicht eine „Existenz" beimisst. In diesem Sinne ist es keineswegs verfehlt, wenn man mit *Kelsen* die spezifische Existenz einer Norm auch in ihrer Geltung sieht.[72] Allerdings handelt es sich dabei eben um eine bestimmte Art von Existenz und nicht um die „Existenz" einer Norm schlechthin. Kein

69 Siehe zu diesem Beispiel *Kelsen*, Reine Rechtslehre², 8.

70 Zur „empirischen Gleichwertigkeit" der Rechtswissenschaft mit anderen Wissenschaften siehe unter VI.B.2.

71 *Potacs*, Rechtstheorie 2005, 16.

72 Dazu das vorangegangene Kapitel IV.D.

Einwand besteht daher gegen eine solche Begriffsverwendung dann, wenn man wie hier[73] unter Geltung die spezifische Existenz einer Norm in einem Normensystem versteht. Unzulässig ist es jedoch, wenn man in den Bedingungen der Geltung die primär relevante Eigenschaft von Normen als Gegenstand einer beschreibenden Wissenschaft sieht. Denn in dieser Hinsicht besteht die vor allem maßgebliche „Existenz" einer Norm gerade nicht in ihrer Geltung, sondern in ihrer Eigenschaft als Sinngehalt von zumeist sprachlichen Äußerungen. Als solche „Seinstatsache" können Normen auch eine (erkennbare und beschreibbare) „Existenz" aufweisen, wenn sie in keinem Normensystem gelten (zB als Befehl eines Gangsters).

Es ist nochmals daran zu erinnern[74], dass keine Missachtung der Sein/Sollen-Dichotomie vorliegt, wenn normative Anordnungen als „Seinstatsachen" verstanden werden. Die Sein/Sollen-Dichotomie besagt lediglich, dass sich die inhaltliche Richtigkeit eines Werturteils letztlich nur mit einem übergeordneten Werturteil (und nicht mit einer „Seinstatsache") begründen lässt. Sie verbietet dagegen nicht, dass normative Äußerungen als „Seinstatsachen" aufgefasst werden.

Das führt zu der Frage, ob eine objektive Beschreibung von Rechtsvorschriften (als Sinngehalte zumeist sprachlicher Äußerungen) möglich und erkenntnistheoretisch begründbar ist. Zur Beantwortung dieser Frage kann auf von *Karl Popper* und *Hans Albert* im Rahmen des **Kritischen Rationalismus** entwickelte Einsichten zurückgegriffen werden. Zwar lässt sich die Möglichkeit objektiver Erkenntnis einer unabhängig vom erkennenden Subjekt existierenden Realität und die Möglichkeit ihrer Beschreibung nicht beweisen. Wohl aber kann sich die Wissenschaft die Erkenntnis und Beschreibung einer solchen objektiven Realität zum Ziel setzen.[75] Mit dieser Zielsetzung sind dann (ebenso wie mit der Hermeneutik, der Diskurstheorie sowie der Grundnormlehre) bestimmte **Annahmen** zwingend verbunden, die sich freilich wiederum weder beweisen noch widerlegen lassen und daher von *Hans Albert* als „metaphysische Hypothesen"[76] bezeichnet werden. Dazu gehört zunächst einmal eine **„Korrespondenztheorie"** der Wahrheit, derzufolge eine Aussage bei Übereinstimmung ihres Inhaltes mit der Realität als wahr angesehen wird.[77] Zu weiteren Annahmen einer solchen auf objektive Erkenntnis ausgerichteten Wissenschaft gehören außerdem die Existenz einer vom erkennenden Subjekt unabhängigen **objektiven Realität,** und mit den Worten von *Hans Albert* „darüber hinaus die ihrer prinzipiellen Erkenn-

73 Siehe III.A.1.

74 Siehe bereits das vorangegangene Kapitel IV.D.

75 *Popper*, Logik^{7}, 255 f.

76 *Albert*, Erkenntnislehre, 44.

77 *Popper*, Logik^{7}, 55, 219; *derselbe*, Erkenntnis, 60; *derselbe*, Über Wahrheit und Sicherheit, Rechtstheorie 7 (1976) 65 f; *Albert*, Praxis, 39.

barkeit, weiter die Existenz von Gesetzmäßigkeiten, der Möglichkeit von Erklärungen auf ihrer Grundlage und schließlich die mit allen diesen Hypothesen zusammenhängende Annahme der Möglichkeit der mehr oder weniger zutreffenden Darstellung realer Sachverhalte“[78].

Es ist kein überzeugender Grund zu erkennen, weshalb diese Sichtweise nicht auch auf die Rechtswissenschaft übertragbar wäre.[79] Denn positive Rechtsnormen weisen in ihrer Eigenschaft als Sinngehalt einer zumeist sprachlichen Äußerung ebenso wie der Gegenstand anderer Wissenschaften eine „Existenz“ als „Seinstatsache“ auf. Die Annahmen einer objektiven Wissenschaft sind daher auch in der Rechtswissenschaft möglich.[80] Eine ihren Gegenstand nur beschreibende Rechtswissenschaft kann somit ebenfalls von einer „Korrespondenztheorie“[81] der Wahrheit ausgehen. Demnach ist eine Aussage über den Inhalt einer Rechtsvorschrift dann wahr, wenn sie deren objektiven Sinngehalt zutreffend umschreibt. Mit der Annahme einer „Korrespondenztheorie“ der Wahrheit wird aber auf jeden Fall vorausgesetzt, dass es das **positive Recht als objektiven Erkenntnisgegenstand** überhaupt gibt. Das lässt sich ebenso wenig beweisen oder widerlegen wie der „hermeneutische Zirkel“ oder die (der Diskurstheorie zugrunde liegende) Aussage „Wahrheit ist Konsens“, sondern muss wiederum als Annahme vorausgesetzt werden. Mit der Zielsetzung einer Beschreibung eines unabhängig vom erkennenden Subjekt existierenden Sinngehaltes von Rechtsvorschriften sind aber noch weitere Annahmen verbunden, die sich in Anlehnung an die „metaphysischen Hypothesen“ von *Hans Albert* so formulieren lassen: Zu zwingenden Annahmen einer solchen „objektiven Rechtswissenschaft“ gehört die **Annahme** objektiver Bedeutungen von zumeist sprachlichen Äußerungen als Normen[82], ihre prinzipielle Erkennbarkeit und die Annahme der Möglichkeit ihrer mehr oder weniger zutreffenden Beschreibung. Da sich die Rechtsetzer zur Vermittlung ihrer Anordnungen des allgemeinen Sprachge-

78 *Albert*, Praxis, 39.

79 Siehe bereits *Potacs*, in Neck/Salamun, 120 ff.

80 Siehe zu einem objektiven Zugang in der Rechtswissenschaft auch *Barak*, Purposive Interpretation, 57.

81 Die Korrespondenztheorie der Wahrheit vertreten in der Rechtswissenschaft etwa auch *von Mettenheim*, Recht, 94; *Weinberger*, Rechtslogik², 84; *Thienel*, Rationalismus, 134.

82 Zur Annahme einer Objektivität des Sinngehaltes gedanklicher Produkte wie „Probleme, Theorien und Argumente“ siehe etwa *Popper*, Erkenntnis, 135, 142 f; zur Objektivität von positiven Rechtsnormen *Ota Weinberger*, Schichtenontologie und Non-Kognitivismus, Rechtstheorie 14 (1983), 61 (67); *von Mettenheim*, Recht, 92 f.

brauchs bedienen, sind Rechtsvorschriften auch grundsätzlich nach dessen Auslegungsregeln zu interpretieren. Dieser allgemeine Sprachgebrauch ist in eine allgemeine Kommunikationspraxis eingebettet, welche die Regeln für die Interpretation von sprachlichen Äußerungen maßgeblich mitbestimmt. Die objektive Bedeutung von Rechtsvorschriften wird daher grundsätzlich nach den Regeln der Interpretation des allgemeinen Sprachgebrauchs zum Ausdruck gebracht, worunter die allgemeinen Konventionen sprachlicher Kommunikation zu verstehen sind. Einer objektiven Rechtswissenschaft liegt daher die Annahme zugrunde, dass es einen nach Maßgabe der Regeln der allgemeinen Kommunikationspraxis objektiven und als solchen prinzipiell erkennbaren und beschreibbaren Sinngehalt von Rechtsvorschriften gibt.

Bei der Ermittlung des Sinngehaltes von Rechtsvorschriften spielen für eine objektive Rechtswissenschaft die **traditionellen juristischen Auslegungsmethoden** eine maßgebliche Rolle.[83] Denn diese Auslegungsmethoden stellen auch in der allgemeinen Kommunikationspraxis übliche Konventionen der Verständigung dar, die im Hinblick auf die Eigenart des positiven Rechts besonders typisiert und bezeichnet wurden.[84] Sie sind daher für eine objektive Rechtswissenschaft adäquate Mittel, um den objektiven Inhalt der Rechtsvorschriften festzustellen.

Eine Auslegung auf Grund der Regeln des allgemeinen Sprachgebrauchs einschließlich der juristischen Auslegungsregeln muss allerdings nicht immer zu einem klaren und unzweifelhaften Ergebnis führen. Das spricht jedoch nicht gegen die Annahme einer objektiven Bedeutung von Rechtsvorschriften auf Grund der Regeln der allgemeinen Kommunikationspraxis. Vielmehr besteht in solchen Fällen der objektive Sinngehalt von Rechtsvorschriften in einer **Mehrdeutigkeit** oder **Vagheit**[85], in deren „Rahmen“ Gerichte und Verwaltungsbehörden eine Entscheidung zu treffen haben.[86]

83 *Potacs*, in FS Mayer, 547 f.

84 Von den traditionellen juristischen Auslegungsmethoden werden allerdings nicht alle Konventionen der Alltagskommunikation erfasst, weshalb nicht nur die juristischen Auslegungsmethoden für die Interpretation juristischer Texte von Bedeutung sind; siehe näher VI.A.1.

85 Es ist daher eine Fehleinschätzung, wenn *Somek*, Rechtliches Wissen, 101 f, meint, dass sich der Rechtspositivismus „durch den Eindruck semantischer Unbestimmtheit entthront“ sieht. Es spricht ebenfalls nicht gegen eine rechtspositivistische Position, wenn bei vagen oder unbestimmten Rechtsvorschriften behördliche Entscheidungen auch unter Rückgriff auf moralische (und damit iS des Rechtspositivismus „außerrechtliche“) Wertungen getroffen werden; aA in Bezug auf das Rechtssystem der USA allerdings *Richard A. Posner*, The Problematics of Moral and Legal Theory, Harvard Law Review 111 (1997–1998), 1637 (1693).

86 Insoweit bestehen auch keine prinzipiellen Einwände gegen die „Rahmentheorie“ der Reinen Rechtslehre; dazu unter IV.D. Siehe zur Unbestimmtheit und Vagheit von Rechtsvorschriften auch unter VI.A.2.

Das Ziel der Interpretation ist für eine objektive Rechtswissenschaft der in einer Rechtsvorschrift zum Ausdruck kommende **sprachliche Wille** des Rechtsetzers.[87] Als maßgeblicher Sinngehalt einer Rechtsvorschrift ist demnach anzusehen, was einem Rechtsetzer nach den Regeln der sprachlichen Konvention als von ihm gewollt zusinnbar ist. Mit dem Abstellen auf die **Zusinnbarkeit** verfügt eine solche objektive Rechtswissenschaft im Gegensatz zu anderen Ansätzen wie der Hermeneutik, der Diskurstheorie oder der Grundnormlehre über ein Kriterium, nach dem sie mehr oder weniger zutreffende Lösungen grundsätzlich voneinander zu unterscheiden vermag. Zweifellos spielen auch hier gewisse Wertungen eine Rolle. Das ist schon deshalb der Fall, weil die einzelnen Auslegungskriterien den Willen eines Rechtsetzers mit unterschiedlicher Überzeugungskraft dokumentieren und die Ermittlung des Sinngehaltes der Rechtsvorschrift mitunter eine abwägende Entscheidung erfordert.[88] Dennoch verfügt dieser Ansatz mit der Zusinnbarkeit über ein Kriterium, nach dem sich die Überzeugungskraft von Argumenten zumindest bis zu einem gewissen Grad näher bestimmen lässt. Ein Auslegungsergebnis gewinnt demnach umso mehr an Überzeugungskraft, je eher es dem Rechtsetzer im konkreten Fall als von ihm gewollt unterstellt werden kann. Trotz aller damit bei einzelnen Auslegungsvorgängen verbundenen Schwierigkeiten verleiht es der Rechtswissenschaft dennoch eine höhere **Rationalität**. Gerade für eine an objektiv wahrheitsfähigen Aussagen interessierte Wissenschaftsbetrachtung erweist sich daher eine objektive Rechtswissenschaft gegenüber den anderen hier besprochenen Ansätzen doch als überlegen. Nur hinzuzufügen ist außerdem, dass sie wohl doch eher als andere Ansätze der mit demokratisch-rechtsstaatlichen Ordnungen mit einer relativ strengen Gesetzesbindung verbundenen Vorstellung einer Bindung der Vollziehung an objektive Anhaltspunkte und einer möglichst nachvollziehbaren Begründung entspricht.[89]

Dem hermeneutischen Ansatz ist zuzugestehen, dass eine Interpretation von Rechtsvorschriften ein gewisses „Vorwissen“[90] über die Regeln sprachlicher Verständigung voraussetzt. Das schließt jedoch einen objektiven Sinngehalt sprachlicher Äußerung nicht aus, der sich mit diesen Regeln ermitteln lässt. Außerdem ist einzuräumen, dass auch aus der Perspektive einer objektiven Rechtswissenschaft Interessen und subjektive Ge-

87 Siehe II.E.

88 Näher VI.A.2.

89 So bereits *Potacs*, FS Mayer, 549 ff.

90 ZB *Weinberger*, Norm, 177; *Barak*, Purposive Interpretation, 58; *Greenawalt*, Legal Interpretation, 151.

sichtspunkte eine Rolle spielen können. Damit ist aber nur gesagt, dass sich die subjektive Sichtweise der interpretierenden Personen nicht mit dem objektiven Sinngehalt der Rechtsvorschrift decken muss. Auch ist der Diskurstheorie zuzugestehen, dass sich eine bestimmte Lehrmeinung, über die ein „Konsens“ unter den maßgeblichen Interpreten besteht, in der Praxis als „herrschende Lehre“ durchsetzen wird. Aber eine faktische Einigkeit über den Inhalt einer Rechtsvorschrift muss nicht unbedingt mit deren objektiven Sinngehalt übereinstimmen. Entscheidend ist für eine objektive Rechtswissenschaft allein, ob und inwieweit sich ein bestimmtes Auslegungsergebnis mit den zu dessen Gunsten ins Treffen geführten Argumenten objektiv begründen lässt.

Der Reinen Rechtslehre wiederum ist zuzugestehen, dass eine Auslegung auf Grund der Regeln des allgemeinen Sprachgebrauchs einschließlich der juristischen Auslegungsregeln nicht immer zu klaren und unzweifelhaften Ergebnissen führen muss. Doch besteht mit der Zusinnbarkeit ein Kriterium, das den „Rahmen“ der Interpretation enger zu ziehen und Auslegungsergebnisse nachvollziehbarer zu begründen vermag.

V. Struktur

A. Regeln und Prinzipien

In den vergangenen Jahrzehnten haben Abwägungsentscheidungen verstärkt die juristische Diskussion geprägt[1] und auch das Interesse der Rechtstheorie geweckt. Im Zentrum der Diskussion steht dabei die Unterscheidung zwischen Regeln und Prinzipien: Während **Regeln** durch eine **strikte Anwendbarkeit** gekennzeichnet sind, verlangen **Prinzipien** eine **Abwägung**. Grundlagen dieser Diskussion bilden dabei die Arbeiten von *Ronald Dworkin* und *Robert Alexy*.[2]

So besteht für *Dworkin* zwischen Regeln und Prinzipien ein „logischer Unterschied"[3]. Regeln sind für ihn durch eine „Alles-oder-Nichts-Weise" (*all or nothing fashion*) gekennzeichnet. Sie weisen eine Struktur auf, derzufolge bei Vorliegen der „Tatsachen, die eine Regel als Bedingung festsetzt", die Antwort die sie liefert (sofern diese Regel gültig ist) akzeptiert werden muss.[4] Gewiss können solche Regeln auch Ausnahmen enthalten, doch das beeinträchtige nach *Dworkin* nicht deren „Alles-oder-Nichts"-Charakter. Die Ausnahmen seien eben Teil der Regel und könnten vollständig angeführt werden, wodurch sich nichts an der für Regeln charakteristischen grundsätzlichen strikten Anwendbarkeit (ihres von der Ausnahme nicht erfassten Teiles) ändere.[5] Von Regeln unterscheiden sich Prinzipien nach *Dworkin* dadurch, dass sie eine Entscheidung nicht zwingend festlegen, sondern lediglich Gründe nahelegen, die für eine Entscheidung sprechen.[6] Prinzipien weisen dadurch eine Dimension auf, die Regeln nicht haben, und zwar eine

1 Dazu grundlegend etwa *Karl Heinz Ladeur*, „Abwägung" – ein neues Rechtsparadigma?, ARSP 1983, 463; *derselbe*, „Abwägung" ein neues Paradigma des Verwaltungsrechts (1984). Siehe weitere Nachweise dazu bei *Potacs*, in Khakzadegh-Leiler/Schmid/Weber, 15 f.

2 Grundlagen für die Prinzipientheorie hatte in der deutschsprachigen Lehre allerdings bereits *Josef Esser* in den Fünfzigerjahren des vergangenen Jahrhunderts gelegt; dazu *Esser*, Grundsatz und Norm in der richterlichen Fortbildung des Privatrechts[4] (1990). Ansätze für die Unterscheidung zwischen Regeln und Prinzipien werden allerdings bereits in der Philosophie *Immanuel Kants* gesehen; siehe *Fiete Kalscheuer*, Kants Theorie der Abwägung, ARSP 2013, 499.

3 *Dworkin*, Bürgerrechte, 58.

4 Ebenda.

5 *Dworkin*, The University of Chicago Law Review 1967, 25.

6 *Dworkin*, Bürgerrechte, 60 f.

Dimension der Gewichtung (*dimension of weight*).[7] Damit werden sie zur Grundlage von Abwägungsentscheidungen, was sich insbesondere auch bei Normenkonflikten zeige. Wenn zwei Regeln miteinander in Konflikt geraten, so ist eine von beiden (etwa nach der *lex posterior*-Regel) ungültig. Kollidieren dagegen zwei Prinzipien miteinander, so gebe das Prinzip mit dem relativ größeren Gewicht den Ausschlag, ohne dass deshalb das Prinzip mit dem geringeren Gewicht ungültig werde.[8]

Die Bedeutung von Prinzipien geht aber nach *Dworkin* über die Lösung von Normenkonflikten weit hinaus und überlagert das Rechtsverständnis insgesamt. Dies zeigt sich etwa deutlich anhand eines Beispieles, das *Dworkin* als praktischen Anwendungsfall eines Prinzips anführt.[9] So habe ein New Yorker Gericht in dem Fall *Riggs versus Palmer* über die Frage zu entscheiden gehabt, ob ein testamentarischer Erbe, der den Erblasser ermordete (um in den Besitz der Erbschaft zu gelangen), erben könne. Das Gericht verneinte dies, obwohl auf Grund einer Wortsinninterpretation der einschlägigen Rechtsvorschriften auch der Mörder hätte erben können. Nach Auffassung des Gerichts werden aber alle Gesetze ebenso wie Verträge durch allgemeine und grundlegende Maximen mitgeprägt. Dazu gehöre auch das Prinzip, wonach es niemandem erlaubt sein dürfe, einen Vorteil aufgrund eines von ihm begangenen Unrechts zu erlangen.[10] Bei diesem Beispiel dürfte es sich allerdings weniger um eine (nach *Dworkin* für Prinzipien wesentliche) Abwägung auf Grund außerhalb des positiven Rechts gelegener Prinzipien handeln, sondern vielmehr um eine den Wortsinn einschränkende Auslegung im Hinblick auf die dem Gesetzgeber bzw dem Testator eher schwer zusinnbare Zielsetzung eines (auch bei Tötung des Erblassers) uneingeschränkten Rechtes zu erben („teleologische Reduktion“[11]).

Diese Unterscheidung zwischen Regeln und Prinzipien wurde von *Robert Alexy* weiterentwickelt. Ganz im Sinne von *Dworkin* versteht auch *Alexy* unter Regeln Normen, die „stets entweder nur erfüllt oder nicht erfüllt werden können“[12]. Wenn eine Regel gilt, dann ist es nach *Alexy* geboten, genau das zu tun, was sie verlangt, nicht mehr und nicht weniger.[13] Bei Regeln handelt es sich für *Alexy* also um „definitive Gebote“[14]. Ihnen stellt auch er Prinzipien gegenüber, die er als Optimierungsgebote oder präziser

7 *Dworkin*, The University of Chicago Law Review 1967, 27.
8 Ebenda.
9 Siehe zur Deutung dieser Fälle im Sinne des hier vertretenen positivistischen Verständnisses anhand der traditionellen Auslegungskriterien weiter unten.
10 *Dworkin*, Bürgerrechte, 56 f.
11 Siehe dazu VII.J.
12 *Alexy*, in Schilcher/Koller/Funk, 32; *derselbe*, in Alexy/Koch/Kuhlen/Rüßmann, 224.
13 *Alexy*, Recht, Vernunft, Diskurs, 216.
14 *Alexy*, Begriff^3, 120.

als „zu optimierende Gebote“[15] versteht. Als solche sind Prinzipien für ihn dadurch charakterisiert, dass „sie in unterschiedlichen Graden erfüllt werden können“[16]. In ihrer Eigenschaft als Optimierungsgebote sind Prinzipien für *Alexy* „Normen, die gebieten, dass etwas in einem relativ auf die rechtlichen und tatsächlichen Möglichkeiten möglichst hohem Maße realisiert wird“[17]. Das Maß ihrer Erfüllung hänge neben tatsächlichen auch von rechtlichen Möglichkeiten ab, „die außer durch Regeln wesentlich durch gegenläufige Prinzipien bestimmt werden“. Das wiederum bedeute, „dass Prinzipien abwägungsfähig und -bedürftig sind“[18]. Die Abwägung ist also auch für *Alexy* „die für Prinzipien kennzeichnende Form der Rechtsanwendung“[19]. Aus dem Charakter von Prinzipien als Optimierungsgebote ergibt sich für den Fall einer Kollision zwischen zwei Prinzipien nach *Alexy* ein „Abwägungsgesetz“, das er so formuliert: „Je höher der Grad der Nichterfüllung oder Beeinträchtigung des einen Prinzips ist, desto größer muss die Wichtigkeit der Erfüllung des anderen sein“[20].

Als Prinzipien fasst *Alexy* vor allem die Grundrechte auf, weshalb Kollisionen zwischen ihnen im Wege der Abwägung zu lösen seien. Diese Abwägung ist durch Vorrangrelationen gekennzeichnet, wenn etwa das deutsche Bundesverfassungsgericht im Fall *Lebach*[21] bei einer Abwägung zwischen dem Schutz der Persönlichkeit und der Freiheit der Berichterstattung dem Persönlichkeitsschutz größeres Gewicht beimisst.[22] Insgesamt zeichnet sich für *Alexy* die Prinzipientheorie in Gestalt der Optimierungsthese durch ihre Äquivalenz mit dem Verhältnismäßigkeitsgrundsatz aus. „Wer die Prinzipientheorie verwirft“, meint *Alexy*, „muss deshalb auch den Verhältnismäßigkeitsgrundsatz verwerfen“[23].

Sowohl *Dworkin* als auch *Alexy* verstehen ihre Prinzipienlehre als **Kritik am Rechtspositivismus**. Bei *Dworkin* wird dies schon daraus ersichtlich, dass er damit erklärtermaßen eine „*general attack on positivism*“[24] verbindet. Zwar lässt *Dworkin* keinen Zweifel daran, dass für ihn Prinzipien (er nennt

15 *Alexy*, in Schilcher/Koller/Funk, 39.
16 *Alexy*, in Schilcher/Koller/Funk, 32; *derselbe*, in Alexy/Koch/Kuhlen/Rüßmann, 224.
17 *Alexy*, Rechtstheorie 1987, 407.
18 *Alexy*, Recht, Vernunft, Diskurs, 216.
19 Ebenda.
20 *Alexy*, Theorie der Grundrechte (1994) 146.
21 BVerfGE 35, 202.
22 *Alexy*, in Alexy/Koch/Kuhlen/Rüßmann, 230 f.
23 *Alexy*, in Schilcher/Koller/Funk, 35.
24 *Dworkin*, University of Chicago Law Review 1967, 22.

sie auch „Rechtsprinzipien“[25]) Teil des Rechtssystems sind. Sie sind aber für ihn nicht Teil der positiven Rechtsordnung, die für ihn anscheinend nur aus Regeln besteht. Denn den Positivismus hält er (wie zu zeigen sein wird in verfehlter Weise) für „ein Modell eines Regelsystems“[26]. Dementsprechend ergibt sich für ihn die Verbindlichkeit von Prinzipien nicht aus ihrer Zugehörigkeit zum positiven Recht, sondern aus einem „Gebot der Gerechtigkeit oder Fairness oder einer anderen moralischen Dimension“[27] sowie aus „einem Sinn für Angemessenheit“[28]. Aber auch von *Alexy* wird die Unterscheidung zwischen Regeln und Prinzipien als Basis für eine Kritik am Rechtspositivismus und als Weg „zu einem notwendigen Zusammenhang zwischen Recht und Moral“[29] gesehen.

Manche Aussagen *Alexys* zum Verhältnis zwischen seiner Prinzipienlehre und dem positiven Recht lassen sich allerdings mit einem positivistischen Ansatz zumindest grundsätzlich in Einklang bringen. So vermag für ihn nur „eine Prinzipientheorie“ die „als unmittelbar geltendes positives Recht ins Rechtssystem aufgenommenen praktischen Vernunftgehalte adäquat zur Geltung zu bringen“[30]. Dagegen ist aus rechtspositivistischer Sicht nichts einzuwenden, weil das positive Recht selbstverständlich praktische Vernunftgehalte zum Inhalt hat oder darauf verweisen kann. Insoweit ist es aus rechtspositivistischer Sicht auch unproblematisch, wenn *Alexy* das Rechtssystem als ein „gegenüber der Moral offenes System“[31] ansieht.

Demgegenüber ist jedoch zu betonen, dass die Unterscheidung zwischen Regeln und Prinzipien auch mit einem **positivistischen Rechtsverständnis vereinbar** ist. Denn positive Rechtsordnungen enthalten (anders als *Dworkin* anscheinend meint) keineswegs nur Regeln, die sich durch einen hohen Determinierungsgrad und starre Tatbestandselemente auszeichnen. Vielmehr finden sich im positiven Recht zahlreiche Bestimmungen, deren Tatbestände flexibel geregelt sind und mit den Worten von Dworkin eine „Dimension des Gewichts“ (*dimension of weights*) aufweisen. Es macht im Interesse einer Systematisierung der Vielfalt positivrechtlicher Anordnungen durchaus

25 *Dworkin*, Bürgerrechte, 64.
26 *Dworkin*, Bürgerrechte, 55.
27 *Dworkin*, Bürgerrechte, 55.
28 *Dworkin*, Bürgerrechte, 82. Durch ihre moralische Dimension unterscheiden sich nach *Dworkin* Prinzipien von bloßen politischen Zielsetzungen („*policies*“), die allein aus politischen, ökonomischen oder sozialen Gründen angestrebt werden; *Dworkin*, Bürgerrechte, 55.
29 *Alexy*, ARSP-Beiheft 37, 23 f. Siehe auch Alexy, Begriff[3], 119.
30 *Alexy*, Rechtstheorie 1987, 416.
31 *Alexy*, in Alexy/Koch/Kuhlen/Rüßmann, 226.

Sinn, solche eine Abwägung fordernde positivrechtliche Anordnungen als „Prinzipien“ zu bezeichnen und sie von „Regeln“ mit einem „starren“ Tatbestand abzugrenzen.[32] Dabei kann sich der Prinzipiencharakter einer positiven Rechtsvorschrift aus deren Wortsinn ergeben, wenn dieser eine abwägende Entscheidung verlangt. Beispiele dafür finden sich etwa im Planungsrecht, wenn die Verwaltungsbehörde nach der Formulierung der Planungsnormen auf verschiedene Ziele Bedacht zu nehmen hat. Rechtsvorschriften können aber auch implizite auf Abwägung beruhende Tatbestandselemente enthalten, die in deren Wortsinn nicht aufscheinen. So kann eine Interpretation ergeben, dass Grundrechtskollisionen im Wege der Abwägung zu lösen sind, obwohl eine solche im Wortsinn der betroffenen Grundrechte keinen Niederschlag gefunden hat. Aus der Zielsetzung von Grundrechten lässt sich auch das Gebot der Verhältnismäßigkeit von Grundrechtseingriffen ableiten, selbst wenn das im Grundrecht nicht ausdrücklich angeordnet wird.[33] Insgesamt weisen solche Vorschriften mit Abwägungscharakter ganz unterschiedliche Erscheinungsformen auf,[34] weshalb ihre Charakterisierung als Optimierungsgebote im Sinne von *Alexy* etwas verkürzt erscheint.

So kann etwa im Planungsrecht ein *„Rahmen“* durch bestimmte Ziele vorgegeben werden, wobei die Behörde nach ihrem Ermessen dem einen oder dem anderen Ziel den Vorrang geben kann. Manche Rechtsvorschriften legen dagegen fest, welchen Kriterien bei der Abwägung das *größere Gewicht* beizumessen ist. So kann etwa ein Eingriff in die geschützte Natur nur dann für genehmigungsfähig erklärt werden, wenn das öffentliche Interesse an dem Eingriff das Interesse an der Erhaltung der unversehrten Natur überwiegt. Andere Rechtsvorschriften können wiederum tatsächlich Optimierungsgebote enthalten, indem die größtmögliche Erfüllung bestimmter Vorgaben verlangt wird. In diesem Sinne kann etwa das Bestbieterprinzip im Recht der öffentlichen Auftragsvergabe verstanden werden, wonach unter Bedachtnahme auf Aspekte wie Preis, Qualität und Umwelteigenschaften dem technisch und wirtschaftlich günstigsten Angebot der Zuschlag zu erteilen ist. Optimierungsgebote können sich auch aus Grundrechtskollisionen ergeben, wenn die miteinander kollidierenden Grundrechte das gleiche Gewicht aufweisen. Freilich kann die Grundrechtsinterpretation auch ergeben, dass einem Grundrecht (zB dem auf Persönlichkeitsschutz) wegen seines ihm vom Grundrechtsgesetzgeber beigemessenen Gewichts Vorrang vor einem anderen Grundrecht (zB Meinungsfreiheit) einzuräumen ist.

Allerdings ist auch darauf hinzuweisen, dass insbesondere im Case-Law-System der USA unter Prinzipien („principles“) auch Rechtsgrundsät-

32 Zutreffend unterscheidet daher *Barak*, Purposive Interpretation, 198, zwischen „texts that ground rules and texts that ground principles“.

33 Eingehend etwa *Holoubek*, in FS Rill, 123 f.

34 Dazu näher *Potacs*, in Khakzadegh Leiler/Schmid/Weber, 24 ff.

ze verstanden werden, nach denen die Richter im Rahmen ihrer Befugnis zur Rechtsschöpfung Entscheidungen treffen.[35] Aber auch dieses Verständnis von Prinzipien spricht nicht überzeugend gegen eine rechtspositivistische Position. Denn zum einen kann es sich bei solchen Prinzipien um dem positiven Recht immanente Grundsätze handeln, die auf induktivem Wege aus verschiedenen einzelnen Normen („rules“) erschließbar sind.[36] Solche Prinzipien sind impliziter Teil des positiven Rechts und somit kein Argument gegen ein positivistisches Rechtsverständnis. Bei den Prinzipien des Case Law (das auch als „Common Law“ bezeichnet wird) kann es sich aber auch um allgemein anerkannte Wertungen (vielfach wahrnehmbar durch ein „Rechtsgefühl“[37]) handeln, die von den Richtern zur Entscheidungsfindung herangezogen werden. Solche Grundsätze sind zwar zunächst nicht Teil des positiven Rechts, sondern ein richterlicher Orientierungsmaßstab. Da in Case Law-Systemen eine solche Orientierung an gesellschaftlichen Werten im Rahmen der richterlichen Rechtsgestaltungsbefugnis jedoch rechtlich zulässig und bis zu einem gewissen Grad sogar geboten ist, ergibt sich auch bei diesem Verständnis von Prinzipien kein Einwand gegen ein positivistisches Rechtsverständnis.

35 Siehe V.B.2.

36 Siehe *Fikentscher*, Methoden II, 74, 463.

37 *Zippelius*, Rechtsphilosophie^{6}, 105 f.

B. Stufenbau der Rechtsordnung

1. Allgemein

Die Lehre vom Stufenbau der Rechtsordnung wurde von *Adolf Julius Merkl* entwickelt[38] und von *Hans Kelsen* in das System der Reinen Rechtslehre integriert[39]. Es handelt sich dabei um eine Strukturanalyse des positiven Rechts, die Zusammenhänge der Rechtsordnung in einem theoretischen Modell erfassen will. Die Lehre vom Stufenbau setzt bei der Überlegung an, dass positive Rechtsordnungen sowohl die **Erzeugung** als auch die **Anwendbarkeit** und **Aufhebung** ihrer Rechtsnormen **selbst regelt**. Rechtsnormen einer positiven Rechtsordnung stehen sich damit nicht immer gleichrangig gegenüber. Vielmehr weisen sie ein Über- und Unterordnungsverhältnis auf, das den Charakter eines Stufenbaus besitzt. Dieser tritt in zweierlei Hinsicht in Erscheinung: Als Stufenbau nach dem Erzeugungszusammenhang oder nach der rechtlichen Bedingtheit auf der einen und als Stufenbau nach der derogatorischen Kraft auf der anderen Seite.

Der **Stufenbau nach dem Erzeugungszusammenhang** (oder Stufenbau nach der rechtlichen Bedingtheit) ergibt sich aus dem positivrechtlichen Geltungsbegriff.[40] Eine Norm ist demnach Teil einer Rechtsordnung, wenn sie innerhalb dieses Rechtssystems gilt. Die Bedingungen der Geltung einer Norm werden durch andere Normen dieser Rechtsordnung festgelegt. Insoweit kann man das vielfältige Rechtsmaterial in erzeugendes und erzeugtes Recht einteilen, wobei freilich das erzeugende Recht wiederum ein erzeugtes Recht einer Rechtsordnung darstellt. Der Rang einer Vorschrift gegenüber einer anderen bestimmt sich in diesem hierarchischen System nach dem Bedingtheitsverhältnis. Eine Bestimmung ist demnach gegenüber einer anderen höherrangig, wenn sie eine Bedingung für deren Erzeugung darstellt. Diese rechtlichen Bedingungen können allerdings graduell verschieden sein.[41] Ist eine Rechtsnorm „absolute“ Bedingung einer anderen, so kann die niederrangige Norm nur unter Einhaltung der höherrangigen Norm überhaupt entstehen. Stellt eine Regelung aber nur eine „relative“ Bedingung für eine andere dar, so kommt eine unter Verletzung der höherrangigen Regelung er-

38 Dazu insbesondere *Adolf Julius Merkl*, in FS Kelsen, 252.

39 *Kelsen*, Rechtslehre², 228 ff.

40 Dazu III.A.1.

41 *Walter*, Aufbau², 61 f.

lassene Norm zwar gültig zustande. Sie ist aber „mangelhaft" und daher im Rahmen des Rechtssystems (etwa durch Entscheidung eines Gerichts) vernichtbar. Der Stufenbau nach dem Erzeugungszusammenhang weist in positiven Rechtsordnungen insoweit ein „Fehlerkalkül" auf.[42] Idealtypisch sind positive Rechtsordnungen durch einen Stufenbau nach dem Erzeugungszusammenhang geprägt, der sich von individuellen Normen wie gerichtlichen Urteilen oder Verwaltungsakten über generelle Normen wie Gesetze bis hin zur Verfassung oder allenfalls zur „historisch ersten Verfassung"[43] (von der sich eine bestimmte Verfassungsordnung ableitet) erstreckt.

Eine nähere Betrachtung positiver Rechtsordnungen zeigt freilich ein vielschichtigeres Bild. So kann es Normensysteme geben, die (wie etwa die zehn Gebote) überhaupt ohne eine hierarchische Gliederung nach dem Erzeugungszusammenhang auskommen.[44] Auch können Gesetze im Rang unterhalb der Verfassung (wie etwa Gesetze über die Publikation von Rechtsvorschriften oder parlamentarische Geschäftsordnungen) die Erzeugung verfassungsrechtlicher Normen regeln.[45] Individuelle Akte (wie etwa die Beurkundung durch den Bundespräsidenten) können Bedingung der Geltung von generellen Normen wie Gesetzen sein. Erzeugungsregeln von individuellen Akten wiederum können sowohl in der Verfassung (zB durch Festlegung bestimmter rechtsstaatlicher Anforderungen) als auch in den Gesetzen unterhalb der Verfassung enthalten sein. In Anbetracht dieser Situation sind Zweifel daran aufgekommen, ob durch das Stufenbaumodell die Komplexität positiver Rechtsordnungen adäquat erfasst wird.[46] *Joseph Raz* schlägt daher anstelle des Stufenbaumodells nach dem Erzeugungszusammenhang eine Beschreibung der Zusammenhänge positiver Rechtsordnungen anhand einer Baumstruktur („*tree diagram*") vor.[47] Trotz dieser Zweifel besitzt das Stufenbaumodell für die Beschreibung der typischen Struktur von positiven Rechtsordnungen (die freilich durch eine Reihe von Ausnahmen geprägt ist) einen nicht zu unterschätzenden Erklärungswert.

In positiven Rechtsordnungen lässt sich aber auch eine Abstufung von Normen unter einem anderen Aspekt ausmachen. Ausgangspunkt dieser Betrachtung ist der Umstand, dass von positiven Rechtsordnungen nicht nur die Erzeugung, sondern auch die spezifische Kraft der in diesen geltenden Normen selbst geregelt wird. Insbesondere regelt das positive Recht auch selbst, inwieweit eine Norm die Wirkkraft einer anderen Norm einzuschränken, aufzuheben oder gar zu vernichten vermag. Ist eine andere Norm dazu

42 Siehe bereits unter III.A.2.b), sowie *Wiederin*, in Griller/Rill, 121 ff.
43 *Kelsen*, Rechtslehre^2, 203.
44 *Wiederin*, in Griller/Rill, 89 f.
45 *Walter*, Aufbau^2, 62.
46 Siehe etwa *Öhlinger*, Stufenbau, 15 ff; *András Jakab*, Probleme der Stufenbaulehre, ARSP 2005, 346 ff.
47 *Raz*, Legal System^2, 99, Fn 1.

in der Lage, so ist sie ihr gegenüber „höherrangig". Eine Rangordnung unter diesem Gesichtspunkt wird als **Stufenbau nach der derogatorischen Kraft** bezeichnet. Diese derogatorische Kraft kann freilich in den jeweiligen Rechtsordnungen unterschiedliche Ausprägungen haben. Sie kann etwa (wie in der US-amerikanischen Rechtsordnung) ihren Ausdruck darin finden, dass ein verfassungswidriges Gesetz von Gerichten nicht angewendet wird. Sie kann aber auch so in Erscheinung treten, dass verfassungswidrige Gesetze von einem mit „Verwerfungsmonopol" ausgestatteten Verfassungsgericht aufzuheben sind und bis dahin in Kraft bleiben. Allerdings gibt es (wie in Großbritannien) auch Rechtssysteme, die keine zur Beseitigung führende Kontrolle von Gesetzen am Maßstab der Verfassung kennen. In solchen Systemen übt die Verfassung dann eben keine derogatorische Kraft gegenüber den Gesetzen aus. Auch ist darauf hinzuweisen, dass die derogatorische Kraft in positiven Rechtsordnungen verschiedene Grade annehmen kann.[48] Diese können von der vollständigen Aufhebung über die zeitliche Zurückdrängung bis hin zur bloß beschränkten Beseitigung oder Abänderung reichen. Idealtypisch sind positive Rechtsordnungen auch nach dem Stufenbau nach der derogatorischen Kraft durch eine stufenförmige Hierarchie geprägt, die sich von den individuellen Rechtsakten über die Gesetze bis hin zur Verfassung erstreckt.

Auch in dieser Hinsicht weist das positive Recht vielfach jedoch ein differenzierteres Bild auf. So können in Rechtsordnungen mit prinzipiell abänderbaren Normen Rechtsakte (zB Gesetze) nach Maßgabe der *lex posterior*-Regel durch Rechtsakte gleicher Stufe aufgehoben werden. In anderen (vor allem rechtsstaatlich geprägten) Rechtsordnungen wiederum können individuelle Rechtsakte wie Verträge oder Urteile auch durch Rechtsakte einer prinzipiell höheren Stufe wie Gesetze nicht oder nur unter eingeschränkten Bedingungen beseitigt oder eingeschränkt werden.[49]

Außerdem ist darauf hinzuweisen, dass zwischen den beiden Formen des Stufenbaus in positiven Rechtsordnungen **kein Gleichklang** bestehen muss.[50] Vielmehr kann es sein, dass bestimmte Rechtsnormen nach dem einen Stufenbau übergeordnet sind, während sie nach dem anderen Stufenbau eine Gleichrangigkeit oder Unterordnung aufweisen.

48 *Walter*, Aufbau², 57 f.

49 Siehe *Öhlinger*, Stufenbau, 25.

50 *Walter*, Aufbau², 65.

Ein Beispiel dafür bietet das Verhältnis zwischen staatlichem Recht und EU-Recht.[51] Beide Rechtsbereiche können auf Grund einer „monistischen Verdichtung“ als Teile einer einheitlichen Rechtsordnung angesehen werden.[52] Das EU-Recht besitzt gegenüber staatlichem Recht einen Vorrang und damit eine Höherrangigkeit nach dem Stufenbau nach der derogatorischen Kraft. Allerdings handelt es sich dabei nur um einen Anwendungsvorrang, der die Geltung des staatlichen Rechts unberührt lässt und es lediglich „zurückdrängt“. Mit den Worten des EuGH führt ein Konflikt zwischen staatlichem Recht und EU-Recht nicht dazu, dass die staatliche Vorschrift „inexistent ist. In dieser Situation ist das nationale Gericht vielmehr verpflichtet, diese Vorschrift unangewendet zu lassen“[53]. Damit besteht kein Vorrang des EU-Rechts gegenüber staatlichem Recht nach dem Stufenbau nach dem Erzeugungszusammenhang.

Schließlich sind Rechtsordnungen nach der Stufenbaulehre auch dadurch geprägt, dass die Rechtserzeugung innerhalb ihres Systems auf jeder Stufe eine „heteronome“ und eine „autonome“ Komponente aufweist. Rechtsetzung ist im Stufenbaumodell bis zu einem gewissen Grad immer Rechtsanwendung und Rechtsschöpfung zugleich. So darf etwa die Gesetzgebung nur im Rahmen der Verfassung als der „heteronomen“ Determinanten „autonom“ den Inhalt der Gesetze festlegen. Aber auch Gesetze determinieren Gerichte und Verwaltungsbehörden vielfach nicht umfassend, weil sie der Vollziehung häufig einen gewissen Auslegungsspielraum eröffnen. Daher ist auch der Vollzug von Gesetzen durch eine „heteronome“ und eine „autonome Determinante“ charakterisiert[54], wodurch sich auch auf der untersten Stufe der Rechtskonkretisierung mit den Worten *Merkls* das **„doppelte Rechtsantlitz“**[55] von Rechtsvorschriften zeigt. Freilich besteht quantitativer Unterschied zwischen der „Anwendung“ der Verfassung durch den einfachen Gesetzgeber und der „Anwendung“ von Gesetzen durch Gerichte und Verwaltungsbehörden.[56] Denn Verfassungen räumen dem Gesetzgeber in der

51 Siehe näher *Michael Potacs*, Zum Rang des Gemeinschaftsrechts gegenüber staatlichem Recht, in Clemens Jabloner/Otto Lucius/Alfred Schramm (Hrsg), Theorie und Praxis des Wirtschaftsrechts. Festschrift für H. René Laurer (2009) 185 (189 f).

52 Dazu unter V.C.

53 EuGH verb Rs C-10/97 bis C-22/97 (*IN.CO.GE.90`Srl*), Slg 1998, I-6307, Rz 3.

54 *Merkl*, Allgemeines Verwaltungsrecht, 142. Die Wortwahl „autonome Determinante“ bei *Merkl* ist freilich missverständlich, weil damit gerade keine „Determinante“ gemeint ist; zutreffend kritisch *Bettina Stoitzner*, Die Lehre vom Stufenbau der Rechtsordnung, in Paulson/Walter (Hrsg), Untersuchungen zur Reinen Rechtslehre (1986) 51 (60).

55 *Adolf Julius Merkl*, Das doppelte Rechtsantlitz, JBl 1917, 425, 444, 463.

56 *Walter*, Aufbau[2], 45.

Regel einen größeren Spielraum ein als Gesetze den Gerichten und Verwaltungsbehörden.

2. Case Law

Die Theorie vom Stufenbau der Rechtsordnung wurde von *Merkl* und *Kelsen* am Beispiel kodifizierter Rechtsordnungen entwickelt, in dem Richter und Verwaltungsbehörden Gesetze vollziehen. Ihrem Anspruch nach ist die Stufenbaulehre jedoch eine Strukturtheorie des positiven Rechts schlechthin und sollte daher auch für Case Law-Systeme gelten, die für den anglo-amerikanischen Rechtsbereich charakteristisch sind. Die wesentlichen Merkmale von Case Law-Systemen (die im Gegensatz zur kontinentaleuropäischen Tradition des „civil law" auch als Systeme des **„common law"** bezeichnet werden[57]) bestehen zum einen in der Bindungswirkung gerichtlicher Urteile (*stare decisis*-Grundsatz) und zum anderen in der relativ weitgehenden Befugnis zur richterlichen Rechtsschöpfung (*praeter legem*-Rechtsfindung).

Auf Grund der **Bindungswirkung gerichtlicher Urteile** sind in Case Law-Systemen Gerichte in späteren Urteilen in gleichgelagerten oder ähnlichen Fällen („Präzedenzfällen") an vorangegangene gerichtliche Entscheidungen („Präjudizien") gebunden. Doch ist diese Bindungswirkung keineswegs uneingeschränkt und durchaus differenziert. So besteht nach englischem Recht eine Präjudizienwirkung nur insoweit, als ein Gericht seine eigenen Urteile und jene der übergeordneten Instanzen zu befolgen hat.[58] Höhere Instanzen fühlen sich allerdings auch im englischen Recht nur begrenzt an ihre eigenen Urteile rechtlich gebunden.[59] Das US-amerikanische Rechtssystem wiederum ist gegenüber dem englischen Recht überhaupt durch eine etwas weniger strenge Bindung an Präjudizien und eine lockerere Handhabung des Abweichens von vorangegangen gerichtlichen Urtei-

57 ZB *von Mehren/Murray*, Recht in den Vereinigten Staaten, 35.

58 ZB *Fikentscher*, Methoden II, 104; *Bankowski/MacCormick*, in MacCormick/Summers, 359; *Vogenauer*, Auslegung, 956; *Smith*, in Smits, 244.

59 Siehe die Erklärung des House of Lords aus dem Jahre 1966, abgedruckt bei *Fikentscher* IV, 84, sowie im Hinblick auf den Court of Appeal *Smith*, in Smits, 244 f. Das House of Lords hat seine gerichtliche Funktion mittlerweile allerdings verloren.

len („overruling“[60]) geprägt.[61] Überdies entfaltet ein Präjudiz auch nicht in vollem Umfang Bindungswirkung, sondern nur im Hinblick auf ihre *ratio decidendi*.[62] Darunter ist die der Entscheidung zugrunde liegende rechtliche Beurteilung zu verstehen, die in einem Case Law-System zweierlei Funktionen erfüllt: Zum einen kommt darin die Regel („rule“) zum Ausdruck, nach der ein bestimmter Sachverhalt in bestimmter Weise rechtlich zu beurteilen ist. Zum anderen enthält die *ratio decidendi* in Form der darin enthaltenen „rule“ außerdem eine positivrechtliche Norm, nach der im Case Law-System in gleichgelagerten Fällen künftig entschieden werden soll.[63]

Auch in Rechtsordnungen ohne Case Law-System orientieren sich Gerichte an den Urteilen übergeordneter Instanzen und insbesondere Höchstgerichte an ihrer vorangegangenen Rechtsprechung. Doch handelt es sich dabei vielfach um eine bloß *faktische* Vorgangsweise, der nicht unbedingt eine rechtliche Verpflichtung zugrunde liegt.[64] Präjudizien können demgegenüber in Case Law-Systemen eine rechtliche Bindung für Folgeurteile entfalten. In Case Law-Systemen können gerichtliche Urteile als Rechtsquellen damit eine über den entschiedenen Fall hinausgehende (*erga omnes*) Bindungswirkung besitzen, während in anderen Systemen Urteile nur für den konkret entschiedenen Fall und die daran beteiligten Parteien (*inter partes*) rechtlich verbindlich sind.[65]

Soweit für einen Fall keine normative Vorgabe auf Grund der *ratio decidendi* eines Präjudiz und auch keine gesetzliche Regelung besteht, dürfen in Case Law-Systemen Urteile im Wege **richterlicher Rechtsschöpfung** Urteile gefällt werden, die ihrerseits wieder normative Wirkung für Folgeentscheidungen entfalten können. Zwar treffen in Case Law-System Richter auch in Fällen ohne gesetzliche oder präjudizielle Vorgaben keineswegs rein willkürliche Entscheidungen. So werden in diesem „fallrechts- und gesetzes-

60 *Von Mehren/Murray*, Recht in den Vereinigten Staaten, 57 ff; *Schauer*, Lawyer, 59; *Greenawald*, Statutory and Common Law, 273.

61 ZB *Fikentscher*, Methoden II, 140, 259; *Michaels*, in Smits, 68 f; *von Mehren/Murray*, Recht in den Vereinigten Staaten, 47; *Greenawald*, Statutory and Common Law, 186. Siehe auch *Summers*, in MacCormick/Summers, 427.

62 ZB *Samuel*, in Smits, 151; *Schauer*, Lawyer, 50.

63 *Fikentscher*, Methoden II, 86, 256.

64 Auch in Rechtsordnungen ohne Case Law-System könnte man eine rechtliche Bindung von Gerichten zumindest an deren eigene vorangegangene Urteile allenfalls dann annehmen, wenn man ein Gebot zur Gleichbehandlung als Regel des allgemeinen Sprachgebrauchs (nach dem auch gerichtliche Urteile verfasst werden) ansieht; siehe zu einem solchen Ansatz *Frederick Schauer*, Precedent, Stanford Law Review 39 (1987), 571 (573f).

65 Siehe dazu bereits II.A.3.b).

rechtsfreien Lebensraum“[66] Urteile etwa im englischen Recht auf Gebräuche („customs“)[67] und im amerikanischen Recht auf Grundsätze („principles“)[68] gestützt. Auch soziale Standards („social propositions“) wie allgemeine Moralvorstellungen spielen in diesem Bereich für das Case Law eine wichtige Rolle für die Rechtsfindung.[69] Vor allem aber ist in Case Law-Systemen gerade auch die richterliche Wertung maßgeblich, was etwa von *Oliver Wendell Holmes* mit folgenden Worten umschrieben wird: „Bedürfnisse, die man in einem bestimmten Zeitraum fühlte, die zu dieser Zeit herrschenden Lehren über die Moral, den Staat und die Aufgaben der Politik, mochten sie nun offen ausgesprochen oder nur unklar empfunden sein, sogar die Vorurteile, die den Richtern mit ihren Parteien gemeinsam waren, haben einen weit bedeutenderen Einfluss ausgeübt, als die bloßen Schlussfolgerungen durch die man die Grundsätze der Rechtspflege an die Formen fester Regeln pflegte“[70].

Trotz dieser relativ weitgehenden Rechtsschöpfungsbefugnis der Richter hat in Common Law-Systemen auch das Gesetzesrecht eine maßgebliche Bedeutung. Denn in diesen Systemen schreitet die gesetzliche Regelung von Rechtsbereichen immer mehr voran[71], sodass die Mehrzahl der Fälle von Richtern bereits auf Grundlage von Gesetzen entschieden wird[72]. Allerdings sind die Gesetze häufig sehr detailliert und kasuistisch formuliert.[73] Aus dieser Regelungstechnik wird der Schluss gezogen, dass der semantische Sinngehalt („Wortsinn“) den Regelungsinhalt dieser Rechtsvorschriften abschließend umschreibt. Dies führt in Common Law-Systemen zu einer tendenziell restriktiven Interpretation von Rechtsvorschriften[74] und zu einer Zurückhaltung bei der analogen Anwendung gesetzli-

66 *Fikentscher*, Methoden II, 65.
67 *Fikentscher*, Methoden II, 63.
68 *Fikentscher*, Methoden II, 74, 257, 463; *von Mehren/Murray*, Recht in den Vereinigten Staaten, 52 f; *Greenawald*, Statutory Interpretation, 189 ff.
69 *Melvin Aron Eisenberg*, The Nature of the Common Law (1988) 14 ff; *Schauer*, Lawyer, 104.
70 *Oliver Wendell Holmes*, Das gemeine Recht Englands und Nordamerikas, Nachdruck der Auflage von 1912 (2006) 1.
71 Siehe *Fikentscher*, Methoden II, 263; *Melin*, Gesetzesauslegung, 15. Fraglich ist, ob der Kodifizierungsgrad jenem in kontinentaleuropäischen Rechtssystemen entspricht; bejahend *Lundmark*, Rechtswissenschaft, 108; verneinend *Michaels*, in Smits, 69.
72 *Bankowski/MacCormick/Summers/Wróblewski*, in MacCormick/Summer, 10; *Samuel*, in Smits, 152; *Melin*, Gesetzesauslegung, 15, 19; *von Mehren/Murray*, Rechts in den Vereinigten Staaten, 60; *Schauer*, Lawyer, 105.
73 *Smith*, in Smits, 243; *Melin*, Gesetzesauslegung, 314.
74 *Bankowski/MacCormick*, in MacCormick/Summers, 388; *Samuel*, in Smits, 153. Siehe auch VI.I.

cher Vorschriften auf nicht von deren Wortsinn erfasste Fälle[75]. Der von (solcherart interpretierten) Gesetzen (und auch von Präjudizien) nicht mehr erfasste Bereich wird dann eben als jene Sphäre verstanden, in der die Rechtsprechung durch richterliche Rechtsschöpfung zu erfolgen hat. Anders als etwa in kontinentaleuropäischen Rechtssystemen haben Gerichte in Case Law-Systemen somit nicht nur eine die Gesetze vollziehende Funktion, sondern darüber hinaus auch eine gesetzesergänzende Aufgabe.[76] Freilich gibt es auch in den kontinentaleuropäischen Systemen eine Rechtsfortbildung durch Gerichte, die nicht mehr auf den (semantischen oder pragmatischen[77]) Sinngehalt der Gesetze gestützt werden kann. Dabei handelt es sich in solchen Systemen jedoch um fehlerhafte Urteile, die nur auf Grund des „Fehlerkalküls" der Rechtsordnung in dieser verbindlich sind.[78] Demgegenüber ist es in Case Law-Systemen von vorneherein die Funktion der Gerichte, in von (restriktiv interpretierten) Gesetzen nicht erfassten Fällen eine rechtlich verbindliche Entscheidung nach Maßgabe richterlicher Rechtsfortbildung zu treffen. Im Ergebnis ist der Unterschied zwischen Case Law-Systemen und kontinentaleuropäischen Rechtssystemen allerdings durchaus relativ.

Die Vorstellung, dass die Tätigkeit eines Richters sowohl rechtserzeugend als auch rechtsvollziehend ist, liegt gerade auch der Lehre vom Stufenbau der Rechtsordnung zugrunde. Das **Stufenbaumodell eignet sich** daher prinzipiell schon deshalb durchaus auch zur Beschreibung von Case Law-Systemen.[79] Hinzu kommt, dass auch in Case Law-Systemen ein durchgängiger Stufenbau nach dem Erzeugungszusammenhang von der Verfassung, über einfache Gesetze bis hin zu richterlichen Entscheidungen auszumachen ist. Denn auch in Case Law-Systemen ist die richterliche Tätigkeit wegen der Vormachtstellung des Parlaments der Gesetzgebung grundsätzlich untergeordnet. Gerichtliche Entscheidungen haben für ihr rechtmäßiges Zustandekommen daher im Einklang mit den Gesetzen zu stehen. Freilich weisen Case Law-Systeme die Besonderheit im Stufenbau nach dem Erzeugungszusammenhang auf, dass auch Präjudizien eine Bedingung für die Rechtmäßigkeit eines nachfolgenden Urteils sein können. Case Law-Systeme lassen aber auch einen Stufenbau nach der derogatorischen Kraft erkennen, der allerdings unterschiedlich ausgeprägt sein kann. So vermögen Gesetze auch in Case Law-Systemen die Rechtsprechung (und ihre Präjudizienwirkung) außer Kraft zu setzen.[80] Die derogatorische Kraft der Verfassung gegen-

75 *Fikentscher*, Methoden II, 116, *Melin*, Gesetzesauslegung, 51.
76 *Thomas Lundmark*, Juristische Technik und Methodik des Common Law (1998) 113.
77 Siehe VI.A.2.
78 Siehe dazu III.A.b).
79 Ebenso *Fikentscher*, Methoden II, 336.
80 ZB *Fikentscher*, Methoden II, 112.

über Gesetzen hängt jedoch auch in Case Law-Systemen von der jeweiligen Rechtsordnung ab.

So kann im US-Rechtssystem grundsätzlich jeder Richter an jedem Gericht im Streitfall Gesetze für verfassungswidrig erkennen und für unanwendbar erklären. Demgegenüber gibt es in Großbritannien wegen dem Grundsatz der „Parlamentssouveränität" keine verfassungsrechtliche Überprüfung von Gesetzen durch Gerichte.[81] Allerdings hängt die derogatorische Kraft der Verfassung gegenüber Gesetzen generell von der verfassungsrechtlichen Überprüfungsmöglichkeit ab, die auch außerhalb von Case Law-Systemen nicht unbedingt gewährleistet ist.[82]

81 *Smith*, in Smits, 243.

82 Siehe etwa *Martin Schulz*, Verfassungsgerichtsbarkeit im globalen Kontext, GIGA Focus Global 5/2010, 4.

C. Staatliches Recht und Völkerrecht

Fraglich ist allerdings, ob sich das Stufenbaumodell auch für die Beschreibung des Verhältnisses von staatlichem Recht und Völkerrecht eignet. Die Antwort auf diese Frage hängt entscheidend von der Vorstellung des prinzipiellen Verhältnisses zwischen staatlichem Recht und Völkerrecht ab. Dabei stehen einander zwei Grundpositionen gegenüber: Der Monismus auf der einen und der Dualismus auf der anderen Seite. Nach Ansicht des **Monismus** sind Völkerrecht und staatliches Recht jeweils Teile einer einheitlichen Rechtsordnung, die im Rahmen dieser Gesamtrechtsordnung freilich gewisse Besonderheiten (zB in Bezug auf die jeweiligen Sanktionsmechanismen) aufweisen können.[83] Das monistische Verständnis kann von einem *Primat des staatlichen Rechts* ausgehen, wenn der Geltungsgrund des Völkerrechts in der Anerkennung durch die staatlichen Rechtsordnungen gesehen wird. Dem Monismus kann aber auch die Vorstellung eines *Primates des Völkerrechts* zugrunde liegen, wonach das Völkerrecht unabhängig von staatlicher Anerkennung gilt. Entscheidend ist allerdings, dass nach beiden Positionen Völkerrecht und staatliches Recht Teile einer gemeinsamen Rechtsordnung sind und das Völkerrecht den Rahmen für staatliche Rechtsetzung bildet. Bei dieser monistischen Sichtweise ist Völkerrecht gegenüber staatlichem Recht nach dem Stufenbau nach dem Erzeugungszusammenhang stets höherrangig, weil es eine Voraussetzung für die Rechtmäßigkeit staatlicher Rechtsetzung ist.[84] Dieser monistischen Position steht der **Dualismus** gegenüber, demzufolge staatliches Recht und Völkerrecht zwei verschiedene Rechtsordnungen sind, die allerdings in unterschiedlicher Weise miteinander verknüpft werden können.[85] Gerade weil Völkerrecht und staatliches Recht zwei voneinander verschiedene Rechtsordnungen sind, erscheint das Stufenbaumodell aus dualistischer Perspektive für die Beschreibung des Verhältnisses dieser beiden Rechtsordnungen zueinander von vorneherein als nicht geeignet.

83 Dazu etwa *Amrhein-Hofmann*, Monismus, 14; *Peter Fischer/Heribert Franz Köck*, Völkerrecht[6] (2004) 43, Rz 46; *Griller*, in Walter/Jabloner/Zeleny, 93; *Kunig*, in Vitzthum[4], 99, Rz 30.

84 Vgl *Kelsen*, Rechtslehre[2], 331.

85 Dazu etwa *Verdross*, Völkerrecht[5], 111; *Alfred Verdross/Bruno Simma*, Universelles Völkerrecht[3] (1984) 53; *Amrhein-Hofmann*, Monismus, 14; *Griller*, in Walter/Jabloner/Zeleny, 86; *Kunig*, in Vitzthum[4], 99, Rz 31. Grundlegend zum Dualismus *Heinrich Triepel*, Völkerrecht und Landesrecht (1899) 86.

Bei Monismus und Dualismus handelt es sich somit um ein jeweils unterschiedliches **Deutungsschema**[86] zur Beschreibung des positivrechtlichen Zusammenwirkens zwischen staatlichem Recht und Völkerrecht. Beide Erklärungsmodelle drehen sich um den Begriff der Rechtsordnung, weil nach dem Monismus Völkerrecht und staatliches Recht Teil einer einheitlichen und nach dem Dualismus zwei verschiedene Rechtsordnungen sind. Die Entscheidung zwischen Monismus und Dualismus hängt daher eng mit der Vorfrage zusammen, was man überhaupt unter einer (einheitlichen) Rechtsordnung versteht. Dazu ist zunächst daran zu erinnern, dass nach der hier vertretenen Auffassung unter positivem Recht von Menschen gesetzte und im allgemeinen Sprachgebrauch als „Rechtsordnungen" anerkannte Anordnungssysteme verstanden werden.[87] Die Qualifikation eines Anordnungssystems als „Rechtsordnung" wird demnach maßgeblich durch das allgemeine Verständnis dieser Begriffsverwendung mitbestimmt. Das gilt aber auch für die Frage, ob bestimmte Normenkomplexe als Teil einer einheitlichen Rechtsordnung oder als grundsätzlich unterschiedliche Rechtsordnungen anzusehen sind. Auch insoweit spielen herkömmliche Anschauungen vom Charakter einer Rechtsordnung eine entscheidende Rolle. Die Diskussion über die Adäquanz einer monistischen oder dualistischen Beschreibung des Verhältnisses von staatlichem Recht und Völkerrecht findet daher im Folgenden vor dem Hintergrund des hier vertretenen Rechtsverständnisses statt.

Ganz allgemein lässt sich sagen, dass die jeweilige Betrachtungsweise des Verhältnisses von staatlichem Recht und Völkerrecht vom jeweils vertretenen **Rechtsverständnis** geprägt ist. So hält *Hans Kelsen* die dualistische Sichtweise für „rein logisch unhaltbar, wenn sowohl die Normen des Völkerrechts als auch die der einzelstaatlichen Rechtsordnungen als gleichzeitig gültige Normen, und zwar gleicherweise als Rechtsnormen angesehen werden sollen"[88]. Dieser Auffassung liegt ein Geltungsbegriff zugrunde, der die Rechtsordnung als „objektives Sollen" in dem Sinn begreift, dass deren Anordnungen von jedermann als gesollt angesehen werden.[89] Ein solches „objektives Sollen" einer Rechtsordnung wird von *Kelsen* letztlich durch die Annahme einer Grundnorm begründet, wonach die Anordnungen dieses Nor-

86 *Heinz Wagner*, Monismus und Dualismus: eine methodenkritische Betrachtung zum Theorienstreit, AÖR 89 (1964), 212 (213).

87 Siehe II.E.

88 *Kelsen*, Rechtslehre², 329.

89 *Kelsen*, Rechtslehre², 7.

mensystems auch befolgt werden sollen.[90] Versteht man sowohl Völkerrecht als auch staatliches Recht als in diesem Sinn objektiv „geltendes" Recht, dann müssen sie auch zwingend Teil einer einheitlichen Rechtsordnung sein. Denn eine Rechtsordnung ist nach Ansicht der Reinen Rechtslehre dadurch charakterisiert, dass ihre Vorschriften eine „objektive" Geltung im dargelegten Sinn aufweisen. Alle „objektiven" Normen in diesem Sinn bilden daher eine einheitliche Rechtsordnung. Der Monismus der Reinen Rechtslehre *Kelsens* folgt somit „logisch" aus seinem Rechtsverständnis, demzufolge jede im dargelegten Sinn „objektiv" geltende Anordnung Teil einer (letztlich durch die Annahme einer Grundnorm begründeten) objektiven Rechtsordnung ist. Das Problem dieses Ansatzes besteht freilich darin, dass für die Annahme eines solchen Verständnisses einer „objektiven" Geltung von Rechtsnormen kein überzeugender Grund besteht.[91] Es findet sich keinerlei Notwendigkeit als „geltende" Rechtsnormen nur solche Normen zu verstehen, die unter der Annahme einer Befolgungsanordnung (Grundnorm) stehen.

Geltung bedeutet nach hier vertretener Ansicht daher auch nur die Zugehörigkeit einer Norm zu einem bestimmten Normensystem.[92] Handelt es sich bei einem solchen System um ein „Rechtssystem" (also um ein Normensystem, das im Sprachgebrauch als „Rechtsordnung" begrifflich anerkannt ist[93]), dann sind die in ihm geltenden Normen „Rechtsnormen" im Sinne dieses Rechtssystems. Der Geltungsbegriff vermag daher nach hier vertretener Auffassung keinen entscheidenden Beitrag zur Monismus/Dualismus-Debatte zu leisten. Denn er setzt eine Klärung des Verhältnisses von staatlichem Recht und Völkerrechts bereits voraus: Nach monistischer Auffassung stehen die Normen des Völkerrechts und des staatlichen Rechts als Teil einer Rechtsordnung in Geltung. Nach dualistischem Verständnis gelten die Normen des Völkerrechts auf der einen und jene des staatlichen Rechts auf der anderen Seite in jeweils unterschiedlichen Rechtsordnungen. Entscheidend ist daher, ob im Verhältnis von Völkerrecht und staatlichem Recht die **typischen Merkmale** einer einheitlichen Rechtsordnung oder von jeweils eigenen Rechtsordnungen auszumachen sind.

Nach *Kelsen* ist die Grundnorm (aus Zweckmäßigkeitsgründen) bei im Großen und Ganzen effektiven Rechtsordnungen anzusetzen, deren Anordnungen dann als geltendes

90 Dazu näher IV.D.

91 Ebenda.

92 Siehe III.A.1.

93 Siehe II.E.

(„objektiv gesolltes") Recht zu verstehen sind.[94] Als „geltendes Recht" sind demnach Rechtsordnungen zu verstehen, die im Großen und Ganzen wirksam sind. Zum selben Ergebnis gelangt man, wenn man ohne den Umweg über die Grundnorm die **Effektivität** als maßgebliches Kriterium für die Geltung einer Rechtsordnung annimmt. Versteht man das Völkerrecht als ein im Großen und Ganzen effektives Ordnungssystem, dann könnten nach einem auf die Effektivität abstellenden Geltungsbegriff die völkerrechtlichen Normen als Teil eines auch das staatliche Recht umfassenden geltenden Rechtssystems verstanden werden.[95] Die Effektivität ist im Völkerrecht überdies als Tatbestandsmerkmal für die staatliche Anerkennung vorgesehen, worin man nach dieser Auffassung einen Ansatz für einen Delegationszusammenhang („Stufenbau nach der rechtlichen Bedingtheit") zwischen staatlichem Recht und Völkerrecht sehen kann. Nach dem hier vertretenen Rechtsverständnis ist aus der Effektivität für die adäquate Beschreibung des Verhältnisses von staatlichem Recht und Völkerrecht aber schon deshalb nichts zu gewinnen, weil die Effektivität nicht als maßgebliches Kriterium für den Rechtsbegriff angesehen wird.[96] Staatliches Recht und Völkerrecht können nach diesem Verständnis daher problemlos als jeweils eigene Rechtsordnungen aufgefasst werden. Aber auch wenn nach Völkerrecht die Effektivität die Voraussetzung der Geltung einer staatlichen Ordnung ist, können sich dennoch die Bedingungen der Geltung von staatlichem Recht nach dessen eignen Regeln bestimmen.[97]

Eine typologische Betrachtung des Verhältnisses von staatlichem Recht und Völkerrecht spricht aber grundsätzlich gegen eine monistische und für eine dualistische Sichtweise. Ein wesentliches Merkmal einer einheitlichen Rechtsordnung ist zweifellos ein gemeinsamer Geltungsgrund. Als Geltungsgrund sind dabei jene Vorschriften einer Rechtsordnung anzusehen, in denen die Bedingungen für das gültige Zustandekommen und damit die Existenz von Normen innerhalb der Rechtsordnung geregelt sind. Die dualistische Betrachtung kann für sich in Anspruch nehmen, dass Völkerrecht und staatliches Recht auf jeweils unterschiedlichen Rechtsquellen und damit letztlich auch auf einem jeweils **unterschiedlichen Geltungsgrund** beruhen. Für das Völkerrecht sind die Rechtsquellen in Art 38 Abs 1 des IGH-Statuts sowie in diversen Satzungen internationaler Organisationen festgelegt.[98] Die staatlichen Rechtssysteme beinhalten demgegenüber eigene Regelungen über die Erzeugung und Geltung von Rechtsnormen innerhalb der Verfassungsordnung. Der oberste Geltungsgrund sämtlicher Normen einer staatlichen Ordnung liegt daher auch in deren Verfassung. Im Sinne der Stufenbaulehre

94 Siehe IV.D.
95 So allem Anschein nach *Rill*, in GS Walter, 687 ff.
96 Siehe näher II.E.
97 In diesem Sinne *Hart*, in Kiefer/Munitz, 181.
98 Siehe III.A.3.a).

kann man daher sagen: Völkerrecht und staatliches Recht unterscheiden sich voneinander nach dem „Stufenbau nach dem Erzeugungszusammenhang" („Stufenbau nach der rechtlichen Bedingtheit"), in dem sie Bedingungen der Entstehung und Geltung von Rechtsnormen prinzipiell unabhängig voneinander regeln. Sie legen grundsätzlich auch jeweils für sich genommen die Bedingungen fest, unter denen die Normen des einen Systems im jeweils anderen gelten. Insbesondere hängt es von den Regelungen einer staatlichen Verfassungsordnung ab, inwieweit sich diese gegenüber dem Völkerrecht **„geöffnet"** und das Völkerrecht ins staatliche Recht **„inkorporiert"** hat.

Eine solche Inkorporation kann entweder durch **Transformation** (Umwandlung einer völkerrechtlichen Norm in staatliches Recht) oder durch **Adoption** (Völkerrecht wird „als solches" in die staatliche Ordnung übernommen) erfolgen. Dazu wird die Ansicht vertreten, dass es im Falle einer Inkorporation von Völkerrecht ins staatliche Recht zu einer „Verschmelzung beider Rechtsordnungen"[99] komme. Diese erhielten durch den Inkorporationsakt einen gemeinsamen Geltungsgrund und würden eine gemeinsame Rechtsordnung bilden. Dagegen ist jedoch einzuwenden, dass auch im Falle einer Inkorporation beide Systeme die Entstehung und Geltung von Normen grundsätzlich unabhängig voneinander regeln. Die staatlichen Ordnungen legen allerdings durch „Öffnungsklauseln"[100] fest, inwieweit die im Rahmen des Völkerrechts erzeugten Normen durch einen Inkorporationsakt ins staatliche Recht übernommen werden.[101]

Der Auffassung vom jeweils unterschiedlichen Geltungsgrund von staatlichem Recht und Völkerrecht wird entgegengehalten, dass der Monismus (mit Primat des Völkerrechts) von einer die Staatengewohnheit als rechtserzeugenden Tatbestand einsetzenden Norm als gemeinsamen Geltungsgrund ausgehe.[102] Demnach ist die Staatengewohnheit als gemeinsamer Geltungsgrund von staatlichen und völkerrechtlichen Rechtsquellen anzusehen. Dazu ist festzustellen, dass die Staatengewohnheit zwar eine Rechtsquelle des Völkerrechts, aber typischerweise keine Rechtsquelle des staatlichen Rechts ist. Die Verfassungen als Geltungsgrund staatlicher Ordnungen erheben ihren Geltungsanspruch grundsätzlich unabhängig von der Staatengewohnheit, sie können sich dieser freilich durch entsprechende Verfassungsbestimmungen „öffnen" (indem sie deren Regelungen ins innerstaatliche Recht übernehmen[103]) und damit der Staatengewohnheit innerstaatliche Geltung verleihen.

---

99 *Matthias Jestaedt*, Der Europäische Verfassungsverbund, in Christian Calliess (Hrsg), Verfassungswandel im europäischen Staaten- und Verfassungsverbund (2006) 93 (115).

100 Siehe zB Art 23 GG, siehe dazu *Erich Vranes*, German Constitutional Foundations of, and Limitations to, EU Integration: A Systematic Analysis, German Law Journal 14 (2013), 77 ff.

101 Näher *Potacs*, ZÖR 2010, 124 ff.

102 *Rill*, in GS Walter, 696.

103 Siehe etwa Art 9 Abs 1 B-VG.

Nur im Falle einer Inkorporation von Völkerrecht ins staatliche Recht haben staatliche Organe völkerrechtliche Normen anzuwenden. Ansonsten wird von völkerrechtlichen Organen (zB Schiedsgerichte, Gerichte internationaler Organisationen) Völkerrecht und von staatlichen Organen (zB staatlichen Gerichten) prinzipiell unabhängig von der Völkerrechtskonformität staatliches Recht angewendet.[104] Diese **strikte Kompetenzaufteilung** zwischen völkerrechtlichen und staatlichen Organen spricht ebenfalls dafür, dass die Normen von Völkerrecht und staatlichem Recht nicht den typischen Charakter einer einheitlichen Rechtsordnung aufweisen. Auch spricht gegen eine monistische Betrachtungsweise, dass staatliches Recht und Völkerrecht über **keinen gemeinsamen Konfliktlösungsmechanismus** verfügen. Von monistischer Seite wird dazu festgestellt, dass insoweit das Verhältnis zwischen staatlichem Recht und Völkerrecht jenem zwischen Verfassungsrecht und Gesetzen in staatlichen Ordnungen ohne Verfassungsgerichtsbarkeit entspreche.[105] Auch völkerrechtswidriges staatliches Recht sei so wie in staatlichen Ordnungen ohne Verfassungsgerichtsbarkeit ein verfassungswidriges Gesetz bis zu seiner allfälligen innerstaatlichen Aufhebung von den staatlichen Organen anzuwenden. Dieser Vergleich ist jedoch sehr fragwürdig. Denn der Anwendungsvorrang von einfachen Gesetzen vor Verfassungsrecht ist in staatlichen Ordnungen typischerweise in der staatlichen Verfassung geregelt. Im Verhältnis von Völkerrecht und staatlichem Recht beruht der Anwendungsvorrang des staatlichen Rechts dagegen im Wesentlichen auf dem Umstand, dass sich das staatliche Recht gegenüber dem Völkerrecht nicht durchzusetzen vermag. Auch dieser Umstand passt nicht in das typische Erscheinungsbild einer einheitlichen Rechtsordnung.

So hat der IGH auf Grund von Völkergewohnheitsrecht eine Staatenimmunität gegenüber der Zivilgerichtsbarkeit anderer Staaten in Bezug auf in Ausübung von Hoheitsgewalt (*acte iure imperii*) verursachte Schäden anerkannt.[106] Der italienische Verfassungsgerichtshof erklärte diese völkerrechtliche Immunitätsregel insoweit für verfassungswidrig und damit innerstaatlich für unanwendbar, als sie auch Schadenersatzklagen wegen schwerwiegender Menschenrechtsverletzungen ausschließt. Denn in diesem Umfang würde die völkerrechtliche Immunitätsregel mit „Kernprinzipien" der italienischen Verfassung kollidieren, weshalb „sie keinen Einlass in die italienische Rechtsordnung gefunden hat und dort keinerlei Wirkung entfaltet"[107].

104 Siehe dazu *Verdross*, Völkerrecht^5, 114.

105 *Kelsen*, Rechtslehre^2, 331.

106 IGH 3.2.2012, *Jurisdictional Immunities of the state* (*Germany v. Italy: Greece intervening*), *Judgement*, *I.C.J. Reports 2012*, p. 99.

107 Italienischer Verfassungsgerichtshof, 22.10.2014, Urteil Nr. 238.

Aus all diesen Gründen erscheint es als angemessen, von einer **„dualistischen Grundkonzeption“**[108] des Verhältnisses von staatlichem Recht und Völkerrecht auszugehen. Allerdings können sich staatliche Ordnungen bestimmten völkerrechtlichen Normenkomplexen durch entsprechende „Inkorporationsklauseln“ sehr weitgehend „öffnen“ und sich mit diesen eingehend verbinden. In solchen Fällen kann es dann zu einer **„monistischen Verdichtung“**[109] des ursprünglich dualistischen Ausgangsverhältnisses zwischen staatlichem Recht und Völkerrecht kommen. Bei dieser Sichtweise stellen weder Monismus noch Dualismus ein *a priori* zutreffendes Deutungsschema des Verhältnisses von staatlichem Recht und Völkerrecht dar. Die Einschätzung hängt vielmehr vom Ausmaß des Zusammenwirkens zwischen staatlichem Recht und Völkerrecht im Einzelfall ab.

Als „monistisch verdichtet“ kann etwa das Verhältnis zwischen EU-Recht und staatlichem Recht angesehen werden.[110] So hat auf der einen Seite das EU-Recht eine Regelungsdichte angenommen, die es von anderen internationalen Rechtssystemen unterscheidet. Auch erhebt das Unionsrecht einen Anspruch auf unmittelbare Anwendbarkeit und Anwendungsvorrang seiner Normen gegenüber staatlichem Recht, der es ebenfalls von anderen internationalen Normen abgrenzt. Mit gutem Grund wird das EU-Recht vom EuGH auch nicht als Völkerrecht im traditionellen Sinn, sondern als „eigene“[111] (internationale) Rechtsordnung betrachtet. Diesem Anspruch des EU-Rechtes haben sich die Verfassungsordnungen der EU-Mitgliedstaaten weitgehend „geöffnet“ und das EU-Recht in die staatlichen Rechtsordnungen integriert. Dadurch ist es zu einer derart engen Verflechtung zwischen EU-Recht und staatlichem Recht in den EU-Mitgliedstaaten gekommen, die eine Charakterisierung dieses Verhältnisses als monistisch mit Primat des EU-Rechts als angemessen erscheinen lässt.[112]

108 *Potacs*, ZÖR 2010, 129.
109 *Potacs*, ZÖR 2010, 130.
110 Dazu *Potacs*, ZÖR 2010, 137 f.
111 EuGH Rs 6/44 (*Costa/Enel*), Slg 1964, 1141, Rz 8.
112 So auch *Griller*, in Walter/Jabloner/Zeleny, 109.

D. Recht und Logik

1. Positionen

Eine wesentliche Frage der Strukturanalyse des Rechts ist die Anwendbarkeit der Regeln der formalen Logik auf die Beziehungen der einzelnen Normen einer positiven Rechtsordnung zueinander. Unter dem Begriff der „Logik“ wird dabei die Lehre von zwingenden Schlussfolgerungen verstanden. Als Merkmal einer logischen Beziehung wird angesehen, dass auf der Grundlage gewisser Voraussetzungen ein bestimmtes Ergebnis mit Notwendigkeit folgt.[113] Die Regeln der Logik sind als solche nicht beweisbar, sondern gelten kraft ihrer Evidenz.[114] Ihre Anwendbarkeit auf Aussagen über Tatsachen („*Aussagelogik*“) ist jedoch unbestritten. Dagegen wird diskutiert, ob die Regeln der Logik auch auf Normenbeziehungen („*Normenlogik*“) anwendbar sind. Im Zentrum des Interesses steht dabei der „Satz vom ausgeschlossenen Dritten“ (es kann nur eine Aussage oder ihr Gegenteil gelten, *tertium non datur*: Gott existiert oder er existiert nicht) und der „Syllogismus“ (aus einem allgemeinen Satz wird ein individueller Satz abgeleitet: Alle Menschen sind sterblich. Sokrates ist ein Mensch, also ist er sterblich). Letztlich geht es bei dieser Diskussion um die Frage, ob und inwieweit in positiven Rechtsordnungen **Widersprüche zwischen Rechtsnormen** angenommen und als solche beschrieben werden können.

Ausgangspunkt der Problematik einer Normenlogik ist die (ebenfalls auf Evidenz beruhende) Unterscheidung zwischen Sein und Sollen.[115] Davon ausgehend wird vielfach argumentiert: Logische Beziehungen werden durch ihren **Wahrheitswert** definiert, den es aber nur für Aussagen über Tatsachen (ein „Sein“) gäbe. Der Inhalt von Normsätzen (ein „Sollen“) sei aber nicht wahrheitsfähig, was gegen die Anwendung der Regeln der Logik auf Normbeziehungen spreche.[116]

113 *Herberger/Simon*, Wissenschaftstheorie, 18.

114 *Weinberger*, Rechtslogik², 220; *Röhl*, Rechtslehre³, 123.

115 Siehe zu dieser Unterscheidung IV.D.

116 Eine Normenlogik in diesem Sinne ablehnend etwa *Jörgen Jörgensen*, Imperatives and Logic, in Erkenntnis 7 (1937/1938), 288 ff; *Eugenio Bulygin*, Norms and Logic, Law and Philosophy 4 (1985), 145 ff; *Kazimierz Opalek/Jan Wolenski*, Is, Ought, and Logic, ARSP 1987, 373 ff.

Zwar ist der Inhalt einer normativen Aussage (das „Sollen" oder die Norm) als solcher nicht wahrheitsfähig, wohl aber die Beschreibung dieses Inhaltes.[117] Solche Beschreibungen stellen ihrem Inhalt nach Aussagesätze dar („§ 2 des Gesetzes X hat den Inhalt Y"), mögen sie semantisch auch als normative Sätze („gemäß § 2 des Gesetzes X gilt Y") formuliert sein. Daraus wurde von *Hans Kelsen* zunächst der Schluss gezogen, dass die Regeln der Logik „indirekt"[118] auf Rechtsnormen anzuwenden sind. Diese Ansicht wurde von *Kelsen* dann aber wieder zurückgenommen.[119] Es ist aber einzuräumen, dass die eine Rechtsordnung beschreibenden Sätze den Anforderungen der Aussagelogik genügen müssen (die Sätze „§ 2 des Gesetzes X hat den Inhalt Y" und „§ 2 des Gesetzes X hat *nicht* den Inhalt Y" können nicht gleichzeitig wahr sein). Allerdings ist damit noch nichts darüber ausgesagt, ob und inwieweit in Rechtsordnungen einander logisch widersprechende Normen in Geltung stehen können. Sollte dies der Fall sein, dann wäre eben „eine konsistente und wahre Beschreibung des inkonsistenten Normensystems"[120] die Aufgabe der Rechtswissenschaft. Von entscheidender Bedeutung ist demnach, inwieweit die Regeln der Logik die Struktur von Normensystemen prägen und damit auf diese „direkt" anwendbar sind.

Die **Unanwendbarkeit der Logik** auf Rechtsbeziehungen in positiven Rechtsordnungen wird in exemplarischer Weise im Spätwerk von *Hans Kelsen* vertreten.[121] Auch er begründet diese Auffassung damit, dass normative Anordnungen nicht wahrheitsfähig sind. Dies betreffe zunächst einmal den Satz vom ausgeschlossenen Dritten, der nur auf Sätze anwendbar sei, „die wahr oder unwahr sind"[122]. Denn von zwei miteinander in Widerspruch stehenden Aussagen über Tatsachen (ein „Sein") könne nur eine wahr oder unwahr sein. Normen seien aber weder wahr noch unwahr, ihre spezifische Existenz bestehe vielmehr in ihrer Geltung.[123] Eine Betrachtung der Rechtswirklichkeit zeige, dass auch in ein und derselben Rechtsordnung miteinander in einem unauflöslichen Konflikt stehende Normen gelten können. Als Beispiel führt *Kelsen* das sogenannte „verfassungswidrige Gesetz" an und meint (ohne nähere Beispiele dafür anzuführen), dass in positiven Rechtsordnungen auch „Konflikte zwischen Normen derselben Stufe" und sogar „zwischen Normen ein und desselben Gesetzes" festzustellen seien. Für alle diese Phänomene sei wesentlich, dass *beide* in Konflikt stehenden Normen gelten, so dass, „wenn die eine befolgt wird, die andere verletzt werden

117 Dazu näher unter II.E.
118 *Kelsen*, Rechtslehre^2, 77.
119 *Kelsen*, Forum 1965, 498.
120 *Weinberger*, Unanwendbarkeit, 111 f.
121 Dazu umfassend *Kelsen*, Allgemeine Theorie, 166 ff.
122 *Kelsen*, Neues Forum 1967, 39.
123 Näher zur Auffassung *Kelsens* über die Geltung von Rechtsnormen unter II.C.

muss; und sie kann nur verletzt werden, wenn sie auch in Geltung steht"[124]. Zusammenfassend bedeutet dies für *Kelsen* hinsichtlich des Satzes vom ausgeschlossenen Dritten: „Dass von zwei zueinander in Widerspruch stehenden Aussagen beide wahr sind, ist unmöglich; dass von zwei miteinander in Konflikt stehenden Normen beide gelten, ist möglich"[125]. Aber auch der Syllogismus könne nur auf Aussagesätze über Tatsachen und nicht auf die Geltung von Normen angewendet werden. So führe der allgemeine Satz „Alle Diebe sollen ins Gefängnis gesetzt werden" noch nicht zwingend zur Geltung des individuellen Urteils, dass auch „Der Dieb Schulze" ins Gefängnis gesetzt werden soll. Dazu bedürfe es vielmehr der Erlassung einer weiteren Norm in Form eines Urteils, das zwar dem Gesetz entsprechen kann, aber nicht unbedingt muss.[126]

Allerdings wird von *Kelsen* nicht geleugnet, dass zwischen einem normativen Obersatz und daraus ableitbaren individuellen Normen eine logische Beziehung bestehen kann. Eine solche Beziehung ist für *Kelsen* „logisch in der gleichen Art wie die Subsumtion einer konkreten Vorstellung unter einen abstrakten Begriff". Das bedeute jedoch nicht, „dass die Geltung der individuellen Norm logisch aus der Geltung der generellen Norm folgt"[127]. Denn in einer Rechtsordnung können individuelle Normen (zB Fehlurteile) in Geltung stehen und damit „existieren", die einer geltenden generellen Norm und damit ebenfalls „existierenden" Norm widersprechen. Eine der Aussagelogik vergleichbare „Rechtslogik" kann es für *Kelsen* daher nicht geben, weil anders als bei Tatsachen die „Existenz" von miteinander in Widerspruch stehenden Normen in einer Rechtsordnung möglich ist.

Demgegenüber gehen Anhänger einer „Normenlogik" (die mitunter auch als „deontische Logik" [128] bezeichnet wird) von einer grundsätzlichen **Anwendbarkeit der Logik** auf Rechtsbeziehungen von Normen in positiven Rechtsordnungen aus. Ein wichtiger Vertreter und Verteidiger dieser Richtung ist *Ota Weinberger*, der die Position *Kelsens* als „Normenirrationalismus"[129] bezeichnet. Nach Auffassung von *Weinberger* lässt sich eine Normenlogik durch eine Erweiterung des Folgerungsbegriffes überzeugend begründen, der Folgerungsbeziehungen sowohl in Aussagesätzen (die ein „Sein" beschreiben) als auch in normativen Sätzen (die ein „Sollen" zum Ausdruck

124 *Kelsen*, Forum 1965, 423, Hervorhebung im Original.
125 *Kelsen*, Forum 1965, 424.
126 *Kelsen*, Forum 1965, 496.
127 *Kelsen*, Forum 1965, 499.
128 Siehe dazu grundlegend etwa *Georg Henrik von Wright*, Deontic Logic, Mind 60 (1951), 1.
129 *Weinberger*, Unanwendbarkeit, 108.

bringen) umfasst.[130] Ein solcher allgemeiner Folgerungsbegriff muss freilich dem Umstand Rechnung tragen, dass Normen keinen Wahrheitswert (der traditionell als Merkmal der Logik angesehen wird) aufweisen.[131] Dies kann nach *Weinberger* dadurch geleistet werden, dass als begriffliches Merkmal der logischen Folgerung an Stelle des „Widerspruches zwischen Aussagesätzen" die „Verträglichkeit" oder „Unverträglichkeit" von Sätzen gesetzt wird.[132] Aus dem sich daraus ergebenden Folgerungsbegriff sei dann sowohl eine Aussagelogik als auch eine Normenlogik ableitbar. Auf diese Weise sei eine Normenlogik begründbar, in der sowohl der Satz vom ausgeschlossenen Dritten als auch der Syllogismus seinen Platz habe. In Bezug auf konkrete Rechtsordnungen stellt die Normenlogik allerdings für *Weinberger* eine **bloße Anforderung** dar, der in der Rechtswirklichkeit nicht unbedingt entsprochen wird („normenlogisches Konsistenzpostulat"[133]). Daher wird von ihm auch nicht ausgeschlossen, „dass in Normensystemen tatsächlich Widersprüche auftreten"[134]. In solchen Fällen könne „ein logischer Mangel der Rechtsordnung" vorliegen, der „durch Interpretation oder gesetzgebende Maßnahmen ausgeschaltet"[135] werden müsse.

2. Beurteilung

a) Grundlage

Eine Beurteilung der dargelegten Positionen hat bei dem Umstand anzusetzen, dass nach hier vertretener Ansicht Rechtsnormen als Sinngehalte von zumeist sprachlichen Äußerungen zu verstehen sind. Als solche bringen sie einen Willensakt zum Ausdruck, der freilich als bloß „sprachlicher" Wille zu verstehen ist. Dabei wird von einem weiten Verständnis der sprachlichen Äußerung ausgegangen, das neben der Wortbedeutung und der Grammatik auch den Äußerungskontext und die sonstigen Konventionen sprachlicher Verständigung umfasst. Als Sinngehalt einer Rechtsvorschrift ist demnach anzu-

130 Zu anderen Ansätzen zur Begründung einer Normenlogik siehe etwa *Herberger/Simon*, Wissenschaftstheorie, 180 f; *Weinberger*, Rechtslogik^2, 221 ff.

131 *Weinberger*, Norm, 59.

132 *Weinberger*, Norm, 65.

133 *Weinberger*, Norm, 66.

134 Ebenda.

135 *Weinberger*, Rechtslogik^2, 258.

sehen, was dem Rechtsetzer nach den Regeln der sprachlichen Konvention als von ihm gewollt zugesonnen werden kann. Maßgebliches Kriterium für die Ermittlung des Sinngehaltes einer normativen Äußerung ist nach diesen sprachlichen Konventionen die **Zusinnbarkeit** eines bestimmten Norminhalts („Willen“) im jeweiligen Zusammenhang.[136] Davon ausgehend ist zur Beurteilung einer Normenlogik auf Normenbeziehungen in Rechtsordnungen zwischen der Anwendung des Satzes vom ausgeschlossenen Dritten auf Normenkonflikte einerseits und der Anwendung des Syllogismus andererseits zu unterscheiden.

b) Normenkonflikt

Ein Normenkonflikt liegt nach der zutreffenden Umschreibung von *Kelsen* in einer Situation vor, „in der zwei Normen gelten, von denen die eine ein bestimmtes Verhalten, die andere ein mit diesem Verhalten unvereinbares Verhalten vorschreibt“[137]. Ein Normenkonflikt besteht demnach dann, wenn innerhalb einer Normenordnung die Norm „A soll sein“ und die Norm „A soll nicht sein“ gleichzeitig gelten (also in der Rechtsordnung gleichzeitig „existieren“) würden. Es stellt sich die Frage, ob und inwieweit auf eine solche Konstellation der Satz vom ausgeschlossenen Dritten zur Anwendung kommt. Wird diese Frage unter dem Aspekt der Zusinnbarkeit beantwortet, dann ist zwischen der gleichzeitigen Geltung und der gleichzeitigen Anwendbarkeit von miteinander in Konflikt stehenden Normen zu unterscheiden.

Ein Blick auf das positive Recht zeigt, dass zwei Normen mit gegensätzlichem Inhalt in einer Rechtsordnung durchaus gleichzeitig in **Geltung** stehen können.[138] Ein Beispiel dafür ist das von *Kelsen* erwähnte verfassungswidrige Gesetz, das bis zu seiner allfälligen Aufhebung ebenso gilt wie die ihm widersprechende Verfassungsnorm. Ein anderes Beispiel wäre der Verkauf eines Bildes an zwei verschiedene Käufer, wobei nach den Regeln einer

136 Dazu II.E.

137 *Kelsen*, Forum 1965, 421. Ebenso *Kelsen*, Rechtslehre², 209. Siehe auch *Hart*, in Kiefer/Munitz, 183. Der Einfachheit halber bleiben die folgenden Ausführungen auf diese Art eines Normenkonflikts beschränkt. Normenkonflikte können aber auch noch differenziertere Formen annehmen; dazu näher *H. Hamner Hill*, A Functional Taxonomy of Normative Conflict, Law and Philosophy 6 (1987), 227 ff; *Wiederin*, Rechtstheorie 1990, 319.

138 Siehe auch *Hart*, in Kiefer/Munitz, 184, 188.

Rechtsordnung beide Kaufverträge gültig sind.[139] Von der möglichen Geltung eines Normenkonfliktes ist aber die Frage zu unterscheiden, ob in einem solchen Fall beide Normen gleichzeitig **Anwendung** finden können.[140] Das würde die Annahme voraussetzen, dass nach den Anordnungen einer Rechtsordnung ein bestimmtes Verhalten gleichzeitig gesetzt und nicht gesetzt werden soll. Eine solche Anordnungssituation könnte aber keinem erkennbaren vernünftigen Grund dienen und wäre daher etwas völlig Sinnloses. Es ist kaum vorzustellen, dass eine solche Anordnungskonstellation von einem Rechtsetzer gewollt sein kann. Ganz allgemein (also auch in der Alltagskommunikation) ist nicht anzunehmen, dass mit einer Äußerung etwas völlig Sinnloses zum Ausdruck gebracht werden soll. Das gilt daher selbstverständlich auch für die Deutung rechtlicher Äußerungen, zumal sich die Rechtsetzer zur Vermittlung ihrer Anordnungen der Konventionen allgemeiner sprachlicher Kommunikation bedienen. Schon aus Gründen sprachlicher Konvention kann daher nicht angenommen werden, dass bei einem Normenkonflikt beide Normen gleichzeitig anzuwenden sind.[141] Weil die Vermeidung sinnwidriger Ergebnisse bei Argumentationen im Allgemeinen ein besonderes Gewicht besitzt[142], kann man sie auch als Ausdruck eines konsequenten (dh folgerichtigen) Denkens verstehen. Daher erscheint es auch nicht als unangemessen, wenn man die gleichzeitige Anwendung von miteinander in Konflikt stehenden Normen als „logischen Widerspruch" oder als „denkunmöglich" ansieht. Denn ähnlich wie in der Aussagelogik eine Aussage nicht zugleich wahr und unwahr sein kann, ist einem Rechtsetzer die gleichzeitige Anwendung miteinander konfligierender Normen nicht zusinnbar.

Im Ergebnis bedeutet dies, dass einem Rechtsetzer keine Normenkonflikte ohne **Konfliktlösungsmechanismus** als von ihm gewollt unterstellt werden können.[143] Vielmehr ist davon auszugehen, dass positive Rechtsordnungen für Normenkonflikte einen entsprechenden Lösungsmechanismus auch immer (explizit oder implizit) vorsehen. Dieser hat vor allem sicherzustellen,

139 Zu diesem Beispiel *Wiederin*, Rechtstheorie 1990, 329; *Röhl*, Allgemeine Rechtslehre[3], 154.

140 Dazu auch *Ronald Dworkin*, Comments on the Unity of Law Doctrine, in Howard E. Kiefer/Milton K. Munitz (Hrsg), Ethics and Justice (1970), 200 (202).

141 Zur sprachlichen Dimension der Normenlogik im Allgemeinen siehe etwa *Weinberger*, Unanwendbarkeit, 116; *derselbe*, Norm, 65; *derselbe*, Rechtslogik[2], 31; *Röhl*, Rechtslehre[3], 123.

142 Zur unterschiedlichen Gewichtung einzelner Auslegungskriterien siehe VI.A.2.

143 *Potacs*, in GS Walter, 650.

dass nur eine von beiden miteinander in Widerspruch stehenden Normen zur Anwendung kommt. Damit ist freilich noch nicht gesagt, welcher Mechanismus jeweils vorgesehen ist. Mit Recht wird geltend gemacht, dass es keinen „logisch“ zwingenden Konfliktlösungsmechanismus gibt. Vielmehr ist der jeweilige Mechanismus durch Interpretation der positiven Rechtsvorschriften zu ermitteln.[144] Nicht anzunehmen ist lediglich, dass ein Rechtsetzer Normenkonflikte gänzlich ohne Lösung (und damit widersprüchliche Anordnungen als gleichzeitig anwendbar) bestehen lassen wollte.

Bei der hier vertretenen Auffassung handelt es sich um keinen „Rechtsidealismus“, der eine „Verbesserung“ von positiven Rechtsordnungen anstrebt. Vielmehr geht sie davon aus, dass in positiven Rechtsordnungen Normwidersprüche ohne Konfliktlösungsmechanismus weder nachweisbar noch ernsthaft vorstellbar sind, weil sie kaum einem Rechtsetzer als von ihm gewollt zugesonnen werden können. Die hier vertretene Auffassung ist daher auch keine „ideale“, sondern durchaus eine „empirische“.

Als Lösungsmechanismen kommen etwa die tradierten Prinzipien wie die *lex posterior*-Regel oder die *lex specialis*-Regel in Betracht, deren Anwendbarkeit im Wege der Auslegung herauszufinden ist. Die verschiedenen Rechtsordnungen kennen aber durchaus auch andere Formen der Konfliktbereinigung. So wird der Konflikt zwischen einer Verfassungsnorm und einem ihr widersprechenden Gesetz in manchen Ländern dadurch geregelt, dass von der Vollziehung ein solches Gesetz bis zu seiner Aufhebung (durch ein Gericht oder den Gesetzgeber) und nicht die Verfassung anzuwenden ist. Auch das ist freilich keine logisch zwingende Konsequenz, weil andere Lösungsmechanismen ebenfalls denkbar sind. So ist in einem solchen Fall nach manchen Rechtsordnungen (wie etwa jener der USA) von einem prüfenden Gericht die Verfassung und nicht das Gesetz anzuwenden. Denkbar wäre aber auch, dass nach einer Rechtsordnung wahlweise das Gesetz oder die Verfassung angewendet werden kann. Der Konfliktlösungsmechanismus bestünde dann in der Ausübung dieses Wahlrechts. Von einem Lösungsmechanismus ist aber auch im erwähnten Fall des Verkaufs eines Bildes an mehrere Käufer auszugehen. In manchen Rechtsordnungen wird dieser Konflikt dadurch gelöst, dass der Verkäufer wahlweise einem Käufer das Bild übertragen kann und dem anderen gegenüber dann einen allfälligen Schadenersatz leisten muss. Der Normenkonflikt wird auch in diesem Fall in Form eines Wahlrechts (hier des Verkäufers) gelöst. In anderen Rechtsordnungen erfolgt eine Konfliktlösung nach der lex priori-Regel, indem der Verkäufer das Bild

144 ZB *Barak*, Purposive Interpretation, 75.

dem Ersterwerber überlassen muss.[145] Keinesfalls kann aber aus den dargelegten Gründen angenommen werden, dass eine Rechtsordnung auch einen solchen Konflikt völlig unaufgelöst in Geltung stehen lässt.

In **Bundesstaaten** können sich Normenkonflikte zwischen einem Bundesgesetz und einem Landesgesetz ergeben. So kann ein Landesgesetz ein bestimmtes Verhalten gebieten (zB Abbruch eines alten Hauses), das von einem Bundesgesetz (zB aus Gründen des Denkmalschutzes) untersagt wird. In manchen Verfassungsordnungen ist dafür ein Lösungsmechanismus ausdrücklich vorgesehen. So gilt nach Art 31 des deutschen Grundgesetzes der Grundsatz „Bundesrecht bricht Landesrecht". Andere Bundesstaatsordnungen sehen für derartige Konflikte jedoch keine ausdrückliche Regelung vor. Aber auch in diesen Fällen muss ein Konfliktlösungsmechanismus angenommen werden. Zwar gibt es in Bundesstaaten mehrere Gesetzgeber und die dargelegten Normwidersprüche bestünden zwischen den Rechtsakten verschiedener Gesetzgebungsorgane der Bundesstaatsordnung. Damit verschiebt sich die Argumentation auf die Ebene der Verfassung. Denn bei einer Bundesstaatsordnung handelt es sich um eine einheitliche Verfassungsordnung und dem Verfassungsgesetzgeber können unaufgelöste Normenkonflikte zwischen Bundes- und Landesgesetzen nur schwer als von ihm gewollt unterstellt werden.[146]

c) Syllogismus

Auch in Bezug auf den Syllogismus ist zunächst darauf hinzuweisen, dass sich syllogistische Beziehungen aus dem sprachlichen Sinngehalt einer Anordnung ergeben. Wird in einer Rechtsvorschrift die Bestrafung aller Diebe angeordnet, so bedeutet dies nach den Regeln sprachlicher Konvention ganz ohne Zweifel eine Bestrafung jedes einzelnen Diebstahls. Diese Kommunikationspraxis ist auch hier wieder von besonderem Gewicht, weil ein Verstoß dagegen nach allgemein anerkannten Regeln der Argumentation als grobe Sinnwidrigkeit und Verletzung eines konsequenten Denkens angesehen wird. Denn nach allgemeiner Anschauung ist die Bestrafung eines einzelnen Diebes (soferne nicht eine vom Gesetzgeber angeordnete Ausnahme greift) eine geradezu zwingende Konsequenz der generellen Anordnung „Alle Diebe

145 *Wiederin*, Rechtstheorie 1990, 329.
146 Näher *Potacs*, in GS Walter, 652 f.

sind zu bestrafen". Mit gutem Grund kann daher auch angenommen werden, dass syllogistische Widersprüche zwingende Verletzungen sprachlicher Konventionen darstellen, die einem Rechtsetzer daher auch nicht zusinnbar sind. Wegen des großen Gewichtes von syllogistischen Schlussfolgerungen in der Kommunikationspraxis erscheint es als angemessen, den Syllogismus auch in Bezug auf Normen als „logisch" und Verstöße dagegen als „Denkfehler" zu bezeichnen. Denn ähnlich zwingend wie in der Aussagelogik aus dem Inhalt eines bestimmten Obersatzes („alle Menschen sind sterblich") der Inhalt einzelner Untersätze („Sokrates ist ein Mensch, also ist er sterblich") folgt, sind einem Rechtsetzer schon aus Gründen der sprachlichen Konvention syllogistische Schlussfolgerungen („Diebe sind zu bestrafen. Weil Schulze ein Dieb ist, ist er zu bestrafen") als von ihm gewollt zuzusinnen.

Dagegen wird allerdings von *Kelsen* eingewendet: „Aber der Gesetzgeber, der will, dass alle Diebe ins Gefängnis gesetzt werden sollen, kann nicht schon wollen, dass Schulze, der dem Meier ein Pferd gestohlen hat, ins Gefängnis gesetzt werden soll, da er nicht wissen kann, dass ein Mensch Schulze existieren und dem Meier ein Pferd stehlen wird."[147] Dieser Einwand scheitert allerdings an dem hier vertretenen Rechtsbegriff. Denn danach kommt es beim Rechtsverständnis nicht auf den psychologischen Willen eines Rechtsetzers (den es in dieser Form kaum gibt), sondern auf einen „sprachlichen" (dh nach den Regeln sprachlicher Konvention zusinnbaren) Willen eines Rechtsetzers an.[148]

Aus diesen Gründen ist auch anzunehmen, dass mit der Erlassung von Rechtsvorschriften die Befolgung syllogistischer Schlussfolgerungen verbindlich mit angeordnet wird.[149] Auf syllogistischen Fehlern beruhende Rechtsakte sind daher zweifellos als rechtswidrig anzusehen. Dies bedeutet freilich nicht, dass in Widerspruch zu einer generellen Norm stehende individuelle Normen in Rechtsordnungen keine Geltung erlangen können. Enthalten doch Rechtsordnungen vielfach ein „Fehlerkalkül"[150], demzufolge fehlerhafte Rechtsakte bis zu ihrer allfälligen Aufhebung in **Geltung** und damit Bestandteil der Rechtsordnung bleiben. Es ist also *Kelsen* insoweit zuzustimmen, wenn er meint: „Daraus, dass aus der Aussage über die Befolgung einer generellen Norm die Aussage über die Befolgung einer der generellen Norm entsprechenden individuellen Norm logisch folgt, folgt aber nicht, dass aus der Geltung der generellen Norm die Geltung der individuellen Norm logisch

147 *Kelsen*, Neues Forum 1965, 496 f. Kritisch dazu bereits *Weinberger*, Unanwendbarkeit, 114; *Walter*, Rechtstheorie 1980, 309.
148 Siehe II.E.
149 *Walter*, Rechtstheorie 1980, 313.
150 Siehe III.A.2.b).

folgt"[151]. Zwingende syllogistische Geltungsbeziehungen sind daher im positiven Recht nicht auszumachen. Wie *Kelsen* zutreffend betont, bedarf es zur Konkretisierung einer generellen Norm der Setzung eines Aktes durch ein staatliches Organ (wie einen Richter), der dabei die Vorgaben der generellen Norm einhalten kann oder auch nicht. Das ändert freilich nichts daran, syllogistische Schlussfolgerungen als notwendige und damit „logische" Voraussetzungen für die **Rechtmäßigkeit** von Rechtsakten anzusehen.

Soferne ein geltender individueller Rechtsakt (zB Urteil) in Widerspruch zu einer geltenden übergeordneten Norm steht, liegt ein Normenkonflikt vor. Aus den dargelegten Gründen ist aber auch anzunehmen, dass dieser Konflikt in den einzelnen Rechtsordnungen insoweit gelöst wird, indem nur eine der beiden Normen (zB bis zu seiner allfälligen Aufhebung das Urteil) anzuwenden (zB vollstreckbar) ist.

151 *Kelsen*, Neues Forum 1965, 425.

VI. Wissenschaft

A. Wesen und Wert der Auslegungsmethoden

1. Herkunft aus dem allgemeinen Sprachgebrauch

Positive Rechtsnormen sind die Bedeutung sinnlich wahrnehmbarer Äußerungen eines Rechtsetzers. Diese Äußerungen werden hier ganz allgemein als „Rechtsvorschriften“ bezeichnet.[1] Sie können etwa im Fall des Gewohnheitsrechts als soziale Übung in Erscheinung treten. Gerade in modernen und von rechtsstaatlichen Prinzipien geprägten Rechtsordnungen finden positive Rechtsnormen jedoch vor allem in veröffentlichten **Texten** ihren Ausdruck. Diese Rechtstexte können als „Rechtsvorschriften“ in einem *engeren Sinn* bezeichnet werden, weil in ihnen die Rechtsnormen „schriftlich“ dokumentiert sind und Rechtstexte daher auch dem üblichen Verständnis von „Rechtsvorschriften“ am ehesten entsprechen. Auf Grund dieser in Texten in Erscheinung tretenden Rechtsnormen (zB Gesetze) werden dann auch in rechtsstaatlichen Ordnungen rechtliche Anordnungen freilich auch immer wieder mündlich kundgemacht (zB Polizeibefehle). Der weitaus überwiegende Teil von positiven Rechtsnormen wird daher von Rechtsetzern (mündlich oder schriftlich) in sprachlicher Form geäußert. Dabei ist daran zu erinnern[2], dass sich die Rechtsetzer zur Vermittlung ihrer Anordnungen in der Regel der **natürlichen Sprache** bedienen und rechtliche Anordnungen in einer formalen Kunstsprache nur ausnahmsweise (zB in Straßenverkehrsordnungen) anzutreffen sind. Natürliche Sprachen unterscheiden sich von formalen Kunstsprachen in wesentlicher Hinsicht:

Natürliche Sprachen weisen zum einen eine höhere Unbestimmtheit als formale Kunstsprachen auf. Zum anderen bestimmt sich die Bedeutung von formalen Kunstsprachen nach festgesetzten Regeln, während dagegen in natürlichen Sprachen die Bedeutung von Ausdrücken durch ihren praktischen Gebrauch geprägt wird.[3] Diese Kommunikationspraxis der natürlichen

1 II.E.

2 Siehe bereits III.A.2.c)

3 Grundlegend zu dieser „Gebrauchstheorie“ der Bedeutung sprachlicher Äußerungen *Wittgenstein*, Untersuchungen, 262, § 43. Siehe zur Bedeutung der „Gebrauchstheorie“ für die juristische Methodik bereits *Griller/Potacs*, in Vetter/Potacs, 67. Siehe aber auch *Patterson*, Recht und Wahrheit, 129 f, für den sich unter Berufung auf *Wittgenstein* die Bedeutung (vom Rechtsetzer verwendeter) sprachlicher Zeichen zwar ebenfalls aus ihrem „regelmäßigen Gebrauch“ ergibt. Im Unterschied zur

Sprache lässt erkennen, dass die Verständigung nach Maßgabe bestimmter Regeln erfolgt. Diese stellen nicht nur darauf ab, in welcher Bedeutung bestimmte Ausdrücke in der sprachlichen Kommunikation üblicherweise verwendet werden. Von maßgeblicher Bedeutung für die Verständigungspraxis im Rahmen natürlicher Sprache ist auch ein Abstellen auf den jeweiligen **Äußerungskontext**.[4] Zu den Regeln der natürlichen Sprache gehört daher auch, dass in verschiedener Weise zur näheren Bestimmung der Bedeutung einer Äußerung auf deren Begleitumstände Bedacht zu nehmen ist. Dabei handelt es sich um eine Selbstverständlichkeit der Alltagskommunikation, die vielfach auch nicht besonders wahrgenommen wird. Eine nähere Betrachtung des Gebrauches der natürlichen Sprache zeigt allerdings, dass sich konkrete Äußerungen in einer natürlichen Sprache kaum ohne Bezugnahme auf den Äußerungskontext deuten lassen.[5]

So kann der Satz „Ich rate Dir, das nicht noch einmal zu tun" losgelöst vom jeweiligen Äußerungskontext sowohl ein Ratschlag als auch eine Drohung sein.[6] Erst aus dem Verwendungszusammenhang ergibt sich, welche Bedeutung die Äußerung dieses Satzes in einem konkreten Fall hat. Aber auch der etwas konkretere Satz „Dieser Hund ist bissig" kann je nach Äußerungskontext Unterschiedliches bedeuten. Er kann etwa einerseits eine Empfehlung an den Käufer eines Wachhundes oder eine Warnung an unerwünschte Besucher zum Inhalt haben.[7] Als „klar" erscheint die Bedeutung einer Äußerung in der Kommunikationspraxis überhaupt nur dann, wenn sie sich auch durch den Kontext begründen lässt. Eine Trennung zwischen „Sprache" und „Kontext" ist daher auch nicht angebracht. Vielmehr stellt der Kontext ein konstitutives Merkmal einer sprachlichen Äußerung dar, was in der „Sprechaktetheorie"[8] zutreffend herausgestellt wird.

Diese verschiedenen Regeln des Gebrauches der natürlichen Sprache kann man als Regeln des **allgemeinen Sprachgebrauchs** bezeichnen. Sie haben sich in der Alltagskommunikation entwickelt und werden in dieser

---

hier vertretenen Auffassung handelt es sich für *Patterson* bei der Interpretation von sprachlichen Äußerungen (wie von Rechtsvorschriften) nicht um die Ermittlung eines objektiv vorgegebenen Sinngehaltes (siehe IV.E.), sondern nur um die Ausübung einer „sozialen Praxis"; *Patterson*, Recht und Wahrheit, 193. Siehe dazu auch unter IV.B.

4 Siehe bereits unter II.E.

5 Näher etwa *Searle*, Ausdruck, 139 ff. Im Hinblick auf die Bedeutung von Rechtsvorschriften *MacCormick/Summers*, in MacCormick/Summers, 517; *Greenawalt*, Legal Interpretation, 38.

6 Beispiel entnommen aus *Sybille Krämer*, Sprache, Sprechakt, Kommunikation (2001), 69.

7 Zu diesem Beispiel *Eike von Savigny*, Philosophie, 127 ff, 158 ff.

8 Siehe dazu II.E.

auch als Kommunikationskriterien verwendet. Da aber auch Rechtsvorschriften in natürlicher Sprache verfasst werden, sind sie ebenfalls nach den Regeln des allgemeinen Sprachgebrauchs zu interpretieren. Denn bedienen sich Rechtsetzer zur Vermittlung ihrer Anordnungen der natürlichen Sprache, dann wollen sie auch nach den Regeln dieser natürlichen Sprache verstanden werden. Dem steht nicht entgegen, dass sich in der juristischen Methodenlehre bestimmte **„juristische Auslegungsregeln“** wie etwa die Wortsinninterpretation, die systematische, teleologische und historische Auslegung sowie der Analogieschluss entwickelt haben. Denn bei diesen juristischen Auslegungsregeln handelt es sich um keine vom allgemeinen Sprachgebrauch der Alltagskommunikation grundsätzlich verschiedenen Interpretationskriterien. Wie noch näher darzulegen sein wird, handelt es sich dabei vielmehr um Konventionen der alltäglichen Verständigung, die von der juristischen Methodenlehre nur besonders typisiert und bezeichnet wurden. Außerdem haben gewisse aus der allgemeinen Kommunikationspraxis bekannte Auslegungskriterien bei der juristischen Interpretation eine besondere (der Eigenart rechtlicher Regelungen entsprechende) Ausprägung.

Bei der juristischen Interpretation erhält etwa die im allgemeinen Sprachgebrauch anerkannte Auslegung einer Äußerung auf Grund ihres Entstehungskontextes eine besondere Ausgestaltung. Dies geschieht durch die „historische Interpretation“ und die mit dieser verbundenen charakteristischen Vorgangsweisen wie die Berücksichtigung von Gesetzesmaterialien im staatlichen Recht oder *travaux préperatoires* im Völkerrecht. Auch der Grundsatz „verfassungskonformer Auslegung“ ist eine in staatlichen Verfassungsordnungen anzutreffende besondere Ausprägung der allgemeinen Kommunikationsregel, wonach ein ungehöriges Verhalten grundsätzlich nicht unterstellt werden darf.

Der Sinngehalt einer in natürlicher Sprache formulierten Rechtsvorschrift bestimmt sich daher nach den Auslegungsregeln des allgemeinen Sprachgebrauchs, die sich auch in den traditionellen juristischen Interpretationsmethoden wiederfinden. Diese Auslegungsregeln bringen als Inhalt dieser Rechtsvorschriften einen (sprachlichen) „Willen“ des Rechtsetzers zum Ausdruck, der die positive Rechtsnorm darstellt.[9] Ziel der Auslegung von in natürlicher Sprache verfassten Rechtsvorschriften ist daher zu ermitteln,

9 Siehe zum positiven Recht als „sprachlichen“ Willen II.E.

was einem Rechtsetzer nach den Konventionen des allgemeinen Sprachgebrauchs als von ihm gewollt zugesonnen werden kann.[10]

2. Pragmatik und Semantik in der juristischen Interpretation

Entscheidend für die Ermittlung dieses „Willens" eines Rechtsetzers und damit des Inhaltes positiver Rechtsnormen sind daher die Regeln des allgemeinen Sprachgebrauchs. Diese Regeln des allgemeinen Sprachgebrauchs lassen sich in semantische und pragmatische Regeln unterscheiden.[11] Unter **Semantik** wird hier sprachliche Verständigung unter Bedachtnahme auf die im Sprachgebrauch übliche Verwendung von Worten (Wortsemantik) und Sätzen (Satzsemantik) verstanden. In der Semantik wird also darauf abgestellt, in welcher Bedeutung Worte oder Sätze im allgemeinen Sprachgebrauch üblicherweise verstanden werden. Die traditionelle juristische Methodenlehre trägt der Semantik durch die sogenannte *Wortsinninterpretation* Rechnung.

Die semantische Bedeutung von Worten wird im allgemeinen Sprachgebrauch als „Wortsinn" oder „Wortlaut"[12] bezeichnet. Der semantische Sinngehalt eines Wortes lässt sich häufig durch Bedeutungswörterbücher feststellen. Aber auch die Grammatik stellt ein wertvolles Mittel der semantischen Interpretation dar[13], weil sie ebenfalls eine übliche Verwendung von Worten wiedergibt.[14] Die Satzsemantik stellt darauf ab, dass Worte in bestimmten Sätzen mitunter in einer von ihrer üblichen Bedeutung unterschiedlichen Weise verwendet werden. Beispiele dafür sind in der allgemeinen Kommunikationspraxis vor allem Redewendungen wie „Lügen haben kurze Beine" (dh Lügen lohnen sich nicht) oder „Angst verleiht Flügel" (bei Angst kann man schneller laufen). Als Beispiel für eine Satzsemantik in einem Rechtstext kann etwa die Wendung in einem Strafgesetz „ist zu bestrafen" angeführt werden, die ein „soll bestraft werden" zum Ausdruck bringt.

Allerdings ist eine bloß auf die Semantik abstellende Auslegung weder in der Alltagskommunikation noch zur Deutung von Rechtstexten ausreichend. Denn einerseits ist der semantische Sinngehalt einer Äußerung vielfach un-

10 Grundlegend zu diesem methodischen Ansatz *Rill*, ZfV 1985, 466, 585; *derselbe*, in Vetter/Potacs, 56.

11 Näher bereits *Griller/Potacs*, in Vetter/Potacs, 66 ff.

12 Kritisch zu dieser Wortwahl etwa *Joachim Hruschka*, das Verstehen von Rechtstexten (1972), 28; *Otto Depenheuer*, Der Wortlaut als Grenze (1988), 3, FN 9.

13 Siehe VII.B.

14 Das schließt nicht aus, dass in der Umgangssprache nicht immer im Einklang mit den Regeln der Grammatik kommuniziert wird.

bestimmt und vage. Andererseits zeigt die Erfahrung mit dem allgemeinen Sprachgebrauch, dass sprachliche Äußerungen mitunter in einer semantisch „verkürzten“ oder „überschießenden“ Weise zum Ausdruck gebracht werden. In der allgemeinen Kommunikationspraxis weist die Bedeutung von Äußerungen demnach gelegentlich einen engeren oder einen weiteren als den semantischen Sinngehalt auf.[15] Diesen Aspekten trägt die **Pragmatik** Rechnung, indem sie auf zusätzliche Regeln der Kommunikation wie vor allem den *Äußerungskontext* in seinen unterschiedlichen Erscheinungsformen abstellt. Zu den pragmatischen Interpretationskriterien zählt insbesondere der Situationszusammenhang, der Zweck oder die Entstehungsgeschichte einer Äußerung. Der allgemeine Sprachgebrauch ist von solchen pragmatischen Konventionen durchsetzt, die sich in allen ihren Spielarten nur schwer vollständig erfassen lassen.[16] Weil sich Rechtsetzer zur Vermittlung ihrer Anordnungen der natürlichen Sprache und damit des allgemeinen Sprachgebrauchs bedienen, sind Rechtsvorschriften (ebenso wie im allgemeinen Sprachgebrauch) nach Maßgabe semantischer *und* pragmatischer Auslegungsregeln zu interpretieren. Das kommt auch in den klassischen juristischen Auslegungsmethoden deutlich zum Ausdruck, die nicht nur die semantische Regel der Wortsinninterpretation, sondern auch pragmatische Methoden wie die systematische, die teleologische oder die historische Interpretation kennen.

Allerdings treten Pragmatik und Semantik im allgemeinen Sprachgebrauch ebenso wie bei der Auslegung rechtlicher Äußerungen in verschiedenen Erscheinungsformen und in unterschiedlicher Kombination und Intensität auf. So erweist sich eine reine Wortsinninterpretation vielfach als unzureichend, weil die Äußerung semantisch undeutlich formuliert ist. Eine nähere Bestimmung des semantisch unklaren Sinngehaltes der Äußerung ist in einer solchen Situation nur unter Bedachtnahme auf bestimmte Gesichtspunkte des Kontextes dieser Äußerung möglich. Man kann diese Formen des Zusammenspiels zwischen Semantik und Pragmatik als **pragmatische**

15 Siehe unter VII.I. und VII.J.

16 Zu den vielfältigen Erscheinungsformen der Pragmatik in der Alltagssprache siehe etwa *Stephen C. Levinson*, Pragmatik (1990), 100 ff; *Isabel Hungerland*, Kontext Implikationen, in Georg Meggle (Hrsg), Handlung, Kommunikation, Bedeutung (1993), 266 (322), sowie insbesondere auch *Wittgenstein*, Untersuchungen, 250, § 23, wonach es „unzählige verschiedene Arten der Verwendung alles dessen“ gibt, „was wir ‚Zeichen‘, ‚Worte‘, ‚Sätze‘, nennen“. Siehe ferner in Bezug auf die Auslegung von Rechtstexten *Griller/Potacs*, in Vetter/Potacs, 85; *Greenawalt,* Legal Interpretation, 33 ff.

Aspekte einer semantischen Interpretation[17] bezeichnen. Bei der juristischen Interpretation gehört dazu etwa die Konkretisierung eines mehrdeutigen Wortsinnes einer Rechtsvorschrift durch Bezugnahme auf den Textzusammenhang, den erkennbaren Zweck oder die Entstehungsgeschichte der Regelung. Daneben gibt es sowohl im allgemeinen Sprachgebrauch als auch in der juristischen Interpretationspraxis Arten der Sinnermittlung, die nicht mehr vom semantischen Sinngehalt der zu deutenden Äußerung getragen sind. In Abgrenzung zu den pragmatischen Aspekten einer semantischen Auslegung können diese Fälle der Sinnermittlung als **reine Pragmatik**[18] bezeichnet werden.

Dazu ein Beispiel für „reine Pragmatik" in der Alltagskommunikation: Jemand erkundigt sich nach der Qualität eines Arztes und erhält als Antwort „Er ist ein guter Tennisspieler". Obwohl nach dem semantischen Sinngehalt der Antwort nichts über die Qualität des Arztes ausgesagt wird, lässt die Antwort in dieser Situation den (Umkehr- oder *e contrario*-)Schluss zu, dass die Qualität des Arztes nicht so sehr geschätzt wird. Denn ansonsten würde diese Antwort auf die Frage hier überhaupt keinen Sinn machen.[19]

Auch die reine Pragmatik findet in der traditionellen juristischen Methodenlehre ihren Ausdruck, wie die Beispiele des *Umkehr-, Analogie-* und *Größenschlusses* sowie der *teleologischen Reduktion* zeigen.[20] Bei diesen Formen der Sinnermittlung ist das Auslegungsergebnis nicht mehr von der semantischen Bedeutung der Vorschrift getragen und die Deutung erfolgt ausschließlich auf Grund pragmatischer Kriterien. Da die reine Pragmatik auch im allgemeinen Sprachgebrauch in Verwendung steht, erscheint sie zur Deutung von Rechtsvorschriften ebenfalls als angemessen. Auch der Wille eines Rechtsetzers kann in manchen Fällen eben in einer vom Wortsinn der auszulegenden Vorschrift nicht mehr erfassten Weise zum Ausdruck kommen. Es ist daher auch verfehlt, wenn als Inhalt des positiven Rechts nur der semantische Sinngehalt einer positiven Rechtsvorschrift angesehen wird.[21] Vielmehr kann kein Auslegungskriterium für sich in Anspruch nehmen, die

17 *Potacs*, Auslegung, 34.

18 *Potacs*, Auslegung, 34.

19 Zu anderen Beispielen reiner Pragmatik in der Alltagskommunikation *Barak*, Purposive Interpretation, 104.

20 Dazu unter VII.D. und VII.E.

21 In diesem (nach hier vertretenem Verständnis verkürzten) Sinn aber etwa *Frederick Schauer*, Formalism, The Yale Law Journal 97 (1988), 509 (547 f), der eine Vermutung zugunsten der semantischen Interpretation als „presumptive positivism" bezeichnet.

Absicht eines Rechtsetzers exklusiv zum Ausdruck zu bringen.[22] Denn sämtliche semantischen und pragmatischen Kriterien sind dazu geeignet, den Willen eines Rechtsetzers zu dokumentieren.

Aus diesem Grund ist auch die Unterscheidung zwischen einem „subjektiven" und einem „objektiven" Willen des Rechtsetzers[23] irreführend. Nach dieser Unterscheidung kommt der „subjektive" Wille in den Gesetzesmaterialien, der „objektive" Wille dagegen im Rechtstext zum Ausdruck. Dem ist jedoch entgegenzuhalten, dass sowohl die Gesetzesmaterialien (als Teil des Äußerungskontextes) als auch der Rechtstext (der auszulegenden Vorschrift und mit ihr im systematischen Zusammenhang stehender Vorschriften) den Sprechakt bilden und den „sprachlichen" Willen[24] des Rechtsetzers zum Ausdruck bringen.

Schließlich weist der allgemeine Sprachgebrauch die Eigenschaft auf, dass sowohl die Semantik als auch die verschiedenen Spielarten der Pragmatik im Einzelfall mit unterschiedlicher Deutlichkeit Rückschlüsse auf den Sinngehalt einer Äußerung erlauben. Das gilt selbstverständlich ebenso für die Ermittlung des in natürlicher Sprache ausgedrückten Willens eines Rechtsetzers. Auch diesen Willen können im Einzelfall sowohl semantische als auch pragmatische Kriterien mit unterschiedlicher Überzeugungskraft dokumentieren. So kann eine Formulierung in einem Rechtstext semantisch mehr oder weniger klar, der Zweck einer Vorschrift mehr oder weniger zweifelsfrei erkennbar sein und ihre Entstehungsgeschichte den Willen des Rechtsetzers mehr oder weniger einwandfrei belegen. Aus diesem Grund vermag letztlich auch nur ein **„bewegliches System der Auslegungskriterien"**[25] den Willen eines Rechtsetzers adäquat zu rekonstruieren. Demnach müssen semantische und pragmatische Anhaltspunkte bei der Deutung von Rechtsvorschriften gewichtet und gegeneinander abgewogen werden. Daraus wird erkennbar, dass sich auf diese Weise bei der juristischen Sinnermittlung ganz einwandfreie und unzweifelhafte Ergebnisse vielfach nur schwer erzielen lassen. Das ist aber der Preis dafür, wenn sich Rechtsetzer einer natürlichen Sprache be-

22 *MacCormick/Summers*, in MacCormick/Summers, 522. Dazu näher VI.B.1 und VII.A.

23 Dazu etwa *Summers/Tartuffo*, in MacCormick/Summers, 470; *Röhl/Röhl*, Rechtslehre[3], 627 ff.

24 Siehe II.E.

25 *Potacs*, Auslegung, 38. Ebenso im Ergebnis (allerdings auf Grund eines anderen methodischen Ansatzes) *Bydlinski*, Methodenlehre[2], 555. Siehe auch *Holoubek*, in FS Mayer, 152.

dienen, bei der sich gewisse Unsicherheiten eben nicht völlig eliminieren lassen[26].

Unter einer „Interpretation im weiteren Sinn" kann jede Form der Sinnermittlung verstanden werden. Eine „Interpretation im weiteren Sinn" liegt daher etwa auch vor, wenn bei der Deutung einer Rechtsvorschrift sämtliche zur Anwendung kommende Auslegungskriterien für ein bestimmtes Interpretationsergebnis sprechen. Ganz in diesem Sinne meinen etwa *Scalia/Garner*: „Any meaning derived from signs involves interpretation, even if the interpreter finds the task straightforward."[27] Bestehen hingegen auf Grund semantischer (zB mehrdeutiger Wortsinn) oder pragmatischer (zB Zweck der Regelung widerspricht dem Wortsinn) gewisse Zweifel am Sinngehalt einer sprachlichen Äußerung, dann kann man darin eine „Interpretation im engeren Sinn" sehen.[28] Interpretationen im engeren Sinn werden in der englischsprachigen Literatur auch als **„hard cases"**[29] bezeichnet. Bei **„easy cases"**[30] handelt es sich demgegenüber um Fälle, bei denen Semantik und Pragmatik kaum Zweifel am Sinngehalt einer Rechtsvorschrift lassen, die aber dennoch eine „Interpretation im weiteren Sinn" darstellen.

Problematisch ist die Ansicht, die dem Rechtspositivismus die Vorstellung unterstellt, „dass Interpretation einem logischen Schlussverfahren gleicht oder jedenfalls über den richtigen Einsatz von Interpretationsregeln (*canones*) zu stets objektiv vorhersagbaren Ergebnissen führt."[31] Sofern damit zum Ausdruck gebracht werden soll, dass sich nach Auffassung des Rechtspositivismus stets ein zutreffendes Auslegungsergebnis erzielen lasse, ist diese Sichtweise verfehlt. Schon *Kelsen* hat das genaue Gegenteil betont: „Alle bisher entwickelten Interpretationsmethoden führen stets nur zu einem möglichen, niemals zu einem einzig richtigen Resultat."[32] Nach dem hier vertretenen Rechtspositivismus ist allerdings von der Annahme eines objektiven Sinngehaltes von Rechtsvorschriften auszugehen. Diese Annahme

26 *Hart*, Rechtsbegriff, 152, spricht in diesem Zusammenhang von der „offenen Struktur" natürlicher Sprachen; dazu II.A. Ebenso etwa *Bankowski/MacCormick*, in MacCormick/Summers, 360.

27 *Scalia/Garner*, Law, 53.

28 So *Bankowski/MacCormick/Summers/Wróblewski*, in MacCormick/Summers, 12; *MacCormick*, Ratio Juris 1993, 20; *Barak*, Purposive Interpretation, 4.

29 ZB *Dworkin*, Bürgerrechte, 144 ff; *derselbe*, Empire, 255 f; *Barak*, Purposive Interpretation, 205; *Schauer*, Lawyer, 157; *Shapiro*, Legality, 259 ff.

30 Dazu etwa *Frederick Schauer*, „Easy Cases", Southern Californian Law Review 58 (1985), 399 ff.

31 *Vesting*, Rechtstheorie, 119, Rz 228. Diese Vorstellung wird auch als „Formalismus" bezeichnet; so *Shapiro*, Legality, 241 f. Siehe dazu auch unter VI.B.

32 *Kelsen*, Rechtslehre², 350.

schließt nicht aus, dass die objektive Bedeutung von Rechtsvorschriften vage oder unbestimmt ist.[33]

3. Nachweis zulässiger Auslegungskriterien

Der Nachweis der Existenz maßgeblicher Kommunikationskriterien und vor allem auch ihrer verschiedenen Ausprägungen und Gewichtungen im Sprachgebrauch ist nicht immer ganz unproblematisch. Zwar kämen dafür grundsätzlich empirische Untersuchungen in Betracht.[34] Von einem leicht durchführbaren Blick in Grammatik- und Wörterbücher abgesehen, wären solche Untersuchungen allerdings mit einem beachtlichen Aufwand verbunden. Würde man für die Lösung sämtlicher Rechtsprobleme eine solche empirische Absicherung verlangen, dann wäre die juristische Praxis vor schwer zu bewältigende Probleme gestellt. Schon aus diesem Grund ist kaum vorstellbar, dass von einem Rechtsetzer derartige Untersuchungen zur Ermittlung seiner Anordnungen erwünscht sind. Dazu kommt, dass in den Rechtsordnungen in der Regel auch kein Verfahren für diese aufwendigen Ermittlungen vorgesehen ist, was auch gegen ihre Gebotenheit spricht. Außerdem würden sie die Verfahrensdauer in kaum mehr vertretbarer Weise in die Länge ziehen und wohl auch das Kostenrisiko erhöhen. Das spricht insbesondere in rechtsstaatlichen Ordnungen, die sich dem Rechtsschutz verpflichtet fühlen, gegen das Erfordernis von aufwendigen Untersuchungen des Sprachgebrauchs zur Ermittlung des Sinngehaltes von Rechtsvorschriften.

Aus diesen Gründen ist anzunehmen, dass nach dem Willen der Rechtsetzer eine Auslegung ihrer Anordnungen unter Rückgriff auf die **eigene Sprachkompetenz** der Interpreten im Regelfall ausreichend ist. Bestärkt wird diese Annahme durch die Einsicht, dass die Berufung auf die eigene Sprachkompetenz als Methode der Sinnermittlung auch in der allgemeinen Kommunikationspraxis (dh im allgemeinen Sprachgebrauch) vorherrschend ist.[35] Ein Rechtsetzer muss daher auch diese Methode als von ihm gewollt ak-

33 Siehe IV.E.

34 Sie dazu VII.B.

35 *Searle*, Sprechakte, 25, 29, sowie *Wittgenstein*, Untersuchung, 351, § 219: „Ich folge der Regel blind." Weiters zur Berufung von Linguisten und Sprachphilosophen auf die eigene Sprachkompetenz *Savigny*, Philosophie, 217 f.

zeptieren, soweit er sich des allgemeinen Sprachgebrauchs zur Vermittlung seiner Anordnungen bedient.

Eine Ausnahme von der prinzipiellen Sinnermittlung nach Maßgabe der eigenen Sprachkompetenz wird allerdings dann anzunehmen sein, wenn der Rechtsetzer bestimmte (insbesondere technische) Begriffe verwendet, die weder in der allgemeinen noch in der juristischen Kommunikationspraxis ausreichend bekannt sind. In solchen Fällen erscheint eine empirische Ermittlung in jenen Kreisen (zB Berufsgruppen) zulässig und geboten, in denen diese Begriffe in Verwendung stehen.

In der praktischen juristischen Argumentation bereitet die Begründung eines Auslegungsergebnisses unter Berufung auf die eigene Sprachkompetenz wohl auch keine unüberwindlichen Schwierigkeiten. Können doch die Diskussionsteilnehmer auf Grund ihrer eigenen Sprachkompetenz das Vorliegen eines nach Maßgabe des Sprachgebrauchs im konkreten Fall mehr oder weniger überzeugenden Auslegungskriteriums meist ausreichend beurteilen.[36] Freilich ist auch nicht zu übersehen, dass die Überzeugungskraft eines Auslegungskriteriums in gewissem Umfang mitunter auch von subjektiven Einschätzungen des Interpreten abhängen kann. Mangelnde Präzision des Sprachgebrauchs und Berufung auf die eigene Sprachkompetenz können also dafür verantwortlich sein, dass eine Auslegung nach Maßgabe des „beweglichen Systems der Auslegungskriterien“ unter Bedachtnahme auf eine **Wertung** des Interpreten erfolgt.

4. Auslegung und Rechtsfortbildung

Mit der Festlegung des Gegenstandes juristischer Auslegung auf den nach Maßgabe sprachlicher Konventionen zum Ausdruck kommenden Willen eines Rechtsetzers wird gleichzeitig auch die entscheidende Grenze zwischen Auslegung und Rechtsfortbildung gesetzt. **Auslegung** liegt demnach vor, wenn sich eine bestimmte „Deutung“ anhand der semantischen *und* pragmatischen Interpretationsregeln des allgemeinen Sprachgebrauchs begründen lässt. Dabei ist nochmals zu betonen, dass eine Interpretation im Rahmen des „beweglichen Systems der Auslegungskriterien“ vielfach Abwägungen erfordert und nicht immer völlig einwandfreie Ergebnisse ermöglicht. So können in bestimmten Fällen verschiedene (semantische und pragmatische)

36 Ebenso in Bezug auf den im Sprachgebrauch üblichen Wortsinn *Koch/Rüßmann*, Begründungslehre, 190 f.

Auslegungskriterien zu unterschiedlichen „Lösungen“ führen, wobei in der konkreten Situation kein Kriterium gegenüber dem anderen ein ausschlaggebendes Gewicht besitzt. In solchen Fällen erscheint der Sinngehalt einer Rechtsvorschrift als mehrdeutig oder vage, weil er nach dem „beweglichen System der Auslegungskriterien“ mehrere „vertretbare“ Interpretationsvarianten zulässt. Dennoch bewegen sich diese verschiedenen „Deutungen“ im Rahmen der Auslegung, wenn sie nach Maßgabe der Regeln sprachlicher Konvention einem Rechtsetzer als möglicher Wille unterstellt werden können. Abzulehnen ist nach dem hier vertretenen Ansatz allerdings die verbreitete Meinung, dass der „mögliche Wortsinn“ die maßgebliche Grenze zwischen Auslegung und Rechtsfortbildung markiert.[37] Denn Rechtsetzer bringen in natürlicher Sprache verfassten Anordnungen ihren Willen nach Maßgabe semantischer *und* pragmatischer Kriterien zum Ausdruck, weshalb sich auch ein auf „reine Pragmatik“ (zB Analogie)[38] gestütztes „Ergebnis“ im Rahmen der Auslegung bewegen kann.[39]

Rechtsfortbildung ist dagegen anzunehmen, wenn eine „Lösung“ dem Rechtsetzer nach den Regeln des Sprachgebrauchs (Semantik und Pragmatik) keineswegs zugesonnen werden kann. Das ist etwa dann der Fall, wenn der einer Rechtsfortbildung unterstellte Sinngehalt durch überhaupt keine Regel sprachlicher Konvention (dh keine zulässige Auslegungsregel) begründbar ist. Allerdings kann Rechtsfortbildung selbst dann vorliegen, wenn sich ein „Ergebnis“ auf eine anerkannte Auslegungsregel zu stützen vermag. Denn nach Maßgabe des „beweglichen Systems der Auslegungskriterien“ ist es denkbar, dass eine solche „Lösung“ auf Grund anderer Interpretationsregeln mit in diesem Fall deutlich mehr Gewicht als vom Rechtsetzer gewollte Variante auszuschließen ist. Doch gerade weil die Einschätzung des jeweiligen Gewichtes von Interpretationskriterien in konkreten Anwendungsfällen einer abwägenden Entscheidung unterliegt, ist die Abgrenzung zwischen Auslegung und Rechtsfortbildung in nicht unerheblichem Maße wertgebunden und fließend. Darauf ist gerade in Hinblick auf die „rein pragmatische“ Interpretation hinzuweisen, die ja stets das Argument einer zu einem anderen

37 So aber etwa *Koller*, Theorie², 221; *Adrian*, Rechtstheorie 2010, 531; *Kramer*, Methodenlehre³, 173; *Barak*, Purposive Interpretation, 17 f (siehe aber auch 64); *Zippelius*, Rechtsphilosophie⁶, 206; *Adomeit/Hähnchen*, Rechtstheorie⁶, 55, Rz 71.

38 Siehe VI.A.2. und VII.I.

39 Gegen den „möglichen Wortsinn“ als Grenze zwischen Auslegung und Rechtsfortbildung bereits *Griller/Potacs*, in Vetter/Potacs, 68 f, 90.

Ergebnis führenden Wortsinninterpretation gegen sich hat.[40] Es hängt nicht selten auch von Wertungen des Interpreten ab, inwieweit sich pragmatische Kriterien gegenüber dem Gewicht einer Wortsinninterpretation durchzusetzen vermögen. Deshalb besteht gerade bei der „rein pragmatischen" Auslegung die Gefahr einer „*offenen Flanke*" zur Rechtsfortbildung.[41]

Von der Abgrenzung zwischen Auslegung und Rechtsfortbildung ist die Frage zu unterscheiden, inwieweit in einer positiven Rechtsordnung den Vollzugsorganen (insbesondere den Gerichten) Rechtsfortbildung erlaubt ist. Zwar ist davon auszugehen, dass Vollzugsorgane grundsätzlich zur Auslegung von Rechtsvorschriften und nicht auch zu deren Rechtsfortbildung verpflichtet sind. Ist doch prinzipiell anzunehmen, dass Rechtsetzer ihre in natürlicher Sprache verfassten Anordnungen in jener Weise vollzogen haben wollen, die ihrer Bedeutung im Sprachgebrauch entspricht. Doch können in positiven Rechtsordnungen auch Abweichungen von diesem Grundsatz angeordnet sein.[42] Vor allem aber können auf Grund des **„Fehlerkalküls"** positiver Rechtsordnungen auch rechtswidrige Rechtsakte Geltung erlangen.[43] Selbst wenn in einer positiven Rechtsordnung etwa Gerichten nur eine Auslegung von Rechtsvorschriften erlaubt ist, können nach dem „Fehlerkalkül" dieser Rechtsordnung auch auf Rechtsfortbildung basierende Urteile in Geltung stehen und verbindlich sein.

40 Zum Gewicht der Wortsinninterpretation auf Grund ihrer „Vertrauensschutzfunktion" siehe VII.B.

41 *Potacs*, Auslegung, 42.

42 So heißt es in Art 20 des deutschen Grundgesetzes, dass die vollziehende Gewalt und die Rechtsprechung an „Gesetz und Recht" gebunden sind. Daraus wird geschlossen, dass die Bindung an ein (sprachlich verfasstes) Gesetz dann nicht mehr besteht, wenn der Inhalt dieses Gesetzes in erheblichem Widerspruch zu anerkannten Gerechtigkeitsvorstellungen (zu „Recht" iS von Art 20 Grundgesetz) steht; so etwa *Klaus Stern*, Das Staatsrecht der Bundesrepublik Deutschland, Band 1 (1984), 798 f. Ein tragfähiger Einwand gegen ein positivistisches Rechtsverständnis lässt sich aus Bestimmungen wie Art 20 des deutschen Grundgesetzes allerdings nicht gewinnen, weil die Bindung an das „Recht" (und nicht nur an das „Gesetz") auf Grund einer positivrechtlichen Anordnung gilt, siehe demgegenüber aber *Alexy*, Begriff^3, 18 ff.

43 Siehe näher III.A.2.b).

B. Wissenschaftlicher Charakter der Auslegung

1. Auslegungskriterien als Theorien

Obwohl die Auslegungsregeln von den Mitgliedern einer Sprachgemeinschaft im Rahmen ihrer Sprachkompetenz grundsätzlich beherrscht werden, sind sie auch ein der Beobachtung zugängliches Phänomen des Sprachgebrauchs. Es handelt sich bei ihnen um eingebürgerte Standards der Verständigung, nach denen die Kommunikation im Allgemeinen funktioniert. Diese Standards sind in der Kommunikationspraxis als immer wiederkehrende Deutungsmuster (wie etwa die Auslegung anhand des üblichen Wortsinnes, Zweckes oder systematischen Zusammenhanges einer Äußerung) wahrnehmbar. Sie stellen also Regelmäßigkeiten des Sprachgebrauchs dar, die gleichzeitig auch als Orientierung für die sprachliche Kommunikation dienen. Die Auslegungsregeln haben also allgemeine Sätze über die Kommunikationspraxis zum Inhalt, die eine Deutung sprachlicher Äußerung ermöglichen. Allgemeine Sätze über bestimmte beobachtbare Regelmäßigkeiten werden als „Theorien" bezeichnet.[44] Sie dienen den Menschen ganz allgemein dazu, die Welt zu verstehen und mit ihr umzugehen. Mit den Worten von *Karl Popper* handelt es sich bei Theorien um „das Netz, das wir auswerfen, um die ‚Welt' einzufangen, – sie zu rationalisieren, zu erklären und zu beherrschen"[45]. Indem sprachliche Auslegungsregeln allgemeine Aussagen über bestimmte Regelmäßigkeiten im Gebrauch natürlicher Sprachen treffen, können sie daher als **Theorien des Sprachgebrauchs** angesehen werden.[46]

Allerdings können Theorien verschiedene Reichweiten aufweisen, indem sie Aussagen von unterschiedlicher Allgemeinheit zum Inhalt haben.[47] Das gilt auch für die verschiedenen Zweige der Rechtswissenschaft. So sind allgemeine Aussagen über das positive Recht Gegenstand der Rechtstheorie. Aber auch Ergebnisse der Auslegung einzelner positiver Rechtsvorschriften werden als Theorien bezeichnet.[48] Der (relativ) „allgemeine" Charakter dieser **„rechtsdogmatischen Theorien"**[49] kann darin gesehen werden, dass sie

44 ZB *Popper*, Erkenntnis, 91; *derselbe*, Logik^{9}, 31; *Rüthers/Fischer/Birk*, Rechtstheorie^{7}, 12, Rz 17.
45 *Popper*, Logik^{9}, 31.
46 *Thienel*, Rationalismus, 195; *Potacs*, Rechtstheorie 1994, 195.
47 Dazu *Röhl/Röhl*, Rechtslehre^{3}, 164.
48 ZB *Krawietz*, Entscheidung, 14; *Röhl/Röhl*, Rechtslehre^{3}, 164.
49 *Claus-Wilhelm Canaris*, Funktion, Struktur und Falsifikation juristischer Theorien, JZ 1993, 377 (378); *Kramer*, Methodenlehre^{3}, 164.

Aussagen über den Inhalt einer Rechtsvorschrift unabhängig von deren besonderen konkreten Anwendungsfällen beinhalten (und insofern „allgemein" sind).

Als Aussagen über die allgemeine Kommunikationspraxis beruhen die Auslegungsregeln auf erfahrungsgemäßen Regelmäßigkeiten. Diese Regelmäßigkeiten können ein unterschiedliches Ausmaß annehmen. Das lässt sich etwa am Beispiel der Wortsinninterpretation zeigen, derzufolge ein Wort in jener Bedeutung zu verstehen ist, in der es im Sprachgebrauch üblicherweise verwendet wird. Eine Beobachtung der Kommunikationspraxis zeigt allerdings, dass Worte mitunter auch in einem „verkürzten" oder „überschießenden" Sinn verwendet werden und durch eine Äußerung „mehr" oder „weniger" als ihr üblicher Wortsinn zum Ausdruck gebracht wird.[50] Die Wortsinninterpretation kann sich als Auslegungskriterium somit nur auf eine relativ eingeschränkte Regelmäßigkeit berufen. Andere Auslegungskriterien können dafür ein höheres Maß an Regelmäßigkeit für sich in Anspruch nehmen. Das gilt etwa für eine Auslegung im Einklang mit dem klar erkennbaren Zweck einer Äußerung, von der in der Kommunikationspraxis wohl nur schwer Abweichungen auszumachen sind. Gleiches gilt für das Kriterium, wonach der Äußerung eines normal denkenden Menschen kein völlig sinnwidriger Inhalt beigemessen werden soll. Insgesamt zeichnen sich die einzelnen Auslegungsregeln somit durch eine prinzipiell unterschiedliche **theoretische Kraft** aus. Diese ist auch im Rahmen des „beweglichen Systems der Auslegungskriterien" zu berücksichtigen, das freilich außerdem noch auf die jeweilige Ausprägung der einzelnen Interpretationskriterien im konkreten Fall Bedacht zu nehmen hat[51]. Denn auch Auslegungskriterien mit prinzipiell relativ hoher theoretischer Kraft (wie etwa die teleologische Auslegung) können im Einzelfall mit unterschiedlicher Deutlichkeit (etwa mit mehr oder weniger klar erkennbarem Zweck) in Erscheinung treten, was ebenfalls bei der Abwägung im Rahmen des „beweglichen Systems der Auslegungskriterien" zu berücksichtigen ist. In jedem Fall erfolgt die Interpretation von Rechtsvorschriften auf Basis von Theorien über den Sprachgebrauch, die in Form der traditionellen juristischen Auslegungsregeln typisiert und herausgestellt wurden.

50 Siehe näher VII.I. und VII.J.

51 Dazu VI.A.2.

2. Empirischer Charakter der Auslegung

Das Verständnis von Auslegungsregeln als Theorien des Sprachgebrauchs ist auch für den Wissenschaftscharakter der Rechtsdogmatik[52], also der Interpretation positiver Rechtsvorschriften, von Bedeutung. Zwar steht mittlerweile der Status der Rechtsdogmatik als Wissenschaft weitgehend außer Streit[53], wenn man unter Wissenschaft auf Grund rationaler Verfahren gewonnene Erkenntnisse versteht[54]. Allerdings erscheint es fraglich, ob die Rechtsdogmatik als „empirische" Wissenschaft angesehen werden kann.[55] Denn es wird von manchen als charakteristisch für die Rechtsdogmatik angesehen, dass Rechtsnormen als ihr Gegenstand nur eingeschränkt erkennbar sind. So meint *Hans Kelsen*: „Wenn im Sinne des philosophischen Positivismus Gegenstand einer Wissenschaft nur das ‚Gegebene' sein kann, und das Gegebene … *Tatsachen* sind, kann das Postulat des philosophischen Positivismus auf Rechtsnormen keine oder doch keine unmittelbare Anwendung finden, da Rechtsnormen keine Tatsachen, sondern der Sinn von Tatsachen, nämlich der *Sinn* von auf menschliches Verhalten gerichteten Willensakten sind"[56]. In diesem Sinn fasst etwa auch *Ota Weinberger* Rechtsnormen als „Idealentitäten" auf, „die nicht der direkten Beobachtung, sondern nur dem Verstehen zugänglich sind"[57]. Ganz allgemein wird von manchen Autoren die Schwierigkeit der Rechtswissenschaft darin gesehen, dass positive

52 I.B.4.

53 Siehe dagegen noch *Julius Herrmann von Kirchmann*, Die Wertlosigkeit der Jurisprudenz als Wissenschaft (1919), 16.

54 ZB *Neumann*, in Kaufmann/Hassemer/Neumann, 388, mwN.

55 Zweifelnd am Charakter der Rechtswissenschaft als empirischer Wissenschaft zB *Robert Walter*, Reine Rechtslehre und „Wertbetrachtung im Recht", in Adolf Merkl (Hrsg), Festschrift für Hans Kelsen zum 90. Geburtstag (1971), 309 (311 f); *Albert*, in Jahrbuch für Rechtssoziologie und Rechtstheorie 1972, 87; *Eike von Savgny*, Die Jurisprudenz im Schatten des Empirismus, in Jahrbuch für Rechtssoziologie und Rechtstheorie 2 (1972), 97 (104 ff); *derselbe*, Juristische Dogmatik und Wissenschaftstheorie (1976), 7; *Robert Walter*, Zum Versuch einer Kritik der Reinen Rechtslehre, Rechtstheorie 21 (1990), 137 (141); *Neumann*, in Kaufmann/Hassemer/Neumann, 389.

56 *Hans Kelsen*, Was ist juristischer Positivismus?, JZ 1965, 465 (Hervorhebungen im Original).

57 *Weinberger*, Ausgangspunkt, 35.

Rechtsnormen kein der Erfahrung „unmittelbar“ oder „direkt“ zugängliches Objekt sind.[58]

Dazu ist zunächst einmal festzustellen, dass Rechtsnormen als solche tatsächlich „nicht unmittelbar“ sinnlich erfassbar sind. Handelt es sich bei ihnen doch um die Bedeutung von zumeist sprachlichen Äußerungen, die in der Regel in Form von Texten, manchmal aber auch als mündliche Verkündung in Erscheinung treten. Sinnlich wahrnehmbar sind zwar diese Äußerungen, nicht jedoch auch die Rechtsnormen, die diese Äußerungen als ihre Bedeutung zum Ausdruck bringen. Die Rechtsnormen als Ermittlungsgegenstand der Rechtsdogmatik können nur durch Interpretation der sinnlich wahrnehmbaren Äußerungen im Lichte von Theorien über den Sprachgebrauch (dh den Auslegungsregeln) erkannt und verstanden werden. Es ist daher auch durchaus zutreffend, wenn man mit den Worten *Weinbergers* die Rechtsnormen als „Idealentitäten“ umschreibt, „die nicht der direkten Beobachtung, sondern nur dem Verstehen zugänglich sind“. Allerdings handelt es sich dabei um kein Charakteristikum des Erkenntnisobjektes der Rechtsdogmatik. Vielmehr haben insbesondere *Karl Popper* und *Hans Albert* gezeigt, dass *jede* Form von Wahrnehmung auf Grund eines theoretischen Vorwissens erfolgt und damit „theoriegebunden“ ist. Das gilt insbesondere auch für alltägliche Beobachtungen (zB eines Glases Wasser), die stets bestimmte theoretische Vorstellungen (zB über bestimmte regelmäßige Eigenschaften eines „Glases“ und von „Wasser“ darin[59]) voraussetzen. Dieser Umstand wird von *Albert* als „Transzendenz der Wahrnehmung“[60] bezeichnet und von *Popper* dahingehend umschrieben, dass „es keine uninterpretierten visuellen Sinnesdaten gibt, keine ‚Empfindungen‘ oder ‚Elemente‘ im Sinne *Machs*. Was immer uns ‚gegeben‘ ist, ist bereits theoretisch interpretiert, entschlüsselt, von Hypothesen durchtränkt“[61]. Die Theoriebildung in den empirischen Wissenschaften wie den Natur- oder Sozialwissenschaften (Wirtschaftswis-

58 So auch *Kelsen*, Rechtslehre², 76 (Siehe dagegen aber *Kelsen*, ZÖR 1959, 59); *Robert Walter*, Die Entwicklung der Reinen Rechtslehre und das Auslegungsproblem, ARSP Beiheft 1984, 129 (130); *Roberto J. Vernengo*, Truth and Validity in Law and Morals, in Clemens Jabloner/Gabriele Kucsko-Stadlmayer/René Laurer/Kurt Ringhofer/Rudolf Thienel (Hrsg), Staatsrecht in Theorie und Praxis. Festschrift für Robert Walter zum 60. Geburtstag (1991), 727 (728 ff).

59 Zu diesem Beispiel *Popper*, Logik⁹, 61.

60 *Hans Albert*, Die Wissenschaft und die Fehlbarkeit der Vernunft (1982), 22; *derselbe*, Erkenntnislehre, 56, 99.

61 *Popper*, Ausgangspunkte, 201.

senschaften oder Soziologie) ist nur eine Fortsetzung dieser alltäglichen Erkenntnispraxis. Auch deren Erkenntnisse erfolgen „theorieabhängig“, indem bestimmte Phänomene auf Grund theoretischer Voraussetzungen wahrgenommen und verstanden werden.

In der Medizin werden etwa bestimmte Symptome (zB Ausschlag) im Lichte von Krankheitstheorien (zB Theorie der Krankheit „Masern“) als eine bestimmte Krankheit („Masern“) diagnostiziert. In der Physik erfolgt eine Deutung gewisser Naturereignisse (zB Brand) auf Grund physikalischer Theorien („Theorie des Blitzeinschlages“) als physikalische Phänomene („Blitzeinschlag“).

Es ist also keineswegs so, dass sich im Sinne von *Kelsen* manche Wissenschaften (wie etwa die Natur- oder Sozialwissenschaften) mit „Tatsachen“ befassen und sich demgegenüber die Rechtsdogmatik mit „dem Sinn von Tatsachen“ beschäftigt. Vielmehr sind auch die Erkenntnisobjekte der Natur- und empirischen Sozialwissenschaften (wie die physikalische und soziale Wirklichkeit) nur über theorieabhängige Interpretationen erschließbar. Auch in diesen Wissenschaften werden sinnliche Wahrnehmungen erst im Lichte allgemeiner Sätze („Theorien“) verständlich. Alle empirischen Erkenntnisse und damit auch Beobachtungen physikalischer Vorgänge oder sozialer Verhaltensweisen stellen demnach **„Idealentitäten“** oder **„Gedankeninhalte“** dar. Denn es handelt sich bei ihnen um Interpretationen sinnlicher Wahrnehmungen im Lichte von Theorien (allgemeinen Sätzen über Naturphänomene oder sozialen Verhaltensweisen).

Zwischen den Erkenntnissen der Natur- und Sozialwissenschaften und der Rechtsdogmatik besteht insoweit kein Unterschied, weil auch die Erkenntnisse der Rechtsdogmatik (die Rechtsnormen) Interpretationen sinnlicher Wahrnehmungen (zB von Texten) im Lichte von Theorien (Auslegungsregeln als allgemeine Sätze über den Sprachgebrauch) darstellen. Daraus folgt, dass die Erkenntnisse der Natur- und Sozialwissenschaften gleichermaßen wie jene der Rechtsdogmatik „nicht der direkten Beobachtung, sondern nur dem Verstehen zugänglich“ sind. Somit liegt in den Natur- und Sozialwissenschaften sowie in der Rechtsdogmatik bezüglich der Wahrnehmbarkeit der jeweiligen Erkenntnisobjekte in der empirischen Wirklichkeit eine weitgehend gleichartige Situation vor: In allen diesen Wissenschaften werden sinnliche Wahrnehmungen im Lichte allgemeiner Sätze über die Wirklichkeit und damit theorieabhängig interpretiert. Ihre Erkenntnisse, im einen Fall positive Rechtsnormen, im anderen bestimmte Phänomene der Natur (zB Krankheit) oder sozialen Wirklichkeit (zB Inflation) stellen „Idealentitäten“

dar, und eine „unmittelbare Wahrnehmung" ist in keiner dieser Wissenschaften möglich. Die Rechtsdogmatik ist daher den Natur- und Sozialwissenschaften insoweit **„empirisch gleichwertig"**[62].

Diese „empirische Gleichwertigkeit" besteht allerdings nur insoweit, als es in allen diesen Wissenschaften um die Deutung sinnlicher Wahrnehmungen im Lichte allgemeiner Sätze („Theorien") geht. In anderer Hinsicht liegen durchaus erhebliche Unterschiede zwischen der Rechtsdogmatik auf der einen und den Natur- sowie Sozialwissenschaften auf der anderen Seite vor. Ein maßgeblicher Unterschied besteht darin, dass es den Natur- und Sozialwissenschaften nicht nur um die Deutung von Einzelereignissen geht. Vielmehr steht bei ihnen auch das Auffinden von Theorien über die empirische Wirklichkeit im Vordergrund. Sie sind insoweit „*nomothetische*" Wissenschaften (dh „*Gesetzeswissenschaften*"), weil ihr Erkenntnisinteresse sehr wesentlich auf der Theoriebildung (zB „Naturgesetze") liegt. In dieser Hinsicht haben es diese Wissenschaften mit „nicht abgeschlossenen Sachverhalten"[63] zu tun, weshalb ihre empirische Basis (und damit die Möglichkeit der Überprüfbarkeit der Theorien) unendlich groß ist (eine Theorie kann immer wieder anhand neuer Entwicklungen getestet werden). Im Bereich der Rechtswissenschaft kann man zwar die Rechtstheorie als „nomothetische" Wissenschaft ansehen, weil sie allgemeine Aussagen über das positive Recht schlechthin trifft und sich daher ebenfalls auf „nicht abgeschlossene Sachverhalte" bezieht (rechtstheoretische Aussagen sind auch anhand künftiger Entwicklungen in positiven Rechtsordnungen zu prüfen). Bei der Rechtsdogmatik steht demgegenüber die Ermittlung des Sinngehaltes einer bestimmten Äußerung („Rechtsvorschrift") und insoweit die Deutung eines „abgeschlossenen Sachverhalts" im Mittelpunkt. Ähnlich wie die Geschichtswissenschaft kann man daher die Rechtsdogmatik als „*idiographische*" Wissenschaft („*Ereigniswissenschaft*") bezeichnen.[64]

Kein tragfähiger Einwand gegen die dargelegte „empirische Gleichwertigkeit" der Rechtsdogmatik lässt sich allerdings aus dem Umstand gewinnen, dass die Auslegung von Rechtsvorschriften auf Grund der Unbestimmtheit sprachlicher Anordnungen zu mehreren vertretbaren Lösungen führen kann (wenn etwa der Wortsinn mehrdeutig ist und pragmatische Kriterien unterschiedliche Lösungen gleichermaßen plausibel erscheinen lassen). Denn es spricht nicht gegen die „empirische Gleichwertigkeit", wenn der objektive Sinngehalt von Rechtsvorschriften[65] mehrdeutig oder vage ist.[66] Im Übrigen

62 So bereits *Potacs*, Rechtstheorie 1994, 198; *derselbe*, in Neck/Salamun, 116. Im Ergebnis ebenso *Kelsen*, ZÖR 1959, 59.

63 Dazu auch VI.B.3.c).

64 Die Unterscheidung zwischen „nomothetischer" und „ideographischer" Wissenschaft geht auf *Wilhelm Windelband*, Geschichte und Naturwissenschaft, in Windelband, Präludien, Band 2^4 (1911), 136 (141), zurück.

65 Dazu IV.E.

66 So im Ergebnis auch *Ralf Poscher*, Wahrheit und Recht. Die Wahrheitsfragen des Rechts im Lichte deflationärer Wahrheitstheorien, ARSP 2003, 200 (212).

ist anzumerken, dass auch in den Natur- und empirischen Sozialwissenschaften Theorien miteinander konkurrieren und verschiedene Deutungen von Phänomenen (wie zB Krankheiten) zulassen.

3. Falsifikation und Verifikation

a) Allgemeines

Unter **Verifikation** ist der Nachweis des Wahrheitsgehaltes einer Theorie zu verstehen. Nach einer traditionellen Vorstellung erfolgt die Verifikation einer Theorie nach Maßgabe des *„Induktionsprinzips"*, wonach aus einer Reihe einzelner Beobachtungen auf die Richtigkeit einer allgemeinen Aussage geschlossen werden kann. Demnach stellt die Verifikation auf Grund eines Induktionsschlusses sowohl ein Abgrenzungskriterium zwischen „empirisch-wissenschaftlichen" und „metaphysischen" Theorien als auch ein methodisches Prinzip der empirischen Wissenschaften dar. Der Kritische Rationalismus *Karl Poppers* hat jedoch gezeigt, dass sich ein solcher Induktionsschluss stets als falsch herausstellen kann.[67] Denn er beruht letztlich immer auf einer begrenzten Zahl an Anwendungsfällen. Auch noch so viele Beobachtungen können nicht ausschließen, dass einmal eine die Theorie widerlegende Beobachtung gemacht wird. Damit erweist sich zum einen das Induktionsprinzip als untauglich, den Wahrheitsgehalt einer Theorie zwingend (dh „logisch"[68]) nachzuweisen. Zum anderen erscheint damit nach Auffassung des Kritischen Rationalismus auch die Verifikation einer Theorie nicht möglich, weil sie sich durch kein logisches Prinzip begründen lässt.

So berechtigen nach *Popper* noch so viele Beobachtungen über weiße Schwäne nicht dazu, den Satz „Alle Schwäne sind weiß" für „verifiziert" zu halten. Denn es ist nicht auszuschließen, dass auch einmal schwarze Schwäne beobachtet werden.[69]

Das auf der Induktion basierende Verifikationsprinzip eignet sich demnach für den Kritischen Rationalismus weder zur Abgrenzung zwischen „empirisch-wissenschaftlichen" und „metaphysischen" Theorien noch als methodisches Prinzip der wissenschaftlichen Forschung. Ausgehend von der

67 Siehe bereits *David Hume*, Eine Untersuchung über den menschlichen Verstand, Reclam Ausgabe (1982), 55.

68 Vgl *Popper*, Logik^9, 3.

69 Zu diesem Beispiel *Popper*, Logik^7, 3.

Einsicht, dass jede menschliche Erkenntnis nur hypothetischen Charakter hat (also durch neue Erkenntnisse widerlegt werden kann) und die Ergebnisse wissenschaftlicher Forschung nur Vermutungswissen darstellen, werden nach Ansicht des Kritischen Rationalismus beide Funktionen besser durch das Prinzip der **Falsifikation** erfüllt. Nur solche Theorien, die an der Erfahrung scheitern können (und daher empirisch widerlegbar sind), werden von ihm den „empirischen" Wissenschaften zugerechnet. Theorien, die sich gegenüber Widerlegungen als „immun"[70] erweisen (weil sie auf Grund ihrer Allgemeinheit und Abstraktion auf alle empirischen Konstellationen anwendbar sind), sind demgegenüber nach Ansicht des Kritischen Rationalismus als „metaphysische" Theorien einzustufen. Das Falsifikationsprinzip führt gleichzeitig auch zu einer „kritischen Methode, der Methode von Versuch und Irrtum"[71]. Für den Kritischen Rationalismus *Poppers* handelt es sich auch beim Falsifikationsprinzip allerdings um kein „logisch" zwingendes Prinzip, sondern um einen „Vorschlag für eine Festsetzung"[72]. Dieser findet seine Rechtfertigung darin, dass er als Abgrenzungskriterium und methodisches Prinzip für die Beschreibung der objektiven Wirklichkeit adäquat erscheint. Es stellt sich daher die Frage, inwieweit das Falsifikationsprinzip auch für eine „objektive Rechtswissenschaft"[73] eine erkenntnisfördernde Rolle erfüllen kann.

b) Falsifikation als Abgrenzungskriterium

Das Falsifikationsprinzip als Abgrenzungskriterium bedeutet, wie gesagt, dass nur solche Theorien als „wissenschaftlich" (dh „nicht metaphysisch") angesehen werden, die sich anhand der empirischen Wirklichkeit überprüfen und allenfalls widerlegen lassen. Eine solche Überprüfung erfolgt durch Aussagen über Beobachtungen von Einzelereignissen, die als **„Protokollsätze"** oder **„Basissätze"** bezeichnet werden. Das ist vor allem für die juristischen Auslegungsregeln von Bedeutung, die als Theorien des Sprachgebrauchs angesehen werden können.[74] Auf sie ist die Anwendbarkeit des Falsifikations-

70 Dazu näher insbesondere *Popper*, Ausgangspunkte, 53 ff. Siehe auch *Popper*, Logik^7, 11 f.

71 *Popper*, Ausgangspunkte, 118.

72 *Popper*, Logik^7, 12.

73 Dazu IV.E.

74 Siehe VI.B.1.

prinzips als Abgrenzungskriterium durchaus denkbar.[75] Demnach dürften nur solche Auslegungsregeln als zulässig für die Interpretation anerkannt werden, deren Akzeptanz und Verwendung in der Kommunikationspraxis durch Beobachtung widerlegbar geprüft werden können. Hingegen wären Interpretationskriterien unzulässig, die sich nicht mit Protokollsätzen über Phänomene des allgemeinen Sprachgebrauchs, sondern mit anderen Überlegungen (wie zB ausschließlich mit einer bestimmten Weltanschauung) begründen lassen. Da sich Rechtsetzer des Sprachgebrauchs zur Vermittlung ihrer Anordnungen bedienen, kommt der objektive Sinngehalt von Rechtsvorschriften auch nach Maßgabe der Regeln des Sprachgebrauchs zum Ausdruck. Das Falsifikationsprinzip erscheint daher auch für eine an der objektiven Beschreibung des positiven Rechts interessierte Wissenschaft ein geeignetes Kriterium, um adäquate (dh „wissenschaftliche") von nicht adäquaten (dh „metaphysischen") Auslegungsregeln („Theorien") voneinander abzugrenzen. Zwar bedarf es in der Praxis einer solchen Überprüfung der Auslegungsregeln nicht, weil diese den Teilnehmern einer juristischen Diskussion auf Grund ihrer Sprachkompetenz meist hinreichend geläufig sind.[76] Entscheidend ist jedoch, dass eine solche Überprüfung durch Beobachtung der Kommunikationspraxis (anhand von Protokollsätzen) zumindest möglich ist, womit dem Falsifikationskriterium als Abgrenzungskriterium bereits entsprochen wird.

c) Falsifikation als methodisches Prinzip

Bei der Interpretation von Rechtsvorschriften spielt meist auch weniger die prinzipielle Zulässigkeit von Auslegungsregeln eine Rolle. Im Vordergrund steht vielmehr die Frage, welche der anerkannten Auslegungsregeln im konkreten Fall zum Tragen kommt. Dabei ist wieder daran zu erinnern, dass es bei der Auslegung von Rechtsvorschriften um die Ermittlung eines „sprachlichen" Willens eines Rechtsetzers geht.[77] Dieser „Wille" tritt durch eine begrenzte Anzahl von sinnlich wahrnehmbaren Anhaltspunkten in Erscheinung. Dabei handelt es sich um die Äußerung des Rechtsetzers und deren Begleitumstände. Diese Anhaltspunkte sind der Beobachtung zugänglich und lassen sich durch „Protokoll-„ oder „Basissätze" (zB über den Rechtstext

75 So bereits *Potacs*, Rechtstheorie 1994, 205; *derselbe*, in Neck/Salamun, 117 f.

76 Siehe VI.A.3.

77 Näher II.E.

oder die Gesetzesmaterialien) beschreiben. Auf ihrer Grundlage lassen sich mögliche Auslegungsvarianten und ihr Für und Wider zumindest **theoretisch** voll ausschöpfen und allenfalls „**verifizieren**“[78]. Praktisch kann freilich nicht ausgeschlossen werden, dass bei noch so sogfältiger Auslegung einzelne Aspekte unbeachtet bleiben und somit ein Ergebnis durch neu auftauchende Gesichtspunkte zumindest potentiell immer in Zweifel gezogen werden kann. Es ist demnach nicht unangemessen, wenn man jeder Auslegung bloß **hypothetischen** Charakter beimisst. Jedes Ergebnis einer Interpretation kann demnach als bloß vorläufiges Ergebnis aufgefasst werden, das immer wieder überprüft und durch neue Einsichten widerlegt werden kann.[79]

Allerdings kann man die Verwendung des Wortes „Falsifikation“ für diese Methode in Frage stellen, weil darunter herkömmlicherweise die Widerlegung allgemeiner Sätze durch besondere Sätze (Protokoll- oder Basissätze) und nicht das Problematisieren einer Auslegung von Einzelereignissen (wie einer Äußerung) auf Grund neu auftretender Umstände verstanden wird. Entscheidender ist jedoch, dass sich die Theorien von größerer Reichweite (etwa jene der Natur- und empirischen Sozialwissenschaften) im Allgemeinen auf „nicht abgeschlossene Sachverhalte“[80] beziehen. Eine Überprüfung und allfällige Falsifikation müsste hier anhand einer unbegrenzten Anzahl von Protokollsätzen vorgenommen werden. Das lässt eine abschließende Beweisführung unmöglich erscheinen, weshalb eine „Verifikation“ von Theorien über „nicht abgeschlossene Sachverhalte“ weder theoretisch noch praktisch möglich erscheint. Dagegen bezieht sich die Auslegung positiver Rechtsvorschriften („rechtsdogmatische Theorien“[81]) auf einen „abgeschlossenen Sachverhalt“ und zwar die Äußerung des Rechtsetzers und ihre Begleitumstände. Das bedeutet freilich auch geringere Möglichkeiten für Protokollsätze und damit für eine kritische Überprüfung, weshalb die Leistungsfähigkeit des Falsifikationsprinzips als methodisches Prinzip der Rechtsdogmatik nicht überschätzt werden darf.

78 So bereits *Potacs*, Rechtstheorie 1994, 206; *derselbe*, in Neck/Salamun, 119. AA aber anscheinend *Jens-Peter Damas,* Ist die Rechtswissenschaft eine „Wissenschaft“?, ARSP 2003, 186 (189).

79 So etwa *Thienel*, Rationalismus, 211 f.

80 Siehe VI.B.2.

81 VI.B.1.

VII. Methoden

A. Vorbemerkung

Die Auslegungsregeln des allgemeinen Sprachgebrauchs sind vielfältig und in ihrer Gesamtheit auch nur schwer zu erfassen. Das betrifft insbesondere pragmatische Auslegungskriterien, die in verschiedenen Spielarten auf den Kontext Bezug nehmen. Dazu gehören der Textzusammenhang, der Zweck und die Entstehungsgeschichte einer Regelung, wobei auch diese Gesichtspunkte pragmatischer Interpretation wiederum verschiedene Ausprägungen aufweisen. Sie finden sich auch in einer Vielzahl an juristischen Auslegungsmethoden wieder[1], die im Laufe der Zeit von der Rechtsprechung und der Rechtswissenschaft entwickelt wurden. Vor allem aber sind die einzelnen Auslegungskriterien des allgemeinen Sprachgebrauchs mitunter schwer voneinander abzugrenzen. Aber auch das charakterisiert die traditionellen juristischen Auslegungsmethoden, die in konkreten Anwendungsfällen durchaus ineinander übergehen können.[2] So kann etwa eine Wortsinninterpretation mit einer teleologischen Auslegung zusammenfallen, wenn der Zweck einer Regelung im Gesetzestext ausdrücklich erwähnt wird. Ferner besteht keine klare Abgrenzung zwischen einer teleologischen und einer historischen Interpretation, wenn sich der Zweck der Vorschrift aus ihrer Entstehungsgeschichte ergibt. Ebenso fallen systematische Auslegung und teleologische Interpretation zusammen, wenn nur der Textzusammenhang einer Bestimmung ihren Sinn und Zweck erkennen lässt. Auch entspricht es sowohl dem Grundsatz einer sinnvollen Auslegung (die sinnwidrige Ergebnisse möglichst vermeidet) als auch dem einer möglichst wirkungsvollen Interpretation (*effet utile*), dass Ergebnisse vermieden werden sollen, nach denen eine Vorschrift überhaupt keine praktische Anwendung finden kann.

In der allgemeinen Kommunikationspraxis bereitet dieser Umstand ebenso wie bei der Auslegung von Rechtsvorschriften freilich keine größeren Probleme. Denn alle diese Kriterien dienen letztlich der Ermittlung des Sinngehaltes einer Äußerung und bedürfen dazu auch nicht unbedingt einer klaren Abgrenzung voneinander. Man könnte auch sagen, dass sämtliche

1 Siehe etwa die verschiedenen methodischen Ausprägungen der Bezugnahme auf den Textzusammenhang und Zweck der Regelung bei *Potacs*, Auslegung, 71 ff, 96 ff, sowie für das US-amerikanische Rechtssystem bei *Summers*, in MacCormick/Summers, 412 ff, und *Scalia/Garner*, Law, 47 ff; und für das britische Rechtssystem bei *Bankowski/MacCormick*, in MacCormick/Summers, 364 ff.

2 Siehe bereits *Potacs/Mayer*, in Tichý/Potacs/Dumbrovský, 21.

Auslegungskriterien nur Ausprägungen des allgemeinen Grundsatzes sind, wonach einer Äußerung (wie etwa einer Rechtsvorschrift) lediglich ein nach den jeweiligen Umständen *zusinnbarer* Inhalt beigemessen werden darf. In ihren unterschiedlichen Ausprägungen und Erscheinungsformen stellen Auslegungskriterien Anhaltspunkte dar, nach denen dem Autor einer Äußerung (wie einem Rechtsetzer) ein bestimmter Sinngehalt als von ihm gewollt zugesonnen werden kann. Auslegungskriterien sind daher in ihrer Gesamtheit als **Zusinnbarkeitskriterien** zu verstehen. Zum besseren Verständnis der verschiedenen Spielarten der Sinnermittlung von Rechtsvorschriften und wohl auch zur Gewährleistung eines nachvollziehbareren Umganges damit hat die traditionelle juristische Methodenlehre aus der Vielfalt und Komplexität des Sprachgebrauchs dennoch einzelne typische (semantische und pragmatische) Auslegungskriterien hervorgehoben und besonders bezeichnet. Die wichtigsten dieser Auslegungsmethoden werden im Folgenden vor dem Hintergrund der dargelegten rechtstheoretischen Ausgangsposition dargestellt und charakterisiert.

B. Wortsinninterpretation

Unter einer Wortsinninterpretation ist eine Sinnermittlung auf Grund der **üblichen Bedeutung** von Worten im Sprachgebrauch zu verstehen. Es handelt sich dabei um eine wesentliche Erscheinungsform der Semantik, die auf die übliche Verwendung von Worten und Sätzen im Sprachgebrauch abstellt.[3] Die Wortsinninterpretation hat für die Auslegung von Rechtsvorschriften unbestrittenermaßen einen hohen Stellenwert.[4] Das hängt damit zusammen, dass die Wortsinninterpretation als Teil der Semantik die im Sprachgebrauch üblichen und daher den Normadressaten einerseits besonders geläufigen und dem Rechtsetzer andererseits mit relativ hoher Plausibilität zusinnbaren Wortbedeutungen erfasst. Daraus erwächst eine verständliche Neigung der Interpreten, Rechtsvorschriften (ebenso wie Äußerungen in der Alltagskommunikation) zunächst einmal in ihrer semantischen Bedeutung zu verstehen[5], zu der vor allem auch der übliche Wortsinn gehört. Mit gutem Grund wird daher die Wortsinninterpretation auch als Ausgangspunkt („starting point“[6]) jeder Interpretation von in natürlicher Sprache verfassten Rechtsvorschriften betrachtet. Freilich wird im allgemeinen Sprachgebrauch ebenso wie bei der Auslegung von Rechtsvorschriften auch auf pragmatische Gesichtspunkte abgestellt, weshalb die Semantik als Ausgangspunkt der Interpretation kein zuverlässiges Interpretationsergebnis („ending point“[7]) gewährleistet. Doch wird in erheblichem Umfang darauf vertraut, dass Worte und Sätze in ihrer im Sprachgebrauch üblichen Bedeutung (Semantik) verwendet werden. Daraus erwächst eine **Vertrauensschutzfunktion** des semantischen Sinngehaltes von sprachlichen Äußerungen, die der Wortsinninterpretation eine beachtliche Überzeugungskraft („*prima facie force in justification*“[8]) und

---

3 Siehe VI.A.2.

4 ZB *Potacs*, Auslegung, 35 f, sowie aus rechtsvergleichender Perspektive *MacCormick/Summers*, in MacCormick/Summers, 533.

5 *Potacs*, Auslegung, 35 f.

6 So *Schauer*, Lawyer, 151. Ebenso *Scalia/Garner*, Law, 16. Zweifelnd an der Wortsinninterpretation als Ausgangspunkt der Auslegung von Rechtsvorschriften aus praktischer Perspektive allerdings *Posner*, Chicago Law Review 1983, 808 f.

7 Zutreffend *Schauer*, Lawyer, 151. Siehe auch *Scalia/Garner*, Law, 16: „But to say that one *begins* with the words of the statute is to suggest that one does not *end* there“ (Hervorhebungen im Original).

8 *MacCormick/Summers*, in MacCormick/Summers, 533 (Hervorhebung im Original). Dazu auch *Vogenauer*, Auslegung 1150.

damit bei der Abwägung im Rahmen des „beweglichen Systems der Auslegungskriterien“ besonderes Gewicht verleiht.[9] Das ist gerade in rechtsstaatlichen Ordnungen zu beachten, in denen Vorschriften über die Publikation von rechtlichen Anordnungen der Gewährleistung des Vertrauens auf den geschriebenen Rechtstext dienen. Aus der Vertrauensschutzfunktion des semantischen Sinngehaltes folgt somit ein gewisser Vorrang der Wortsinninterpretation, der nur durch gewichtige pragmatische Anhaltspunkte mit hoher Überzeugungskraft übertroffen wird.[10]

Etwas missverständlich ist es dagegen, wenn der Vorrang der Wortsinninterpretation mit der Vormachtstellung des parlamentarischen Gesetzgebers begründet wird.[11] Denn der Gesetzgeber beschließt über Rechtsvorschriften als „Sprechakte“, die grundsätzlich nicht nur den semantischen Sinngehalt, sondern auch die Pragmatik (den Äußerungskontext) umfassen. Soweit sich der Gesetzgeber der natürlichen Sprache zur Vermittlung seiner Anordnungen bedient, übernimmt er allerdings auch deren Konventionen, zu denen eben auch die dargelegte Vertrauensschutzfunktion der Semantik gehört. Insoweit erscheint es daher auch nicht überzogen, wenn mitunter im Wortsinn einer Rechtsvorschrift das beste Indiz für die Absicht des Gesetzgebers gesehen wird.[12]

Zur Semantik (als der üblichen Bedeutung von Worten und Sätzen im Sprachgebrauch) gehören nach hier vertretener Auffassung neben dem (üblichen) Wortsinn von Äußerungen auch die **Grammatik** (Regeln der Verwendung von Worten und Sätzen) sowie die **Syntax** (Regeln über die Beziehung von Zeichen zueinander). So kann ein Satzzeichen die Bedeutung von Sätzen semantisch verändern, wie folgendes Beispiel über die unterschiedliche Setzung von Beistrichen zeigt: Der Satz einer rechtlichen Autorität „Ich komme, nicht hängen“ (dh eine Todesstrafe soll nicht vollstreckt werden) bedeutet das Gegenteil des Satzes „Ich komme nicht, hängen“ (dh das Todesurteil soll vollstreckt werden).[13] Die Regeln der Grammatik und Synatx zeigen (ebenso wie der übliche Wortsinn) auf, wie Worte, Sätze und sonstige sprachliche Zeichen üblicherweise verwendet werden sollten und auch verwendet werden. Aus diesem Grund ist davon auszugehen, dass auch die Grammatik und Syntax von der Vertrauensschutzfunktion des semantischen Sinngehaltes einer Äußerung umfasst sind und bei der Auslegung das gleiche Gewicht besitzen[14]. Dies schließt nicht aus, dass im Sprachgebrauch (insbesondere in der Alltagskommunikation) mitunter von den Regeln der Grammatik und der Syntax (ebenso wie

9 *Potacs*, Auslegung, 36.

10 *Potacs*, Auslegung, 38 f.

11 So etwa in Großbritannien; siehe *Bankowski/MacCormick*, in MacCormick/Summers, 388; *Vogenauer*, Auslegung, 1160; *Melin*, Gesetzesauslegung, 66.

12 Siehe *Melin*, Gesetzesauslegung, 59.

13 Weitere Beispiele bei *Garner/Scalia*, Law, 161 ff.

14 In diesem Sinne kann die Berufung auf Grammatik und Syntax auch als Argumentation gleichen Typs wie die Wortsinninterpretation angesehen werden; dazu etwa *Summers*, in MacCormick/Summers, 413; *Scalia/Garner*, Law, 140 f.

etwa von einem eingebürgerten und in Wörterbüchern festgelegten Wortsinn) abgewichen wird. Nicht zuletzt aus diesem Grund ist es (ungeachtet des Gewichtes dieser semantischen Regeln) erforderlich, bei der Deutung von Äußerungen (wie Rechtsvorschriften) auch auf pragmatische Kriterien abzustellen.

Zur empirischen Ermittlung des Wortsinnes kommen vor allem anerkannte Wörterbücher in Betracht[15], die den im Sprachgebrauch üblichen Sinngehalt von Worten festschreiben. Hinzu kommt die Berufung auf Fachliteratur, wenn Rechtsetzer (etwa technische) Begriffe verwenden, die weder im Allgemeinen noch im juristischen Sprachgebrauch hinreichend bekannt sind.[16] Vor allem aber erfolgt eine Ermittlung des Wortsinnes im allgemeinen Sprachgebrauch auf Grund der Teilnehmer auf Grund der **eigenen Sprachkompetenz** als Mitglied der Kommunikationsgemeinschaft. Das ist auch bei der Ermittlung des üblichen Wortsinnes von Rechtsvorschriften grundsätzlich zulässig.[17] Denn zum einen wären empirische Untersuchungen zum Nachweis der üblichen Wortbedeutungen im Sprachgebrauch (abgesehen von einem Blick in Wörterbücher oder Fachliteratur) mit einem erheblichen Aufwand verbunden. Sie würden die Interpretation von Rechtsvorschriften in einer Weise in die Länge ziehen, die kaum von einem Rechtsetzer als gewollt angesehen werden kann. Das gilt insbesondere für rechtsstaatliche Ordnungen, die sich einer angemessenen Verfahrensdauer verpflichtet fühlen. Vor allem aber entspricht die Berufung auf die eigene Sprachkompetenz (wie schon dargelegt[18]) dem allgemeinen Sprachgebrauch, den Rechtsetzer zur Vermittlung ihrer Anordnungen heranziehen.

Allerdings ist daran zu erinnern, dass Rechtsvorschriften nach hier vertretener Auffassung grundsätzlich in ihrer entstehungszeitlichen Bedeutung zu verstehen sind.[19] Daraus folgt, dass auch die Wortsinninterpretation den zum **Entstehungszeitpunkt** der Vorschrift üblichen Wortsinn zu ermitteln hat.[20]

15 Siehe etwa *Koch/Rüßmann*, Begründungslehre, 56 f; *Summers*, in MacCormick/Summers, 412, 423. Gegen eine unkritische Verwendung von Wörterbüchern allerdings zutreffend *Scalia/Garner*, Law, 415 ff.

16 *Potacs*, Auslegung, 56.

17 *Koch/Rüßmann*, Begründungslehre, 191; *Potacs*, Auslegung, 56. Siehe dazu bereits V.A.3.

18 Siehe VI.A.3.

19 Siehe III.A.2.d).

20 So auch *Scalia/Garner*, Law, 78 ff („*Fixed-Meaning Canon*"), die zutreffend feststellen, dass dieser „originalism", auch dem normalen und natürlichen Verständnis von in der Vergangenheit getätigten Äußerungen entspricht; *Scalia/Garner*, Law, 82.

Sofern ein Wandel des üblichen Wortsinnes im Sprachgebrauch stattgefunden hat, kommt daher eine Berufung auf die eigene Sprachkompetenz nur beschränkt in Betracht. Eine Wortsinninterpretation hat diesfalls auf Grund von empirischen Nachweisen (zB zeitgenössische Wörterbücher) über die zum Entstehungszeitpunkt übliche Wortverwendung zu erfolgen.[21] Eine Ausnahme davon besteht insoweit, als Rechtsvorschriften relativ „offen" formuliert sind und damit Worte verwenden, die von vorneherein eine gewisse raumzeitlich dynamische Bedeutung aufweisen, indem sie etwa auf Wandlungen im außerrechtlichen Bereich abstellen.[22] Sie lassen (soferne nicht gewichtige pragmatische Kriterien dagegen sprechen) darauf schließen, dass der Rechtsetzer die von ihm verwendeten Begriffe „dynamisch" und damit in ihrer jeweils aktuellen Bedeutung interpretiert wissen will.

So kann etwa der Begriff „Vertrauenswürdigkeit" in einer Rechtsvorschrift dahingehend verstanden werden, dass er auf sich wandelnde gesellschaftliche Vorstellungen und Wertungen abstellt.[23] Bei einem solchen Verständnis besitzt dieser Begriff von vorneherein eine raum-zeitlich dynamische Bedeutung und kann unter Berufung auf die eigene Sprachkompetenz der Interpreten und damit im Sinne seines aktuellen Sinngehaltes interpretiert werden.[24] Gleiches gilt etwa für ein Verbot von „Gesundheitsgefährdungen" durch Betriebsanlagen, weil der Begriff der „Gesundheitsgefährdung" vom jeweiligen Stand der Wissenschaft abhängt und daher im Laufe der Zeit seine Bedeutung ändern kann.

Freilich ist der übliche Wortsinn einer Vorschrift vielfach vage und unbestimmt. Es ist unbestritten, dass in dieser Situation eine Bedachtnahme auf Aspekte des Kontextes der Regelung zur näheren Bestimmung ihres Sinngehaltes zulässig und geboten ist („pragmatische Aspekte einer semantischen Interpretation"[25]). Dagegen besagt die sogenannte **„Klarheitsregel"**, dass sich weitere Interpretationsschritte erübrigen, wenn der übliche Wortsinn einer Vorschrift „eindeutig" ist (*in claris non fit interpretatio*).[26] Dieser Auslegungsgrundsatz ist durchaus verbreitet und im anglo-amerikanischen Rechts-

21 Diesem Umstand wird etwa in Österreich durch die „Versteinerungstheorie" Rechnung getragen, wonach der Wortsinn von Verfassungsbestimmungen anhand der üblichen Wortbedeutungen zum Entstehungszeitpunkt (vor allem in der damaligen Rechtsordnung) ermittelt wird; dazu näher *Ewald Wiederin*, Anmerkungen zur Versteinerungstheorie, in Festschrift für Günther Winkler (1997), 1231 ff.

22 Siehe bereits III.A.2.d).

23 Zu diesem Beispiel *Potacs*, Auslegung, 56.

24 Siehe auch das Beispiel in III.A.2.d).

25 Siehe VI.A.2.

26 Dazu eingehend *Potacs*, Auslegung, 58 ff.

bereich unter dem Begriff der „*plain meaning rule*“[27] und in Frankreich als Theorie des „*acte clair*“ oder des „*sens clair*“[28] bekannt. Dahinter steht der Gedanke, dass sich Rechtsetzer insbesondere in rechtsstaatlichen Ordnungen darum bemühen, ihre Anordnungen in semantisch möglichst klarer und erschöpfender Weise zum Ausdruck zu bringen.[29] Diese Überlegung hat gewiss einiges für sich, weil ein solches Bemühen dem besseren Verständnis von Rechtsvorschriften dient und daher durchaus plausibel ist.

Freilich ist der Begriff des „klaren Wortsinnes“ relativ zu verstehen, weil die semantische „Klarheit“ einer Vorschrift von Anwendungsbereich zu Anwendungsbereich variieren kann. So ist es durchaus möglich, dass der übliche Wortsinn in Bezug auf die Lösung bestimmter Fälle „klar“ im Hinblick auf andere Fälle aber durchaus „unklar“ erscheint.[30]

Allerdings darf das Bemühen des Rechtsetzers um semantische Klarheit und Präzision auch in rechtsstaatlichen Ordnungen **nicht überbewertet** werden. Denn zum einen ist es für den Rechtsetzer in einer komplexen Welt mitunter schwer, alle vom Zweck der Vorschrift erfassten Fälle vorherzusehen und einer ausdrücklichen Regelung zu unterwerfen.[31] Dies führt dazu, dass sich Rechtsetzer immer wieder einer „verkürzten“ oder „überschießenden“ semantischen Ausdrucksweise bedienen.[32] Vor allem aber ist den Rechtsunterworfenen aus der Alltagskommunikation auch ein Abstellen auf pragmatische Auslegungskriterien keineswegs fremd. Pragmatische Interpretationsregeln erfüllen im allgemeinen ebenso wie im juristischen Sprachgebrauch eine sprachökonomische Funktion.[33] Sie helfen aufwendige semantische Formulierungen zu vermeiden, die den rechtsstaatlichen Anforderungen an Klarheit und Übersichtlichkeit durchaus zuwiderlaufen könnten. Aus diesen Gründen ist kaum anzunehmen, dass ein Rechtsetzer auch in rechtsstaatlichen Ordnungen seine Anordnungen stets in semantisch präziser und er-

27 *Scalia/Garner*, Law, 436. Dazu etwa *Llewellyn*, Vanderbilt Law Review 1949–1950, 403; *Fikentscher*, Methoden II, 265; *Melin*, Gesetzesauslegung, 59; *Bankowski/MacCormick*, in MacCormick/Summers, 384; *Peter Linzer*, The Comfort of Certainty: Plain Meaning and the Parol Evidence Rule, Fordham Law Review 71 (2002), 799 ff.

28 *Vogenauer*, Auslegung, 249.

29 *Potacs*, Auslegung, 37. In diesem Sinne auch *MacCormick*, Ratio 1993, 28, der von einem „aim of preserving clarity and accuracy in legislative language“ spricht.

30 Zutreffend *Schauer*, Lawyer, 162.

31 Siehe zu diesem Aspekt *Greenawalt*, Legal Interpretation, 185.

32 Siehe VII.I. und VII.J.

33 *Searle*, Sprechakte, 92.

schöpfender Weise zum Ausdruck bringt. Es ist daher immer möglich, dass einem „klaren“ Wortsinn pragmatische Argumente mit größerer Überzeugungskraft im Hinblick auf den Willen des Rechtsetzers gegenüberstehen.[34] Eine Vorschrift erscheint auf Grund ihres Wortsinnes auch vielfach deshalb als „klar“, weil im konkreten Fall kein pragmatisches Auslegungskriterium dagegen spricht.[35] Bei kritischer Betrachtung ist jedoch stets zu prüfen, ob bei einer Abwägung im Rahmen des „beweglichen Systems der Auslegungskriterien“ pragmatische Gesichtspunkte mehr Gewicht als ein „klarer Wortsinn“ besitzen. Dabei ist freilich stets die erwähnte Vertrauensschutzfunktion des semantischen Sinngehaltes ins Kalkül zu ziehen, die einer Auslegung auf Grund „reiner Pragmatik“[36] entgegengehalten werden könnte. Doch können pragmatische Argumente den Willen des Rechtsetzers mit derart großer Überzeugungskraft dokumentieren, dass sie das Gewicht der semantischen Auslegung (einschließlich der Wortsinninterpretation) überwiegen.[37]

Ein einseitiges Abstellen auf die Wortsinninterpretation ohne hinreichende Berücksichtigung pragmatischer Aspekte wie den Zweck der Regelung wird häufig als **„formalistisch“** kritisiert.[38]

---

34 Dies entspricht im Ergebnis einer verbreiteten Auffassung. Siehe allgemein etwa *MacCormick/Summers*, in MacCormick/Summers, 531, sowie in Bezug auf die USA *Summers*, in MacCormick/Summers, 434 ff, und im Hinblick auf Großbritannien (wo die Wortsinninterpretation traditionell ein relativ hohes Gewicht besitzt) *Bankowski/MacCormick*, in MacCormick/Summers, 384.

35 *Potacs*, Auslegung, 70. Siehe auch *Searle*, Ausdruck, 157, demzufolge ein „Sprecher, als Bestandteil seiner sprachlichen Kompetenz, die wörtliche Bedeutung vieler Sätze nur vor einem Hintergrund von anderen Annahmen anwenden“ kann.

36 Siehe VI.A.2.

37 Zutreffend stellt *Barak*, Purpusive Interpretation, 13, fest: „The real question is what rules of interpretation are needed to arrive at the text’s plain meaning.“

38 Dazu *Barak*, Purpusive Interpretation, 27; *Schauer*, Lawyer, 29 f, mwN. Unter „Formalismus“ wird allerdings auch eine Denkrichtung verstanden, nach der es in Rechtsordnungen für alle Rechtsfragen stets eine zutreffende Lösung gibt. Juristische Tätigkeit ist demnach auf bestimmte „logische“ Operationen wie etwa syllogistische Schlussfolgerungen (siehe dazu IV.D.) beschränkt. In diesem Sinn wird der Begriff „Formalismus“ etwa von *Posner*; Legal Theory, 165, und *Shapiro*, Legality, 241 f, verwendet.

C. Interpretation nach dem Textzusammenhang

Die Auslegung nach dem Textzusammenhang kann als Sammelbegriff für verschiedene Interpretationstechniken angesehen werden, bei der zur Auslegung einer Vorschrift auf andere Textstellen Bezug genommen wird. Auch sie ist aus der allgemeinen Kommunikationspraxis bekannt, wo bei der Deutung von schriftlichen Äußerungen auf den gesamten Text Bedacht genommen wird. Bei der Interpretation von Rechtstexten hat diese Form der Auslegung dadurch eine besondere Ausprägung erfahren, dass der Zusammenhang einer Bestimmung mit anderen Textstellen auf unterschiedlichem Niveau erfolgen kann. Dabei sind zwei Extremfälle des Verständnisses von Textzusammenhang vorstellbar: Der Textzusammenhang kann sich auf die nähere Umgebung der auszulegenden Vorschrift im Text oder auf die Gesamtrechtsordnung beziehen.[39] Zwischen diesen Extremen sind freilich verschiedene Abstufungen möglich.[40] Eine Bezugnahme auf andere Vorschriften desselben Textes („*whole-text canon*"[41]) kommt ebenso in Betracht wie eine Berücksichtigung von verwandten Bestimmungen in anderen Gesetzen („*related-statutes canon*"[42]). Vereinfacht kann man daher von einem **engeren** und einem **weiteren** Textzusammenhang sprechen, auf den bei der Auslegung von Vorschriften Bedacht zu nehmen ist.

Allen Formen der Auslegung nach dem Textzusammenhang ist gemeinsam, dass eine Bezugnahme auf den Textzusammenhang in Verbindung mit bestimmten Konventionen des Sprachgebrauchs erfolgt. So kann sich der Sinngehalt einer Vorschrift aus ihrem **Zweck** ergeben, der aber erst in Zusammenhang mit anderen Vorschriften eines Gesetzes erkennbar ist (*systematisch-teleologische Auslegung*). Die Interpretation nach dem Textzusammenhang ist in diesem Fall eine Spielart der aus der allgemeinen Kommunikationspraxis bekannten Regel, wonach eine Äußerung nach Maßgabe ihres erkennbaren Zweckes zu deuten ist.[43] Das jeweilige Gewicht dieser Variante der Interpretation nach dem Textzusammenhang bestimmt sich danach, wie deutlich der Zweck der Regelung in den zur Auslegung herangezo-

39 Zur Gesamtrechtsordnung als Bezugspunkt der Interpretation *Bankowski/MacCormick*, in MacCormick/Summers, 366 f.

40 Dazu *Potacs*, Auslegung, 71 ff.

41 *Scalia/Garner*, Law, 167 ff.

42 *Scalia/Garner*, Law, 252 f.

43 Siehe näher zur teleologischen Interpretation VII.E.

genen Rechtsvorschriften zutage tritt. Ist der Zweck darin klar erkennbar, so wiegt dies auch im „beweglichen System der Auslegungskriterien" entsprechend schwer. Kann diesen Vorschriften dagegen nur ein möglicher (aber nicht völlig unzweifelhaft zusinnbarer) Zweck entnommen werden, dann ist auch das Gewicht dieses Interpretationskriteriums in diesem Fall geringer. Problematisch ist es jedenfalls, wenn allein aus der Regelungstechnik bestimmter Vorschriften auf eine bestimmte Zwecksetzung geschlossen wird.

Daher ist etwa eine uneingeschränkte Anwendung des Grundsatzes der engen Auslegung von **Ausnahmebestimmungen** unzulässig.[44] Denn es lässt sich nur anhand einer näheren Untersuchung des Zweckes der konkreten Ausnahmevorschrift feststellen, ob nach dem Willen des Rechtsetzers die Ausnahmen auf ein möglichst geringes Ausmaß zu beschränken sind.[45]

Eine Auslegung nach dem Textzusammenhang kann sich aber auch auf das vom Rechtsetzer gewählte **System** der Textgestaltung beziehen (*„systematische Interpretation"*). Dieses Auslegungskriterium bestimmt den Sinngehalt einer Vorschrift nach seiner Stellung in einem systematisch gestalteten Text. Ihm liegt die Auslegungsregel der allgemeinen Kommunikationspraxis zugrunde, wonach eine bestimmte Systematik von Äußerungen auch deren Sinngehalt prägt. Das Gewicht dieses Auslegungskriteriums bestimmt sich prinzipiell ebenfalls danach, mit welcher Deutlichkeit eine vom Autor einer Äußerung gewählte Systematik erkennbar ist. In der Regel bietet die Systematik eines Gesetzestextes aber doch sehr zuverlässige Rückschlüsse auf den Sinngehalt seiner Vorschriften. So kann sich aus bestimmten grundlegenden Vorschriften eines Rechtstextes die Bedeutung darin ebenfalls enthaltener spezieller technischer Detailregelungen ergeben. Vor allem lässt sich der Sinngehalt einer Vorschrift auf Grund des Titels eines Kapitels feststellen, in dem diese Vorschrift steht.

So kann ein Gesetz zunächst einmal die grundsätzliche Verpflichtung zur Genehmigung bestimmter Betriebsanlagen regeln. Ist dann in weiteren Vorschriften nur mehr von der „Genehmigung" die Rede, dann ist damit die Genehmigung der vom Gesetz erfassten Betriebsanlagen gemeint.

Steht ein Gesetzestext unter der Überschrift „Uneheliche Kinder", dann bezieht er sich auch dann nur auf „uneheliche" Kinder, wenn im Text selbst (aus Gründen der Vereinfachung) nur mehr von „Kindern" (ohne Einschränkung auf „uneheliche") die Rede ist.

---

44 Zu diesem Grundsatz etwa *Potacs*, Auslegung, 79 f, 86 f, 91 f, 96; *Scalia/Garner*, Law, 359 ff.

45 Siehe etwa *Bydlinski*, Methodenlehre², 440, mwN.

Eine wichtige Variante der Auslegung nach dem Textzusammenhang stellt der Grundsatz der **„Einheit der Rechtssprache"** dar.[46] In seiner allgemeinsten Form besagt dieses Auslegungskriterium, dass gleichlautende Begriffe einer Rechtsordnung grundsätzlich auch den gleichen Inhalt haben. Ihm liegt die aus der allgemeinen Kommunikationspraxis bekannte Vorstellung zugrunde, dass ein Rechtsetzer mit der Verwendung gleicher Worte im Wesentlichen auch gleiche Inhalte verbindet.[47] Das Gewicht dieses Auslegungskriteriums variiert allerdings danach, in welchen Rechtstexten sich die miteinander in Beziehung gesetzten Wörter befinden. Dabei wiegt der Grundsatz der Einheit der Rechtssprache umso mehr, je enger der örtliche und sachliche Zusammenhang mit der zu interpretierenden Vorschrift ist.

Es ist einem Rechtsetzer etwa nur schwer zusinnbar, dass er in zwei aufeinanderfolgenden Sätzen ein und denselben Begriff in völlig unterschiedlicher Bedeutung verwendet. Aber auch bei der Auslegung eines Gesetzes oder bei verschiedenen in sachlichem Zusammenhang stehenden Gesetzen[48] besitzt der Grundsatz der „Einheit der Rechtsprache" relativ großes Gewicht. Weniger schwer wiegt dieser Grundsatz freilich, wenn sich gleich lautende Begriff in verschiedenen Gesetzen mit ganz unterschiedlichem Inhalt finden. Allerdings ist der Aspekt der „Einheit der Rechtssprache" auch bei einem weiteren Textzusammenhang nicht ganz ohne Relevanz. Wird doch auch in der allgemeinen Kommunikationspraxis einem Ausdruck keine andere Bedeutung beigemessen, als jene, in der er in diesem Äußerungskontext bereits verwendet wurde. Eine Rechtsordnung stellt gewiss einen Äußerungskontext im Sinne dieser Kommunikationspraxis dar.

Aus dem Grundsatz der „Einheit der Rechtssprache" folgt (im Umkehrschluss) aber auch, dass der Rechtsetzer mit der Verwendung **unterschiedlicher** Begriffe verschiedene Bedeutungen verbindet. Dieses Auslegungskriterium ist ebenfalls aus dem allgemeinen Sprachgebrauch bekannt, wo in Äußerungen verschiedenen Worten auch grundsätzlich ein unterschiedlicher Inhalt beigemessen wird. Ebenso wie beim Grundsatz der „Einheit der Rechtssprache" spielt für das Gewicht dieses Auslegungskriteriums der örtliche und sachliche Zusammenhang der zwei miteinander in Beziehung gesetzten Begriffe eine entscheidende Rolle.

46 Dazu *Summers*, in MacCormick/Summers, 440; *Potacs*, Auslegung, 78, 84 f, 90, 95; *Scalia/Garner*, Law, 170 ff.

47 Zutreffend wird allerdings von *Greenawalt*, Legal Interpretation, 36, darauf hingewiesen, dass ein als Kompromiss und Ergebnis verschiedener Überarbeitungen ergangener Gesetzgebungsakt nicht unbedingt die gleiche Kohärenz wie die Äußerung eines einzelnen Sprechers für sich in Anspruch nehmen kann.

48 *Bankowski/MacCormick*, in MacCormick/Summers, 369.

So wiegt dieses Auslegungskriterium besonders schwer, wenn ein Gesetzgeber in einem Satz zwei unterschiedliche Begriffe verwendet hat. Es kann kaum davon ausgegangen werden, dass der Gesetzgeber mit diesen Begriffen denselben Inhalt verbindet. Weniger gewichtig ist aber auch dieses Auslegungskriterium im Hinblick auf unterschiedliche Begriffe in verschiedenen Gesetzen ohne sachlichen Zusammenhang zueinander.

D. Rechtskonforme Interpretation

Nach dem Grundsatz der rechtskonformen Auslegung werden Rechtsvorschriften so interpretiert, dass ihr Sinngehalt in Übereinstimmung mit einer den Rechtsetzer verpflichtenden Norm steht. Sofern sich diese Verpflichtung in Texten befindet (und nicht etwa als ungeschriebener Rechtsgrundsatz besteht), handelt es sich bei der rechtskonformen Interpretation um eine weitere Variante der Auslegung nach dem Textzusammenhang (im weiteren Sinn).[49] Denn es wird dabei in verschiedener Weise auf Vorschriften in Rechtstexten Bedacht genommen, die in einem rechtlichen Zusammenhang mit der auszulegenden Bestimmung stehen. Die bekannteste Spielart der rechtskonformen Auslegung stellt die **verfassungskonforme** Interpretation von Gesetzen dar.[50] Als Varianten der rechtskonformen Auslegung kommt aber auch die gesetzeskonforme Interpretation von Verordnungen, Bescheiden und Urteilen in Betracht.[51] Eine wichtige Ausprägung der rechtskonformen Auslegung ist außerdem der Grundsatz, dass staatliche Vorschriften möglichst im Einklang mit internationalen Verpflichtungen zu interpretieren sind.[52] Für die Mitgliedstaaten der EU findet diese Art der rechtskonformen Auslegung in der unionsrechtskonformen Interpretation von staatlichem Recht einen wichtigen Ausdruck.[53] Allen diesen Varianten der rechtskonformen Auslegung liegt die Konvention des allgemeinen Sprachgebrauchs zugrunde, dass einer Äußerung grundsätzlich **kein ungehöriger** Sinngehalt unterstellt werden soll.[54] Wäre mit einem Verstoß gegen eine rechtliche Verpflichtung eine bestimmte Rechtsfolge verbunden, dann spricht für die rechtskonforme Auslegung auch die Überlegung, dass ein Rechtsetzer diese Rechtsfolge grundsätzlich vermeiden will.

49 *Potacs*, Auslegung, 76 f, 94 f.

50 Dazu etwa *Fikentscher*, Methoden II, 269; *Summers*, in MacCormick/Summers, 411, 443; *Vogenauer*, Auslegung, 239, 283, 787, 977, 1095; *Röhl/Röhl*, Rechtslehre[3], 624 f.

51 Siehe die Beispiele bei *Potacs*, Auslegung, 75 f, 83 f, 89 f.

52 So etwa in Bezug auf die Praxis britischer Gerichte *Bankowski/MacCormick*, in MacCormick/Summers, 396; *Vogenauer*, Auslegung, 242, 284, 788, 982, 1099.

53 Dazu *Öhlinger/Potacs*, EU-Recht[5], 88 ff.

54 *Rill*, ZfV 1985, 581. Siehe zu dieser sprachlichen Konvention allgemein *Isabel C. Hungerland*, Kontext-Implikation, in Georg Meggle (Hrsg), Handlung, Kommunikation, Bedeutung (1993), 266 (300 ff).

In Systemen mit einer gerichtlichen Kontrolle von Gesetzen im Hinblick auf ihre Verfassungskonformität ist einem Rechtsetzer grundsätzlich nicht zusinnbar, dass er seine Anordnungen der Gefahr der Aufhebung oder Ungültigerklärung durch Gerichte aussetzen will. Diese Überlegung findet etwa in der Rechtsprechung US-amerikanischer Gerichte im Auslegungsgrundsatz nach der „Gültigkeitsvermutung" *(„presumption of validity")*[55] ihren Ausdruck.

Im Hinblick auf das jeweilige Gewicht der rechtskonformen Auslegung ist zu berücksichtigen, dass die damit zu vermeidende Rechtswidrigkeit von unterschiedlicher Offenkundigkeit sein kann. So ist es etwa einerseits denkbar, dass eine bestimmte Auslegungsvariante eines Gesetzes ganz klar gegen eine Verfassungsbestimmung verstoßen würde, deren Inhalt insoweit durch eine ständige Rechtsprechung eines Verfassungsgerichtes völlig außer Streit steht. Andererseits ist es aber auch denkbar, dass eine Auslegungsvariante eines Gesetzes nur möglicherweise gegen eine Vorschrift der Verfassung verstoßen würde, weil die Verfassung insoweit keine eindeutige Interpretation erlaubt und eine Klärung durch ein Verfassungsgericht noch nicht erfolgt ist. Diese verschiedenen Ausgangssituationen machen im Hinblick auf das Gewicht der rechtskonformen Auslegung durchaus einen Unterschied. Unterstellt man einem Rechtsetzer ein Streben nach Rechtskonformität, dann richtet sich das Ausmaß der Zusinnbarkeit einer rechtswidrigen Regelung danach, wie deutlich diese Rechtswidrigkeit zu erkennen ist. Die Überzeugungskraft einer rechtskonformen Auslegung hängt also davon ab, wie **evident** eine allfällige Rechtswidrigkeit ohne rechtskonforme Auslegung wäre.[56] Je offensichtlicher sie wäre, desto eher wäre sie auch für den Rechtsetzer erkennbar gewesen und kann ihm nicht als von ihm gewollt zugesonnen werden. Umgekehrt erhalten andere Auslegungskriterien (wie etwa eine historische Interpretation) gegenüber der rechtskonformen Auslegung umso mehr Gewicht, je deutlicher sie einen anderen Willen des Rechtsetzers dokumentieren und je weniger evident eine durch sie allenfalls bewirkte Rechtswidrigkeit ausfällt.

In diesem Sinn wiegt etwa der Grundsatz der Vermeidung (bloßer) Zweifel an der Verfassungskonformität einer Bestimmung (*„Constitutional-Doubt Canon"*[57]) nicht so schwer wie die Überlegung der Vermeidung einer offenkundigen Verfassungswidrigkeit. Allerdings kann in bestimmten Rechtsordnungen einer rechtskonformen Auslegung auch von vorneherein größeres Gewicht beigemessen werden als anderen Auslegungskriterien.

---

55 *Garner/Scalia*, Law, 66 ff.
56 *Potacs*, Auslegung, 155, 202 f.
57 *Scalia/Garner*, Law, 247 ff.

So wiegt nach der Rechtsprechung des EuGH bei der Interpretation von staatlichem Recht die unionsrechtskonforme Auslegung schwerer als eine historische Interpretation.[58]

In der Lehre wird die Auffassung vertreten, dass eine rechtskonforme (insbesondere verfassungskonforme) Auslegung nur eine **Auswahlfunktion** aufweise. Sie sei demnach nur zulässig, wenn der Sinngehalt einer Vorschrift nach anderen Auslegungskriterien (insbesondere wegen einem mehrdeutigen und vagen Wortsinn) zweifelhaft ist. In dieser Situation diene die rechtskonforme Auslegung dazu, zwischen mehreren Auslegungsvarianten zu wählen.[59] Nach dieser Auffassung stellt die rechtskonforme Auslegung für sich genommen kein Kriterium dar, das ein nach anderen Kriterien (wie vor allem den „klaren" Wortsinn) gewonnenes Interpretationsergebnis in Zweifel ziehen könnte. Die rechtskonforme Auslegung allein vermag demnach keine „hard cases"[60] zu begründen. Diese Auffassung ist im Hinblick auf zu vermeidende evidente Verfassungswidrigkeiten fragwürdig. Könnte doch zumindest in bestimmten Fällen einem Rechtsetzer eine verfehlte Wortwahl eher zugesonnen werden als eine ansonsten offensichtlich rechtswidrige (insbesondere verfassungswidrige) Anordnung.

58 *Öhlinger/Potacs*, EU-Recht[5], 93.
59 So etwa *Röhl/Röhl*, Rechtslehre[3], 624.
60 Dazu VI.A.2.

E. Teleologische Interpretation

Auf Grund der teleologischen Interpretation werden Rechtsvorschriften nach dem Zweck der Regelung ausgelegt. Auch dieses Auslegungskriterium findet seine Begründung in der allgemeinen Kommunikationspraxis, in der bei der Ermittlung des Sinngehaltes einer Äußerung zumindest in der Regel deren Zielsetzung mit berücksichtigt wird.[61] Dahinter steht die Einsicht, dass mit menschlichen Aktivitäten grundsätzlich immer bestimmte Zwecke verfolgt werden. Das gilt insbesondere für normative Anordnungen, die der Herstellung eines bestimmten Zustandes dienen. Davon ausgehend ist anzunehmen, dass auch Rechtsvorschriften prinzipiell ein bestimmter Zweck zugrunde liegt. Dieser Zweck kann in manchen Rechtsexten oder in deren Präambel ausdrücklich genannt sein. Er kann sich aber auch aus der Entstehungsgeschichte der Vorschrift ergeben, indem er etwa in den Gesetzesmaterialien angeführt wird. Vor allem aber kann der Zweck einer Vorschrift nicht selten auch auf Grund von **Erfahrungen** mit der allgemeinen Kommunikationspraxis ermittelt werden. Einer Vorschrift wird demnach jener Zweck unterstellt, den eine solche Bestimmung im jeweiligen Kontext nach Maßgabe der Kommunikationspraxis üblicherweise hat. Diese Vorgangsweise entspricht ebenfalls dem allgemeinen Sprachgebrauch[62] und ist daher auch bei der Auslegung von Rechtsvorschriften zulässig[63].

Die Interpretation einer Rechtsvorschrift nach Maßgabe eines im Wege der historischen Interpretation ermittelten Zweckes wird als *„subjektiv-teleologische Auslegung“*[64] oder *„historisch-teleologische Auslegung“*[65] bezeichnet. Wird dagegen einer Vorschrift ein Zweck (auf Grund der Erfahrungen mit der Kommunikationspraxis) unterstellt, dann wird dafür die Bezeichnung *„objektiv-teleologische Auslegung“*[66] verwendet.

Bei der Ermittlung des Zweckes einer Vorschrift aus ihrem Kontext spielen **Sach**-und **Werterfahrungen** eine wichtige Rolle.[67] Unter Sacherfahrung ist dabei die Kenntnis bestimmter Sachverhalte zu verstehen, die von der

61 *Rill*, ZfV 1985, 468.
62 Siehe *Wunderlich*, Sprechakttheorie, 45 ff.
63 ZB *MacCormick/Summers*, in MacCormick/Summers, 519; *Breyer*, Southern California Law Review 1992, 854; *Schauer*, Lawyer, 161.
64 ZB *Röhl/Röhl*, Rechtslehre³, 620.
65 *Bydlinski*, Methodenlehre², 451.
66 ZB *Bydlinski*, Methodenlehre², 453. *Bankowski/MacCormick*, in MacCormick/Summers, 371; *Röhl/Röhl*, Rechtslehre³, 622.
67 *Griller/Potacs*, in Vetter/Potacs, 87 f.

Rechtsordnung einer Regelung unterworfen werden. Durch sie lässt sich etwa abschätzen, welche Tragweite eine bestimmte Regelung überhaupt haben kann. Von besonderer Bedeutung für die Ermittlung des Zweckes einer Vorschrift ist jedoch die Werterfahrung[68]. Dabei wird auf in der Kommunikationspraxis allgemein anerkannte Wertungen Bezug genommen, die dem Rechtsetzer im jeweiligen Kontext als Zweck unterstellt werden können. Die Zusinnbarkeit einer bestimmten Zwecksetzung kann dabei im jeweiligen Einzelfall von **unterschiedlicher Überzeugungskraft** sein. So gibt es weitgehend anerkannte Wertungen, die bei gewissen Vorschriften einem Rechtsetzer geradezu zwingend als von ihm bezweckt angenommen werden können.[69] In anderen Fällen ist die Zusinnbarkeit einer bestimmten Wertung weniger überzeugend, weil die Vorschrift auch andere Ziele (mit)verfolgen könnte. Es ist daher nicht zu bestreiten, dass die Unterstellung einer Zwecksetzung in solchen Fällen von einer gewissen Eigenwertung des Interpreten abhängt[70] und insoweit eine „kreative Interpretation"[71] darstellt. Doch ist ein gewisses Maß an Eigenwertung bei der Auslegung von Rechtsvorschriften nichts Außergewöhnliches und etwa auch bei der Feststellung des Wortsinnes auf Grund der eigenen Sprachkompetenz[72] keineswegs auszuschließen.[73] Vor allem aber ist diesem Gesichtspunkt der teleologischen Interpretation im Rahmen des „beweglichen Systems der Auslegungskriterien" Rechnung zu tragen: Ist der Zweck einer Vorschrift evident, dann wiegt dies eben schwerer als eine (mehr oder weniger) mögliche Zielsetzung einer Bestimmung.

So ist es evident, dass einheitliche Vorschriften über die Art und Farbe des für Stimmzettel zu verwendenden Papiers der Sicherung des geheimen Wahlrechts dienen.[74] Denn das geheime Wahlrecht ist ein (auch von der Rechtsordnung anerkannter) Wert und es ist kein anderes (anerkanntes) Ziel erkennbar, dem diese Vorschriften sonst dienen könnten. Weit weniger leicht lässt sich die Zielsetzung einer Vorschrift feststellen, die „Fahrzeuge im Park" verbietet.[75] Dem Wortsinn nach sind alle möglichen Fahrzeuge von dieser Vorschrift erfasst, wie neben Kraftfahrzeugen etwa auch Fahrräder oder Kinderwägen.[76] Fragt

68 Siehe zur Werterfahrung auch *Zippelius*, Rechtsphilosophie[6], 106 ff.
69 *Rill*, ZfV 1985, 468, 585.
70 *MacCormick*, Ratio Iuris 1993, 17, 28.
71 *Dworkin*, Empire, 52.
72 Dazu VII.B.
73 In diesem Sinne auch *Barak*, Purposive Interpretation, 207; *Shapiro*, Legality, 254.
74 *Potacs*, Auslegung, 118.
75 Das Beispiel stammt von *Hart*, Begriff, 153.
76 Siehe dazu die umfassende Aufzählung möglicher Wortbedeutungen von „Fahrzeug" („vehicle") bei *Garner/Scalia*, Law, 36.

man allerdings nach dem Zweck der Vorschrift, dann ist jedenfalls eine Einschränkung geboten, deren Reichweite jedoch fraglich ist. Sollte das Ziel des Verbotes die Vermeidung von Lärm und Umweltverschmutzung sein, dann wären Fahrräder und Kinderwägen davon nicht erfasst. Besteht der Zweck der Bestimmung dagegen in der Sicherung der Fußgänger, dann würde es sich auch auf Fahrräder beziehen.[77] Beide Zielsetzungen sind aber (auf Grund der Werterfahrungen mit der allgemeinen Kommunikationspraxis) möglich, weshalb auch keine klare Zwecksetzung dieser Bestimmung erkennbar ist. Damit erweist sie sich in gewissem Umfang als unbestimmt, was aber ein schwer zu eliminierendes Phänomen von in natürlichen Sprachen verfassten Texten ist.[78]

Auf einen dem Rechtsetzer unterstellten Zweck wird vor allem vom „Purposivism"[79] und der Lehre von der „Purposive Interpretation"[80] abgestellt. Diese Position wird von dem in den USA vertretenen „New textualism" kritisiert. Zwar kann auch nach Ansicht des „New textualism" eine Vorschrift einen evidenten Zweck („purpose evident from the text"[81]) aufweisen, der zu dem für die Auslegung maßgeblichen Kontext gehört[82]. Abgelehnt wird allerdings eine Interpretation nach Maßgabe eines vermuteten Zweckes einer Vorschrift[83], bei der die Gefahr einer Manipulation besteht[84]. Diesen Bedenken ist allerdings zu entgegnen, dass eine Interpretation ganz ohne Berücksichtigung des Zweckes einer Vorschrift nur schwer zu überzeugen vermag, weil menschliches Handeln grundsätzlich immer zweckgebunden ist.[85] Eine bestimmte Auslegungsvariante einer Vorschrift muss daher stets zumindest einem ihr nach den jeweiligen Umständen zumindest möglicherweise zusinnbaren Zweck dienen.[86]

Im Rahmen einer teleologischen Auslegung unter Berücksichtigung allgemeiner Wertungen können auch Einsichten der Lehre von der **Ökonomischen Analyse des Rechts**[87] Bedeutung erlangen. Diese beurteilt Lösungs-

---

77 *Schauer*, Lawyer, 153.

78 Siehe dazu VI.A.2.

79 Siehe etwa *Hart/Sacks*, Legal Process, 1375, und dazu *Melin*, Gesetzesauslegung, 127 ff.

80 *Barak*, Purposive Interpretation, 90 f, 170 ff, 358 ff.

81 *Scalia/Garner*, Law, 20.

82 *Scalia/Garner*, Law, 20, 56.

83 *Scalia/Garner*, Law, 56.

84 *Scalia/Garner*, Law, 18, 38 f.

85 So auch *Barak*, Purposive Interpretation, 119.

86 Siehe *Llewellyn*, Vanderbilt Law Review 1949–1950, 400: "If a statute is to make sense, it must be read in the light of some assumed purpose. A statute merely declaring a rule, with no purpose or objective, is nonsense."

87 Dazu grundlegend *Richard A. Posner*, Economic Analysis of Law[9] (2014). Siehe weiters dazu *Horst Eidenmüller*, Effizienz als Rechtsprinzip (2005); *Röhl/Röhl*, Rechtslehre[3], 645 ff; *Felix Müller*, Ökonomische Theorie des Rechts, in Buckel/Christensen/Fischer-Lescano (Hrsg), Neue Theorien des Rechts[2] (2009), 351; *Emanuel V. Towigh/Niels Petersen*, Ökonomische Methoden des Rechts (2010); *Mahl-*

vorschläge nach Maßgabe des Kriteriums der wirtschaftlichen Effizienz, worunter die optimale Ressourcenallokation des davon betroffenen Personenkreises verstanden wird. Die wirtschaftliche Effizienz wird dabei anhand verschiedener Modelle gemessen (Pareto-Kriterium, Kaldor/Hicks-Kriterium oder Coase-Theorem). Gemeinsam ist diesen Modellen allerdings, dass sie Maßnahmen auf Grund eines wirtschaftlichen Kalküls beurteilen: Bevorzugt werden jene Lösungen, die für möglichst viele Beteiligte den größten wirtschaftlichen Vorteil bringen. Darin zeigt sich, dass die ökonomische Analyse des Rechts mit der Philosophie des **Utilitarismus** verbunden ist. In Bezug auf die Auslegung von Rechtsvorschriften ist von Bedeutung, dass der Lehre von der Ökonomische Analyse des Rechts das Menschenbild eines *homo oeconomicus* zugrunde liegt. Demnach entscheiden sich Menschen grundsätzlich für die ökonomisch vorteilhafteste Handlungsalternative, nachdem sie Kosten und Nutzen der einzelnen Alternativen gegeneinander abgewogen haben. Damit verbunden ist die Vorstellung, dass eine Verschwendung von Ressourcen möglichst verhindert werden soll.

Dabei handelt es sich um eine Eigenschaft, die rational handelnde Menschen zumindest typischerweise charakterisiert, weshalb die **ökonomische Effizienz** grundsätzlich auch als allgemein anerkannte Wertung anzusehen und daher auch im Rahmen einer teleologischen Auslegung von Rechtsvorschriften zu berücksichtigen ist. Allerdings wäre es verfehlt, den Menschen ausschließlich als *homo oeconomicus* zu verstehen. Der Mensch strebt durchaus auch noch andere Ziele wie Gesundheit, Sicherheit oder persönliche Freiheit an, woraus sich ein durchaus differenziertes Menschenbild ergibt. So kann sich etwa ein Gesetzgeber aus sozialpolitischen Gründen für ein strenges Mietrecht entscheiden, obwohl die damit verbundenen Kosten für den Vermieter höher als der Nutzen für die Mieter sind. Das schließt freilich nicht aus, dass die ökonomische Effizienz als allgemein anerkannte Wertung bei der Interpretation von Rechtsvorschriften im Rahmen des „beweglichen Systems der Auslegungskriterien" zumindest mit zu berücksichtigen ist. Ihr jeweiliges Gewicht bestimmt sich dabei nach Maßgabe einer **„abgestuften**

mann, Rechtsphilosophie[2], 229 ff; *Hans-Bernd Schäfer/Claus Ott*, Lehrbuch der ökonomischen Analyse des Zivilrechts[5] (2012). Zum Zusammenhang zwischen Auslegung und ökonomischer Analyse des Rechts für den vorliegenden Zusammenhang *Potacs*, ZfV 2008, 598.

Effizienz"[88]: Je effizienter eine Auslegungsvariante ökonomisch ist, desto eher kann sie einem Rechtsetzer als von ihm gewollt zugesonnen werden.

Das gilt insbesondere auch dann, wenn bei einer rechtlichen Regelung andere Gesichtspunkte (wie etwa der Umweltschutz oder die Sicherstellung der Versorgung mit Energie) im Vordergrund stehen. Auch hier stellt sich die Frage, inwieweit dem Rechtsetzer bei der Verfolgung primär nicht ökonomischer Ziele ökonomische Effizienz unterstellt werden kann. Allerdings können Auslegungsvarianten in unterschiedlichem Ausmaß ökonomisch (in-)effizient sein. So können etwa die mit einer Auslegungsvariante verbundenen Kosten höher sein als die einer anderen, obwohl beide Varianten der Zielsetzung der Rechtsvorschrift in gleicher Weise entsprechen. In einem solchen Fall ist abzuwägen, ob und inwieweit dem Rechtsetzer auf Grund anderer Auslegungskriterien die weniger effiziente Variante dennoch zugesonnen werden kann. Denkbar ist aber auch, dass eine Auslegungsvariante Kosten verursacht, die überhaupt keinen erkennbaren Nutzen für das Ziel des Gesetzes bringt, wodurch die Auslegungsvariante weitgehend ineffizient erscheint. Nach dem Grundsatz der „abgestuften Effizienz" wird dem Rechtsetzer diese Variante nur dann unterstellt werden können, wenn sehr deutliche Anhaltspunkte (wie zB Wortsinn, Textzusammenhang, Gesetzesmaterialien) dennoch für sie sprechen.

88 *Potacs*, ZfV 2008, 603 ff.

F. Sinnvolle Auslegung

Der sinnvollen Auslegung liegt die Überlegung zugrunde, dass eine menschliche Kommunikationsgemeinschaft ihrem Anspruch nach auf nach den Wertungen dieser Gemeinschaft vernünftigem Handeln basiert. Auch in der allgemeinen Kommunikationspraxis wird daher angenommen, dass eine sprachliche Äußerung **zumindest irgendeinen** im Lichte allgemein anerkannter Wertungen erklärbaren **Sinn** hat.[89] Dementsprechend kann einer Äußerung grundsätzlich nur schwer eine Bedeutung beigemessen werden, die mit grundlegenden Vernunftprinzipien der Kommunikationsgemeinschaft nicht im Einklang steht. Dazu gehört insbesondere die auch in der allgemeinen Kommunikationspraxis anzutreffende sprachliche Konvention, dass es für die einer Äußerung beigemessenen Bedeutung im jeweiligen Kontext zumindest irgendeine plausible Erklärung geben muss. Für die Interpretation von Rechtsvorschriften wird dieses Auslegungskriterium überdies dadurch bekräftigt, dass rechtliche Anordnungen einen Regelungsanspruch in einer durch bestimmte Wertungen geprägten Gemeinschaft erheben. Dementsprechend darf auch nach einem in der juristischen Auslegungspraxis anerkannten Grundsatz einer Rechtsvorschrift keine Bedeutung beigemessen werden, die im Lichte allgemein anerkannter Wertungen überhaupt keinen Sinn ergibt.[90] Dieser Auslegungsgrundsatz ist als *argumentum ad absurdum*[91] oder im angloamerikanischen Rechtsdenken als Teil der sogenannten *„golden rule"* bekannt.[92]

Die „golden rule" besagt, dass bei der Auslegung von Rechtsvorschriften „Widersprüchlichkeiten, Absurditäten und erhebliche Unzuträglichkeiten zu vermeiden sind"[93].

Die sinnvolle Auslegung weist verschiedene Berührungspunkte zu anderen Auslegungsmethoden auf. So kann sie im Dienste der **teleologischen**

---

89 Siehe dazu etwa *Searle*, Sprechakte, 91, 111, 214 ff.

90 *Rill*, ZfV 1985, 585. Siehe dazu auch *Breyer*, Southern California Law Review 1992, 848 f; *Potacs*, Auslegung, 134.

91 Siehe etwa *Bydlinski*, Methodenlehre[2] 457 ff; *Kramer*, Methodenlehre[3], 165 ff; sowie *Scalia/Garner*, Law, 234 ff (*„absurdity doctrine"*).

92 Zu diesem Auslegungskriterium aus rechtsvergleichender Perspektive *Summers/Tartuffo*, in MacCormick/Summers, 485.

93 *Fikentscher*, Methoden II, 122. Siehe zur „golden rule" weiters etwa *Bankowski/MacCormick*, in Summers/MacCormick, 382 f; *MacCormick*, Ratio Juris 1993, 26 f; *Vogenauer*, Auslegung, 855 f; *Melin*, Gesetzesauslegung, 59; *Barak*, Purposive Interpretation, 80; *Vogenauer*, in Smits, 684; *Schauer*, Lawyer, 165.

Interpretation stehen und zur Ermittlung des maßgeblichen Zweckes einer Vorschrift beitragen. Ist es doch in manchen Fällen deutlich erkennbar, dass in dem jeweiligen Kontext eine Vorschrift sinnvollerweise nur einem ganz bestimmten Zweck dienen kann.[94] Aber auch wenn der Zweck einer Vorschrift feststeht, ist eine Verstärkung der teleologischen Interpretation durch eine sinnvolle Auslegung möglich.[95] So kann im Hinblick auf den Zweck der Bestimmung häufig überhaupt nur eine Auslegungsvariante einen erkennbaren Sinn ergeben. Auch sind einem Rechtsetzer auf Grund sinnvoller Auslegung keine Interpretationsergebnisse zu unterstellen, die den erkennbaren Zweck einer Vorschrift leerlaufen ließen. Vor allem aber sind Interpretationsvarianten auszuschließen, die nach Maßgabe des Zweckes einer Vorschrift überhaupt keinen erklärbaren Sinn ergeben.

Findet sich etwa am Ende eines Gesetzes über öffentliche Straßen der Satz „alle gesetzlichen Regelungen werden“ aufgehoben, dann können darunter nicht alle Gesetze der gesamten Rechtsordnung verstanden werden. Denn eine alle Gesetze der Rechtsordnung umfassende Interpretation würde nach dem Ziel des Gesetzes, eine Regelung für öffentliche Straßen zu treffen, keinen Sinn ergeben. Daher ist die dargelegte Formulierung auf Grund sinnvoller Auslegung so zu verstehen, dass sie sich nur auf dem Gesetz entgegenstehende „gesetzliche Regelungen“ bezieht.[96]

Die sinnvolle Auslegung stellt aber auch eine wichtige Spielart der Interpretation nach dem **Textzusammenhang** dar. So sind Vorschriften grundsätzlich in einer Weise zu interpretieren, die nicht zu einem logischen Widerspruch („logical absurdity“[97]) mit anderen Vorschriften einer Rechtsordnung führt (*harmonious-reading canon*[98]). Ein solcher Widerspruch ist anzunehmen, wenn gleichzeitig zwei Vorschriften mit unterschiedlichem Inhalt in Bezug auf denselben Regelungsgegenstand in Geltung stehen und anwendbar sein sollen.

Die Rechtsordnungen sehen für solche Konstellationen verschiedene Konfliktlösungsmechanismen vor.[99] Im Wege der Auslegung kommt dafür etwa die *lex posterior*- oder *lex specialis*-Regel in Betracht. Aber auch andere Auslegungskriterien bieten für solche Konflikte eine Lösung. Dazu ein (erfundenes) Beispiel: Im Jahre 1990 wurde ein Forstgesetz erlassen, das an seinem Ende eine Übergangsregelung enthielt, mit der

94 Siehe die Beispiele bei *Potacs*, Auslegung, 99, 117, 125.
95 Dazu etwa *Potacs*, Auslegung, 99, 101, 127, 135.
96 *Scalia/Garner*, Law, 236 f.
97 *Bankwowski/MacCormick*, in: MacCormick/Summers, 366.
98 *Scalia/Garner*, Law, 180.
99 Dazu näher V.D.2.

das vorangegangene Forstgesetz aus dem Jahre 1975 aufgehoben wurde. Dieses Forstgesetz wird im Jahre 2015 durch ein neues Forstgesetz abgelöst, das an seinem Ende folgende Vorschrift enthält: „Mit Inkrafttreten dieses Gesetzes tritt das Forstgesetz 1990 außer Kraft.“ Auf Grund sinnvoller Auslegung kann sich diese Bestimmung nicht auch auf die Übergangsbestimmung des Forstgesetzes 1990 beziehen, weil sonst das Forstgesetz aus dem Jahre 1975 wieder aufleben würde und damit zwei verschiedene gesetzliche Regelungen zu ein und demselben Regelungsgegenstand gelten würden und zu befolgen wären. Daher ist grundsätzlich (dh sofern nichts anderes angeordnet wird) anzunehmen, dass gesetzliche Regelungcn über die Aufhebung eines Gesetzes diesem vorangehende Gesetze nicht wieder aufleben lassen (*repeal-of-repealer canon*[100]).

Die sinnvolle Auslegung hat „im beweglichen System der Auslegungskriterien“ prinzipiell **großes Gewicht**. Ist doch einem Rechtsetzer etwa eine verfehlte Wortwahl weit eher zusinnbar als eine völlig sinnlose Vorschrift. Aus diesem Grund ist auch nach der „golden rule“ ein Abweichen von einem üblichen Wortsinn von Rechtsvorschriften zur Vermeidung eines „absurden“ Ergebnisses erlaubt.[101] Gerade weil die sinnvolle Auslegung auf allgenmein anerkannten Wertungen beruht, kann sie aber auch eine unterschiedliche Überzeugungskraft aufweisen. Große Überzeugungskraft besitzt sie gegenüber einer Auslegungsvariante, die sich mit überhaupt keiner allgemein anerkannten Wertung erklären lässt. Weniger überzeugend ist sie jedoch, wenn für eine Auslegungsvariante nur gewichtigere Wertungen als für eine andere sprechen und diese Variante deshalb (lediglich) als eher sinnvoll erscheint. Das ist etwa dann der Fall, wenn sich mit einer Auslegungsvariante ein vom Gesetzgeber verfolgtes Ziel mit weniger Aufwand erreichen lässt als mit einer anderen.[102] Eine geringere Überzeugungskraft weist eine sinnvolle Auslegung auch auf, wenn sie lediglich eine (nach Auffassung des Interpreten) gewichtigere Wertung für sich in Anspruch nehmen kann. In manchen Fällen bedarf daher auch eine sinnvolle Auslegung einer wertenden Einschätzung.[103]

100 *Garner/Scalia*, Law, 334 f.

101 So meint etwa *Lord Blackburn*, zitiert nach *Bankowski/MacCormick*, in Summers/MacCormick, 382, dass eine Bindung an einen üblichen Wortsinn von Rechtsvorschriften nicht mehr besteht, „when so applied they produce an inconsistency, or an absurdity or inconvenience, so great as to convince the court that the intention could not have been to use them in their ordinary signification“.

102 Siehe etwa *Potacs*, ZfV 2008, 606 f.

103 So auch *Bankowski/MacCormick*, in Summers/MacCormick, 385; *Vogenauer*, in Smits, 684, in Bezug auf die Frage, wann Absurdität im Sinne der „golden rule“ vorliegt.

So mag es im Fall *Riggs versus Palmer* allgemein anerkannten Wertungen mehr entsprochen haben, dass ein testamentarischer Erbe einen von ihm ermordeten Erblasser nicht beerben soll.[104] Es ist aber auch nicht ganz ausgeschlossen, dass der Gesetzgeber im Interesse der Testierfreiheit (die ebenfalls eine allgemein anerkannte Wertung darstellt) auch den Mörder als Erben ansah.

104 Siehe V.A.

G. Interpretation nach dem effet utile

Der effet utile hat als Auslegungsgrundsatz eine lange Tradition, die sich auf das römische Recht zurückverfolgen lässt. So wird dieser Grundsatz in Anlehnung an eine Textstelle des Juristen Julian als Prinzip des *ut res magis valeat quam pereat* verstanden[105], wonach Worte in einem juristischen Text so zu verstehen sind, dass ihr Sinn erhalten und nicht zerstört wird. Diese Auslegungsregel wurde in manchen Rechtsordnungen (wie etwa der französischen[106]), ausdrücklich verankert. In anderen staatlichen Rechtsordnungen wiederum ist sie zum festen Bestandteil innerstaatlicher Gerichte geworden.[107] Aber auch im Völker-[108] und Europarecht[109] spielt die Auslegung nach dem effet utile eine wichtige Rolle. Ganz allgemein geht es der Auslegung nach dem effet utile darum, dass die Wirkung einer Rechtsvorschrift zum Tragen kommt. Dabei weist dieser Auslegungsgrundsatz eine gewisse Bandbreite auf. An deren einem Ende steht die Vorstellung, dass eine Vorschrift zumindest ein „Minimum" an Wirksamkeit aufweisen muss. Auf der anderen Seite (und vor allem im Völker- und Europarecht) bedeutet eine Auslegung nach dem effet utile jedoch auch, dass einer Vorschrift eine maximale Wirksamkeit („volle Wirksamkeit"[110]) beizumessen ist. Man kann daher typologisch eine Auslegung nach dem effet utile im **engeren** Sinn (die auf die minimale Wirkung einer Vorschrift abstellt) von einer Interpretation nach dem effet utile im **weiteren** Sinn (die auf die maximale Wirkung einer Vorschrift abstellt) unterscheiden.[111]

Die Auslegung nach dem effet utile stellt eine **eigenständige** Interpretationsmethode dar, die allerdings Berührungspunkte mit anderen Interpretationsmethoden aufweist.[112] So ist sie insoweit von der teleologischen Auslegung abhängig, als einer Vorschrift keine mit ihrem Zweck unvereinbare Wirkung beigemessen werden darf. Das ist jedoch nur die Konsequenz aus der Einsicht, dass (auf Grund der Zweckgebundenheit menschlichen Handelns) jede Interpretation den Zweck der Regelung in die Überlegung einbeziehen

105 *Seyr*, Effet utile, 94.
106 Siehe III.A.2.c), sowie weiters *Seyr*, Effet utile, 95; *Scalia/Garner*, Law, 63.
107 So etwa die *„presumption against ineffectiveness"* in der Rechtsprechung US-amerikanischer Gerichte; *Scalia/Garner*, Law, 63 ff.
108 Dazu *Potacs/Mayer*, in Tichý/Potacs/Dumbrovský, 17 f, mwN.
109 Dazu *Seyr*, Effet utile; *Potacs*, EuR 2009, 467 ff; *Potacs/Mayer*, in Tichý/Potacs/Dumbrovský, 24 ff.
110 ZB EuGH Rs 106/77 (Simmenthal), Slg 1978, 629, Rz 14/16.
111 *Potacs*, EuR 2009, 466 f; *Potacs/Mayer*, in Tichý/Potacs/Dumbrovský, 18.
112 Näher *Potacs/Mayer*, in Tichý/Potacs/Dumbrovský, 21 ff.

muss. Dennoch unterscheidet sich die teleologische Auslegung von der Interpretation nach dem effet utile auf Grund ihrer jeweiligen Schwerpunktsetzung: dem Zweck der Regelung auf der einen und deren Wirksamkeit auf der anderen Seite. Die Auslegung nach dem effet utile im engeren Sinn kann außerdem als Spielart einer sinnvollen Interpretation angesehen werden. Denn eine Auslegungsvariante, nach der eine Vorschrift keine Wirkung entfalten würde, wäre überdies weitgehend sinnwidrig.

Die Unterscheidung zwischen der Auslegung nach dem effet utile im weiteren und im engeren Sinn ist auch für die **Gewichtung** dieses Kriteriums von Bedeutung. So wird einem Rechtsetzer schwer unterstellt werden können, dass er eine Vorschrift ohne jegliche Wirkung erlassen wollte. Aus diesem Grund wiegt eine Auslegung nach dem effet utile im engeren Sinn relativ schwer. Anders stellt sich jedoch die Situation in Bezug auf eine Auslegung nach dem effet utile im weiteren Sinn dar, der es um die größtmögliche Wirkung einer Rechtsvorschrift geht. Denn es ist durchaus vorstellbar, dass ein Rechtsetzer die Wirkung einer Rechtsvorschrift einschränken wollte, um bestimmten anderen Aspekten Rechnung zu tragen. In komplexen Gesellschaften ist eine solche Einschränkung eher wahrscheinlich, weil bei der Normsetzung in der Regel auf ganz unterschiedliche Aspekte Bedacht genommen werden muss. Die Interpretation nach dem effet utile im weiteren Sinn wiegt daher nicht von vorneherein verhältnismäßig schwer. Ihr Gewicht bemisst sich vielmehr danach, inwieweit dem Rechtsetzer im jeweiligen Kontext die Bedachtnahme auf andere die Wirkkraft abschwächende Aspekte zusinnbar ist.

Relativ großes Gewicht ist einer Auslegung nach dem effet utile im weiteren Sinn im EU-Recht beizumessen, weil die Unionsrechtsordnung grundsätzlich eine verhältnismäßig große Wirkkraft anstrebt.[113]

Aber auch das prinzipiell größere Gewicht der Auslegung nach dem effet utile im engeren Sinn gilt nicht uneingeschränkt. Das betrifft etwa das Kriterium, wonach einer Rechtsvorschrift nicht unterstellt werden dürfe, sie enthalte eine überflüssige oder unnötige Anordnung.[114] Dabei handelt es sich um eine Auslegung nach dem effet utile im engeren Sinn, weil danach jeder Anordnung zumindest irgendeine Wirkung beigemessen werden soll. Aus dem

113 Näher *Potacs*, EuR 2009, 474 ff; *Potacs/Mayer*, in Tichý/Potacs/Dumbrovský, 24 ff.
114 Siehe etwa *Posner*, The University of Chicago Law Review 1983, 812; *Bankowski/MacCormick*, in MacCormick/Summers, 373; *Potacs*, Auslegung, 118 f, 126 f; *Scalia/Garner*, Law, 174 ff.

Kriterium der Vermeidung überflüssiger Anordnungen (*surplusage canon*[115]) wird aber auch abgeleitet, dass verschiedene Rechtsvorschriften prinzipiell nicht den gleichen Sinngehalt haben, weil sonst eine von beiden überflüssig wäre.[116] Das Gewicht dieses Kriteriums wird jedoch zum einen dadurch abgeschwächt, dass eine zunächst als überflüssig erscheinende Wendung möglicherweise der „Klarstellung“ oder „Erinnerung“ einer einmal getroffenen Anordnung dienen kann.[117] Zum anderen ist auch zu bedenken, dass Gesetze in einem mitunter komplizierten und von Kompromissen geprägten legislativen Prozess nicht immer mit der nötigen Sorgfalt und mit ausreichendem Bedacht auf die Vermeidung überflüssiger Formulierungen verfasst werden.[118]

115 *Scalia/Garner*, Law, 174.

116 Dazu zB *Potacs*, Auslegung, 118 f.

117 *Potacs*, Auslegung, 135.

118 *Posner*, The University of Chicago Law Review 1983, 812; *Garner/Scalia*, Law, 179. Siehe auch *Llewellyn*, Vanderbilt Law Review 1949–1950, 404.

H. Historische Interpretation

Bei der historischen Interpretation werden Anhaltspunkte der Entstehungsgeschichte einer Vorschrift herangezogen, die Rückschlüsse auf ihren Sinngehalt zulassen. Sie ist Ausdruck des Umstandes, dass Rechtsvorschriften (ebenso wie Äußerungen in der allgemeinen Kommunikationspraxis) in ihrer Bedeutung zum Entstehungszeitpunkt zu verstehen sind.[119] Der (sprachliche[120]) Wille des Rechtsetzers wird bei der historischen Auslegung demnach anhand der historischen Begleitumstände eines Rechtsaktes ermittelt. Die Entstehungsgeschichte einer Vorschrift ist dabei ein Aspekt ihres Kontextes[121], der ihre Bedeutung grundsätzlich mitbestimmt[122]. Als historische Anhaltspunkte für die Bedeutung einer Rechtsvorschrift werden etwa die sozialen, politischen und vor allem rechtlichen Rahmenbedingungen bei Erlassung einer Vorschrift angesehen.[123] So wird angenommen, dass ein Gesetzgeber grundsätzlich insoweit keine Änderung der Rechtslage anstrebt, als er Begriffe aus der bisherigen Rechtslage übernimmt.[124] Umgekehrt lässt eine Änderung der sprachlichen Formulierung auf eine Änderung des Sinngehaltes einer Rechtsvorschrift schließen (*reenactment canon*[125]). Anhaltspunkte für die historische Interpretation können sich jedoch vor allem aus dem **Rechtsetzungsprozess** ergeben. So kann aus einer abweichenden Formulierung gegenüber vorangegangenen Entwürfen eines Rechtsetzungsaktes geschlossen werden, dass dieser Rechtsetzungsakt insoweit einen anderen Sinngehalt als die vorangegangenen Entwürfe hat. Fraglich ist allerdings, ob und inwieweit **Berichte** und **Äußerungen** im Rechtsetzungsprozess für die Interpretation eine Rolle spielen können. Derartiges historisches Material findet sich bei internationalen Verträgen insbesondere in den *trauvaux préparatoires*, die nach Art 32 WVK „ergänzende Auslegungsmittel" darstellen.[126] Bei staatlichen Gesetzgebungsakten kommen etwa Erläuterungen in Geset-

119 III.A.2.d). und III.A.3.d).
120 I.B.5.
121 *Greenawalt*, Statutory and Common Law, 78 f.
122 V.A.1.
123 ZB *Barak*, Purposive Interpretation, 344.
124 ZB *Potacs*, Auslegung, 138, 144, 148.
125 *Scalia/Garner*, Law, 256 ff.
126 Bei der Auslegung von Europarecht ergeben sich für eine historische Interpretation auch Anhaltspunkte aus Protokollerklärungen von Mitgliedstaaten oder Rechtsakten vorangestellten Erwägungsgründen; dazu etwa *Potacs*, Auslegung,137 ff.

zesentwürfen, Berichte parlamentarischer Ausschüsse oder Äußerungen von am Gesetzgebungsprozess beteiligten Personen (wie Legisten oder Abgeordneten bei der parlamentarischen Diskussion) in Betracht. Die Bedeutung solcher *Gesetzesmaterialien* für die Interpretation von Rechtsvorschriften ist in den einzelnen Rechtsordnungen unterschiedlich.[127]

Gesetzesmaterialien spielen etwa bei der Auslegung von Rechtsvorschriften durch französische[128], deutsche[129], österreichische[130] und vor allem skandinavische[131] Gerichte eine maßgebliche Rolle. Aber auch in der amerikanischen Rechtspraxis stellt der Rückgriff auf die parlamentarische Entstehungsgeschichte eines Gesetzes ein anerkanntes Interpretationsmittel dar.[132] Das gilt grundsätzlich auch für den US-Supreme Court, der den Rückgriff auf parlamentarische Materialien in jüngerer Zeit allerdings (möglicherweise unter dem Einfluss des „new textualism"[133]) eingeschränkt hat.[134] Die Praxis in Großbritannien war lange durch den Grundsatz geprägt, dass Materialien aus dem parlamentarischen Gesetzgebungsprozess nicht zur Interpretation von Rechtsvorschriften herangezogen werden dürfen[135] (*exclusionary rule*[136]). Diese Praxis wurde allerdings vom House of Lords im Fall *Pepper versus Hart* im Jahr 1992 aufgegeben.[137] Im Rahmen der *„mischief rule"*[138] spielte die historische Interpretation in Großbritannien jedoch schon seit geraumer Zeit eine Rolle. Nach diesem Auslegungsgrundsatz hat die Auslegung einer Rechtsvorschrift zu berücksichtigen, welcher Missstand durch sie nach Absicht des Rechtsetzers beseitigt werden soll. Dies setzt eine Auslegung unter Berücksichtigung des historischen Kontextes (wenngleich nicht unbedingt der Gesetzesmaterialien) voraus.

---

127 Dazu *Summers/Tartuffo*, in MacCormick/Summers, 470, 477, 484 f.

128 ZB *Vogenauer*, Auslegung, 235; *derselbe*, in Smits, 686.

129 ZB *Melin*, Gesetzesauslegung, 265; *Rüthers/Fischer/Birk*, Rechtstheorie[7], 475, Rz 800.

130 ZB *Potacs*, Auslegung, 143 ff.

131 ZB *Röhl*, Rechtslehre[3], 627.

132 *Summers*, in MacCormick/Summers, 424; *Melin*, Gesetzesauslegung, 92 ff.

133 Siehe *Melin*, Gesetzesauslegung, 147.

134 *Scalia/Garner*, Law, 372 ff. Zum Rückgriff auf parlamentarische Materialien in der älteren Rechtsprechung des US-Supreme Court siehe *Summers*, in MacCormick/ Summers, 417; *Breyer*, Southern California Law Review 1992, 846.

135 *Summers/Tartuffo*, in McCormick/Summers, 472; *Vogenauer*, Auslegung, 783 f, 967 ff; *Scalia/Garner*, Law, 369. *Bankowski/MacCormick*, in MacCormick/Summers, 381, weisen allerdings darauf hin, dass diese Praxis nicht uneingeschränkt befolgt wurde.

136 *Vogenauer*, Auslegung, 967.

137 *Pepper v. Hart*, [1992] 3 W.L.R 1032.

138 Dazu *Hart/Sacks*, Legal Process, 1144 ff, 1413; *Fikentscher*, Methoden II, 122, 264; *Bankowski/MacCormick*, in MacCormick/Summers, 367; *Vogenauer*, Auslegung, 676 ff; *Melin*, Gesetzesauslegung, 57 f; *Barak*, Purposive Interpretation, 346.

Von dem in den USA vertretenen **„New textualism"** wird eine Berücksichtigung der parlamentarischen Materialien bei der Auslegung von Rechtsvorschriften abgelehnt.[139] Dies wird damit begründet, dass ein tatsächlicher Wille eines Gesetzgebers empirisch nicht nachweisbar sei. Auch die Gesetzesmaterialien vermögen einen solchen Willen nicht überzeugend zu dokumentieren. So wäre bei Wortmeldungen in parlamentarischen Debatten nicht gewährleistet, dass alle Abgeordneten auch wirklich zugehört hätten. Bei Ausschussberichten bestehe Zweifel, ob die Ausschussmitglieder auch wirklich die Meinung des gesamten Parlaments repräsentieren würden. Schließlich bestehe bei einer Berücksichtigung der Gesetzesmaterialien auch die Gefahr einer Manipulation, indem Wortmeldungen in parlamentarischen Debatten gezielt positioniert werden.[140] Diesen Argumenten des „New textualism" ist entgegenzuhalten, dass nach zutreffendem Verständnis Rechtsvorschriften einen „sprachlichen" und keinen „tatsächlichen" Willen eines Rechtsetzers zum Ausdruck bringen.[141] Sie stellen „Sprechakte" dar, deren Bedeutung sich aus dem Kontext erschließt, zu dem auch Anhaltspunkte des Gesetzgebungsprozesses (wie Ausschussberichte oder Äußerungen in parlamentarischen Debatten) gehören. Dieser Gesetzgebungsprozess erfolgt in entwickelten staatlichen Ordnungen auf Grund eines vorgeschriebenen Verfahrens. Erläuterungen von Gesetzesentwürfen, Ausschussberichte und parlamentarische Debatten dokumentieren einzelne Schritte des Willensbildungsprozess bei Erlassung eines Gesetzes.[142] Solche Gesetzesmaterialien sind daher auch wesentliche Elemente des „Sprechaktes" einer Rechtsvorschrift und formen deren Bedeutung, weshalb ihre Berücksichtigung in vielen Rechtsordnungen auch eine etablierte Konvention der juristischen Auslegung darstellt.[143] Auf gewisse Einwände des „New textualism" ist (worauf sogleich zurückzukommen sein wird) allenfalls bei einer Abwägung im Rahmen des „beweglichen Systems der Auslegungskriterien" Bedacht zunehmen.

139 Siehe *Melin*, Gesetzesauslegung, 135, 307; *Martin Hiesel*, Über das Lesen von Rechtstexten – Anmerkungen zur Interpretationstheorie von *Antonin Scalia* und *Bryan A. Garner*, ZÖR 68 (2013), 183 ff.

140 *Scalia/Garner*, Law, 376 f. Zur Gefahr der Manipulation der historischen Anhaltspunkte siehe auch *Barak*, Purposive Interpretation, 350.

141 Siehe bereits I.B.5.

142 *Jabloner*, in FS Schambeck, 449.

143 *Correia*, Case Western Reserve Law Review 1992, 1153.

Allerdings ist anzunehmen, dass nur solche historischen Anhaltspunkte für die Auslegung einer Rechtsvorschrift maßgeblich sind, die zum Zeitpunkt der Beschlussfassung durch die zuständigen Organe **objektiv** (dh nach außen wahrnehmbar) vorhanden waren. Die subjektive Meinung einzelner am Rechtsetzungsprozess beteiligter Personen ist daher nicht relevant, wenn sie erst nach Erlassung des Rechtsaktes geäußert wird.[144] Denn nur bei zum Zeitpunkt der Erlassung des Rechtsaktes objektiv erkennbaren Anhaltspunkten kann davon ausgegangen werden, dass sie vom Rechtsetzer mitberücksichtigt wurden. Ausschließlich solche Anhaltspunkte stellen daher auch Merkmale des Kontextes dar, die den Sinngehalt einer Rechtsvorschrift als „Sprechakt" mitbestimmen.

In rechtsstaatlichen Ordnungen muss das für die Auslegung maßgebliche historische Material außerdem für die zur Vollziehung der Rechtsvorschriften berufenen Organe und die Rechtsunterworfenen in angemessener Weise **verfügbar** sein.[145] Denn zum einen haben Gerichte und Verwaltungsbehörden vielfach nicht ausreichend Zeit für umfangreiche historische Recherchen, wenn sie ihre Entscheidungen in einer rechtsstaatlichen Anforderungen entsprechenden Frist treffen sollen.[146] Zum anderen verlangt das rechtsstaatliche Gebot der Publizität, dass Rechtsunterworfene ohne größeren Aufwand den Sinngehalt von Rechtsvorschriften ermitteln können.[147] Historische Anhaltspunkte sind in rechtsstaatlichen Ordnungen dann nicht mehr relevant, wenn sie sich nur mit **„archivarischem Fleiß"** ermitteln lassen.

Bei der Auslegung von Rechtsvorschriften ist solches historisches Material unberücksichtigt zu lassen. Besteht jedoch der spezifische Inhalt einer Rechtsvorschrift in einem pauschalen Verweis auf nur mit „archivarischem Fleiß" ermittelbares historisches Material, dann liegt nach zutreffender Auffassung des österreichischen Verfassungsgerichtshofes „keine verbindliche Norm"[148] vor. Einzuräumen ist freilich, dass auch die Einschätzung des Erfordernisses von „archivarischem Fleiß" einer gewissen Wertung unterliegt.

144 *Summers*, in MacCormick/Summers, 425; *Correia*, Case Western Reserve Law Review 1992, 1159; *Greenawalt*, Statutory and Common Law, 72. Siehe auch *Potacs*, Auslegung, 145, 152 f.

145 ZB *Summers*, in MacCormick/Summers, 424 f; *Summers/Tartuffo*, in MacCormick/Summers, 477; Greenawalt, Statutory and Common Law, 89.

146 Siehe *Posner*, The University of Chicago Law Review 1982, 283.

147 Zutreffend wird allerdings darauf hingewiesen, dass durch die Computerisierung auch die Verfügbarkeit von historischem Material erheblich verbessert wurde, was die Problematik entschärft; *Greenawalt*, Statutary and Common Law, 89.

148 VfSlg 3130/1956.

Auch historische Anhaltspunkte weisen für die Interpretation von Rechtsvorschriften im Rahmen des „beweglichen Systems der Auslegungskriterien" eine unterschiedliche **Gewichtung** auf. Bei einem Abstellen auf die sozialen, politischen und rechtlichen Rahmenbedingungen kommt es entscheidend darauf an, mit welcher Evidenz diese den Kontext der Bestimmung prägen. Aber auch das Gewicht historischer Anhaltspunkte in den Gesetzesmaterialien variiert.[149] Relativ geringes Gewicht ist grundsätzlich den Äußerungen einzelner Abgeordneter in parlamentarischen Debatten beizumessen, weil sie lediglich individuelle Meinungen wiedergeben.[150] Unwidersprochen gebliebene Beiträge einzelner Abgeordneter sind freilich auch nicht gänzlich irrelevant, weil sie den Kontext der beschlossenen Vorschrift und damit auch deren Sinngehalt mitbestimmen. Größere Bedeutung haben die Äußerungen von Personen, die am Verfassen der betreffenden Vorschrift beteiligt waren.[151] Denn bei ihnen ist davon auszugehen, dass sie eine besondere Kenntnis über den beschlossenen Rechtsakt besitzen. Aber auch Feststellungen in Ausschussberichten wiegen relativ schwer, weil sie die Meinung der Mehrheit eines Gremiums wiedergeben, was im Gesetzgebungsprozess eine entscheidende Rolle spielt.[152] Hohe Überzeugungskraft besitzen Erläuterungen zu Bestimmungen in Gesetzesinitiativen, die vom Parlament unverändert beschlossen wurden. Denn bei ihnen ist anzunehmen, dass sie vom Parlament in dieser (dem Parlament bekannten) Bedeutung übernommen wurden.

Fraglich ist, wie im Falle eines Widerspruchs zwischen Gesetzesmaterialien mit relativ hoher Überzeugungskraft und dem Wortsinn des Gesetzestextes vorzugehen ist. Wegen der „Vertrauensschutzfunktion" der Semantik[153] ist in einem solchen Fall gerade in rechtsstaatlichen Ordnungen mit strengen Publikationsvorschriften von einem grundsätzlichen **„Vorrang des Textes"**[154] auszugehen. Ein auf Grund einer Wortsinninterpretation klares

149 So auch aus rechtsvergleichender Sicht *Summers/Tartuffo*, in MacCormick/Summers, 476 f; *Vogenauer*, Auslegung, 1256 f.

150 *Maltz*, Tulane Law Review 1988, 24, 27.

151 *Summers*, in MacCormick/Summers, 426; *Correia*, Case Western Reserve Law Review 1992, 1155; *Greenawalt*, Statutary and Common Law, 71.

152 *Maltz*, Tulane Law Review 1988, 26. Siehe dazu auch *Scalia/Garner*, Law, 373.

153 Siehe VII.B.

154 *Potacs*, Auslegung, 155. Siehe auch *Breyer*, Southern California Law Review 1992, 863: "No one claims that legislative history is a statute, or even that, in any strong sense, it is a 'law'. Rather, legislative history is helpful in trying to understand the meaning of the words that do make up the statute or the 'law'."

Auslegungsergebnis kann demnach selbst von Gesetzesmaterialien mit hoher Überzeugungskraft prinzipiell nur dann überwogen werden, wenn gegen die Wortsinninterpretation zusätzlich auch noch andere gewichtige pragmatische Kriterien (wie etwa eine systematische oder sinnvolle Interpretation) sprechen.

I. Analogie

Unter einer Analogie wird die Anwendung einer Rechtsvorschrift auf einen von ihrem semantischen Sinngehalt (insbesondere von ihrem üblichen Wortsinn) nicht mehr erfassten Sachverhalt verstanden.[155] Eine solche Vorgangsweise ist nach dem hier vertretenen Verständnis[156] methodisch zulässig, wenn dem Rechtsetzer die Anwendung der Vorschrift auf solche Fälle als von ihm gewollt zugesonnen werden kann. Es handelt sich bei der Analogie um „reine Pragmatik", weil die Bedeutung einer Rechtsvorschrift ausschließlich auf Grund von aus dem Kontext gewonnenen Anhaltspunkten ermittelt wird. Allerdings gehört nach dem hier vertretenen Ansatz eine solche Analogie ebenfalls zur Auslegung (und nicht zur Rechtsfortbildung[157]) von Rechtsvorschriften, weil sie auf einen entsprechenden dem Rechtsetzer zusinnbaren Willen abstellt. Bei der Analogie in diesem Sinn wird also davon ausgegangen, dass sich ein Rechtsetzer einer *semantisch verkürzten* Ausdrucksweise bediente, weil er eben nur bestimmte typische Fälle vor Augen und andere nicht bedacht hatte. Einer solchen Analogie liegt also die Annahme zugrunde, dass ein Rechtsetzer „mehr" wollte als er explizit (dh semantisch) zum Ausdruck brachte. Gemessen am (auf Grund pragmatischer Anhaltspunkte) zusinnbaren Willen des Rechtsetzers enthält der semantische Sinngehalt einer Vorschrift also eine „Lücke"[158]. Man kann diese Art von Lücke auch als „**semantische Lücke**" bezeichnen. Bei solchen Lücken ergibt sich die prinzipielle Zulässigkeit der Analogie schon daraus, dass sie auch ein in der allgemeinen Kommunikationspraxis gängiges Schema der Deutung von (semantisch verkürzten) Äußerungen darstellt.[159] Das gegenläufige Argumentationsmuster zur Analogie stellt der **Umkehrschluss** (*argumentum e contrario*) dar, dem folgende Überlegung zugrunde liegt: Weil ein Sachverhalt nicht vom semantischen Sinngehalt einer Vorschrift erfasst wird, soll die Vorschrift (nach dem Willen des Rechtsetzers) auch nicht auf diesen Sachverhalt angewendet werden. Die Entscheidung zwischen Analogie- oder Umkehrschluss hat im jeweiligen Kontext nach Maßgabe pragmatischer Kriterien zu erfolgen.

155 In diesem Sinne zB *Kramer*, Methodenlehre[3], 181, mwN.

156 Siehe VI.A.2.

157 Siehe VI.A.4.

158 *Bankowski/MacCormick*, in MacCormick/Summers, 362, sprechen in diesem Zusammenhang zutreffend von „interpretative gapfilling".

159 Zu Analogien in außerrechtlichen Kontexten siehe etwa *Greenawalt*, Statutory and Common Law, 221 ff.

So ist etwa einsichtig, dass sich ein Schild außerhalb eines Restaurants „Keine Hunde erlaubt“ analog (*per analogiam*) auch auf das Mitführen anderer Tiere wie etwa Affen bezieht. Dagegen kann aus dem Schild vor der Praxis eines Tierarztes „Behandlung von Hund, Katzen und anderen Haustieren“ durchaus *e contrario* geschlossen werden, dass etwa Zirkuslöwen von diesem Arzt nicht behandelt werden.[160]

Von den „Lücken“ als (gemessen am erkennbaren Willen des Rechtsetzers) semantischen Unvollständigkeiten sind Erscheinungsformen zu unterscheiden, die *Hans Kelsen* als „technische Lücken“ bezeichnet. Dabei handelt es sich um Fälle, in denen eine rechtliche Anordnung keine Bestimmung über ihre nähere Ausgestaltung durch die Vollziehung enthält. Eine solche „technische Lücke“ liegt für *Kelsen* beispielsweise vor, wenn ein Gesetz zwar vorsieht, dass ein Organ durch Wahl bestellt werden soll, aber keine Regelung über das Wahlverfahren enthält.[161] Nach zutreffender Auffassung handelt es sich bei diesen „technischen Lücken“ um einen Sonderfall der Unbestimmtheit von Rechtsvorschriften.[162]

Denkbar ist freilich auch, dass in einer positivrechtlichen Anordnung von einem außerhalb des positiven Rechts gelegenen (politischen oder moralischen) Standpunkt aus eine „Lücke“ gesehen wird.[163] Die Anwendung eines Analogieschlusses auf solche „Lücken“[164] stellt keine Auslegung von Rechtsvorschriften dar, weil ihm nicht mehr die Ermittlung des Willens des Rechtsetzers auf Grund pragmatischer Anhaltspunkte zugrunde liegt.[165]

Eine besondere Art von Analogieschluss stellt ein sogenannter **Größenschluss** (*argumentum a fortiori*) dar. Dabei wird aus der Zielsetzung einer Bestimmung geschlossen, dass sie „umso eher“ auf einen von ihrem semantischen Sinngehalt erfassten Sachverhalt anwendbar sei. Größenschlüsse können in zwei Erscheinungsformen auftreten: Nach dem *argumentum a maiori ad minus* wird eine „gebietende“ Vorschrift über ihre semantische Bedeutung hinaus auf einen Sachverhalt angewendet, weil dieser Sachverhalt „noch mehr“ Gewicht im Hinblick auf ihre Zielsetzung besitzt. So verbietet es etwa ein explizit verankertes Gebot des gleichen Entgelts für Männer und Frauen

160 Zu diesen Beispielen *Scalia/Garner*, Law, 107 f.
161 *Kelsen*, Rechtslehre², 254 f.
162 *Robert Walter*, Überlegungen zum Problem der Rechtslücke, in: Robert Walter/Clemens Jabloner (Hrsg), Strukturprobleme des öffentlichen Rechts. Gedenkschrift für Kurt Ringhofer (1995) 197 (201 ff).
163 Dazu *Kelsen*, Rechtslehre², 253.
164 *Bankowski/MacCormick*, in: MacCormick/Summers, 362, sprechen in diesem Zusammenhang (kritisch) von „substantive gapfilling“.
165 Zutreffend kritisch zu dieser Art der „Lückenfüllung“ etwa *Kelsen*, Rechtslehre², 251 ff; *Scalia/Garner*, Law, 95 f. Siehe demgegenüber aber jedoch *Röhl/Röhl*, Rechtslehre³, 633 f.

bei „gleichwertiger Arbeit“ umso mehr, dass Frauen bei einer „höherwertigen Arbeit“ ein niedrigeres Gehalt bezahlt wird.[166] Nach dem *argumentum a minori ad maius* wird eine „erlaubende“ Vorschrift auf einen Sachverhalt angewendet, weil dieser Sachverhalt in Bezug auf die Zielsetzung der Vorschrift „noch weniger“ Gewicht als ein nach ihrem semantischen Sinngehalt erlaubtes Verhalten aufweist. So ist bei einer ausdrücklichen Erlaubnis des Befahrens einer Straße mit Pkw in einem Naturschutzgebiet anzunehmen, dass im Hinblick auf die damit verbundene geringere Beeinträchtigung des Naturschutzes ein Befahren der Straße mit einem Fahrrad umso eher gestattet ist.

Bei der Entscheidung zwischen einem Analogie- und einem Umkehrschluss ist auch der **Vertrauensschutzfunktion**[167] des semantischen Sinngehaltes von Rechtsvorschriften Rechnung zu tragen. Die Vertrauensschutzfunktion der Semantik spricht schon im allgemeinen Sprachgebrauch dafür, dass sich die Bedeutung von Äußerungen in ihrem semantischen Sinngehalt prinzipiell erschöpft. Bereits im allgemeinen Sprachgebrauch hat daher ein Umkehrschluss gegenüber einem Analogieschluss bei der Deutung einer Äußerung ein etwas größeres Gewicht. Gerade in rechtsstaatlichen Ordnungen wird dieses Gewicht auch noch dadurch verstärkt, dass wegen der strengen Publikationsvorschriften das Vertrauen in den geschriebenen Text besonders schwer wiegt. In solchen Ordnungen ist daher auch prinzipiell davon auszugehen, dass Rechtsetzer ihre Anordnungen der Öffentlichkeit in möglichst klarer und erschöpfender Weise zur Kenntnis zu bringen trachten.[168] Daraus ergibt sich nicht nur ein gewisser Vorrang der Wortsinninterpretation, sondern auch ein grundsätzlicher Vorrang eines Umkehrschlusses bei der Auslegung von Rechtsvorschriften[169].

Allerdings dürfen die Anforderungen an eine semantisch klare und erschöpfende Ausdrucksweise auch in rechtsstaatlichen Ordnungen nicht überbewertet werden. Denn zum einen ist den Rechtsunterworfenen auch aus dem allgemeinen Sprachgebrauch ein Abstellen auf die Pragmatik bei der Deutung von Äußerungen bekannt, weshalb sie auch bei der Auslegung rechtlicher Äußerungen stets in Betracht zu ziehen ist. Zum anderen besitzen pragmatische Auslegungskriterien eine sprachökonomische Funktion und verhindern aufwendige Formulierungen, die gerade dem rechtsstaatlichen

166 Zu diesem Beispiel *Potacs*, Auslegung, 170 f.
167 Dazu VII.B.
168 *Potacs*, Auslegung, 36 f.
169 *Potacs*, Auslegung, 201.

Gebot der Verständlichkeit von Rechtstexten zuwiderlaufen könnten. Daher ist auch bei der Auslegung von Rechtstexten keineswegs auszuschließen, dass Rechtsetzer ihren Willen mitunter in einer semantisch unvollständigen Weise zum Ausdruck bringen. Wegen der Vertrauensschutzfunktion des semantischen Sinngehaltes wird ein Analogieschluss allerdings nur dann als gerechtfertigt erscheinen, wenn er sich durch pragmatische Kriterien mit **besonderer Überzeugungskraft** begründen lässt. Erhebliches Gewicht besitzt dabei die Überlegung, dass eine ansonsten vorzunehmende Differenzierung (zwischen ausdrücklich und nicht ausdrücklich erfassten Fällen) im Lichte einer klar erkennbaren Zielsetzung einer Bestimmung überhaupt keinen Sinn machen würde. Denn eine semantisch unvollkommene Ausdrucksweise ist einem Rechtsetzer wohl weit eher zusinnbar als eine nach Maßgabe des Zweckes einer Regelung völlig sinnlose Differenzierung.[170] Allerdings können (zusätzlich zur Vertrauensschutzfunktion des semantischen Sinngehaltes einer Vorschrift) auch pragmatische Aspekte für einen Umkehrschluss und gegen einen Analogieschluss sprechen. So deutet eine kasuistische und auf Details eingehende Regelungstechnik wohl eher darauf hin, dass ein Rechtsetzer alle seinem Willen nach zu regelnden Fälle auch ausdrücklich erfasst hat.[171] Außerdem können Rechtsordnungen auch zusätzliche Einschränkungen der Zulässigkeit von Analogie normieren.

Für rechtsstaatliche Ordnungen ist etwa die Geltung eines Analogieverbotes in malam partem bei der Auslegung strafrechtlicher Vorschriften charakteristisch.[172] In Case Law-Systemen kann ein Analogieverbot auch aus dem in Case Law-Systemen anzutreffenden Grundsatz abgeleitet werden, wonach in das Case Law („common law“) eingreifende Gesetze eng auszulegen sind.[173]

170 Insoweit handelt es sich beim Analogieschluss um eine Spielart der „sinnvollen Auslegung“ (siehe dazu VII.F.).

171 Siehe *Potacs*, Auslegung, 160; *Melin*, Gesetzesauslegung, 66, 314.

172 Dazu etwa *Potacs*, Auslegung, 208, sowie in Bezug auf Großbritannien *Bankowski/MacCormick*, in Sumers/MacCormick, 394; *Vogenauer*, Auslegung, 1044, und die Vereinigten Staaten *Summers*, in MacCormick/Summers, 447, sowie *Scalia/Garner*, Law, 296 ff. Ein Analogieverbot *in malam partem* wird auch aus Art 7 EMRK abgeleitet; *Christoph Grabenwarter/Katharina Pabel*, Europäische Menschenrechtskonvention[5], 465, Rz 136.

173 Siehe zu diesem Grundsatz etwa *Fikentscher*, Methoden II, 112, 268 f; *Posner*, Chicago Law Review 1983, 807; *Vogenauer*, Auslegung, 707; *Melin*, Gesetzesauslegung, 54, 79; *Scalia/Garner*, Law, 318; Gegen diesen Grundsatz und ein damit verbundenes Analogieverbot allerdings bereits *Roscoe Pound*, Common Law and Legislation, Harvard Law Review 21 (1908), 382 (385 ff).

J. Reduktionen

Bei einer Reduktion wird eine Vorschrift auf einen von ihrem semantischen Sinngehalt erfassten Sachverhalt *nicht* angewendet.[174] Auch eine solche Vorgangsweise ist nach dem hier vertretenen Verständnis zulässig, wenn auf Grund pragmatischer Kriterien eine solche Einschränkung nach dem Willen des Rechtsetzers geboten erscheint. Reduktionen stellen ebenso wie Analogieschlüsse eine Form der „reinen Pragmatik" dar, weil sich die Sinnermittlung nicht auf die Semantik einer Vorschrift stützt. Dennoch handelt es sich auch bei Reduktionen um einen Unterfall der Auslegung (und nicht der Rechtsfortbildung) von Rechtsvorschriften, weil sie auf die Ermittlung des Willens eines Rechtsetzers abstellt. Es wird bei ihr davon ausgegangen, dass sich ein Rechtsetzer einer **semantisch überschießenden** Ausdrucksweise bediente und bei der Formulierung der Vorschrift bestimmte von ihm gewollte Ausnahmen übersah. Reduktionen liegt also die Annahme zugrunde, dass der Rechtsetzer „weniger" wollte als er semantisch zum Ausdruck gebracht hat. Die prinzipielle Zulässigkeit von Reduktionen ergibt sich schon daraus, dass sie auch ein in der Alltagskommunikation anzutreffendes Muster der Deutung von Äußerungen darstellt. Im Rahmen juristischer Interpretation sind Reduktionen vor allem in Form der **„teleologischen Reduktion"**[175] anzutreffen, bei der eine Einschränkung des semantischen Sinngehaltes einer Vorschrift in Hinblick auf ihren Zweck vorgenommen wird.[176]

Ein Beispiel für eine Reduktion in der Alltagskommunikation: In einem Hörsaal wird von einem Professor eine mündliche Prüfung durchgeführt. Neben dem Prüfer befinden sich im Hörsaal die Prüflinge und eine größere Anzahl von Studierenden als Zuhörer. Als die Zuhörer durch Gespräche und Kommentare immer mehr Lärm verursachen, trifft der prüfende Professor mit Blick auf die Zuhörer folgende Anordnung: „Alle verlassen den Raum, weil ich sonst nicht mehr ungestört prüfen kann." Entgegen ihrem semantischen Sinngehalt („Alle") sind nach dem erkennbaren Willen des Professors die Prüflinge von dieser Anordnung ausgenommen.

Als teleologische Reduktion einer Rechtsvorschrift kann etwa die Interpretation eines Verbotes von „Fahrzeugen im Park" verstanden werden, das im Hinblick auf seinen (vermuteten) Zweck und entgegen seinem semantischen Sinngehalt keine Fahrräder und

174 Dazu näher *Potacs*, Auslegung, 240 ff.

175 ZB *Bydlinski*, Methodenlehre², 480 f; *Kramer*, Methodenlehre³, 213.

176 Der Zweck der Regelung ist allerdings nicht das einzige Kriterium, auf das sich eine Reduktion stützen kann; dazu *Potacs*, Auslegung, 259 ff.

Kinderwägen umfasst.[177] Eine teleologische Reduktion stellt auch der Fall dar, in dem ein semantisch uneingeschränktes Parkverbot vor der Hauseinfahrt auf Grund des Zweckes der Regelung (die Hauseinfahrt für den Hauseigentümer freizuhalten) nicht auf den Hauseigentümer angewendet wird.[178]

Bei Beurteilung der methodischen Zulässigkeit einer Reduktion im konkreten Fall ist wiederum zunächst einmal die **Vertrauensschutzfunktion** des semantischen Sinngehaltes von Rechtsvorschriften zu berücksichtigen. Aus ihr ergibt sich ein gewisser Vorrang einer vom semantischen Sinngehalt getragenen Interpretation. Das gilt wiederum vor allem in rechtsstaatlichen Ordnungen, in denen die Rechtsetzer prinzipiell um eine semantisch klare und verständliche Ausdrucksweise bemüht sind. Bei Reduktionen wird jedoch einer Vorschrift eine entgegen ihrer Semantik verkürzte Bedeutung beigemessen, weshalb die Vertrauensschutzfunktion der Semantik grundsätzlich gegen sie spricht. Allerdings ist auch in rechtsstaatlichen Ordnungen nicht auszuschließen, dass sich ein Rechtsetzer (ebenso wie Sprecher in der Alltagskommunikation) mitunter einer semantisch überschießenden Ausdrucksweise bedienen. Denn zum einen kann er übersehen, dass der semantische Sinngehalt der von ihm getroffenen Anordnung Fälle mitumfasst, die seinem Willen nach davon ausgeschlossen sein sollten. Zum anderen ist zumindest nicht ganz auszuschließen, dass ein Rechtsetzer in Kenntnis der Möglichkeit von Reduktionen im Wege der Auslegung aus sprachökonomischen Gründen eine überschießende semantische Ausdrucksweise wählt, die freilich die typischen Anwendungsfälle abdeckt und gewisse seinem erkennbaren Willen entsprechende Ausnahmen nicht mitumfasst.

In diesem Zusammenhang ist wiederum daran zu erinnern, dass aufwendige semantische Formulierungen dem rechtsstaatlichen Gebot der Verständlichkeit und Übersichtlichkeit von Texten zuwiderlaufen können. Aus diesen Gründen erscheint es als überzogen, wenn Reduktionen bei der Auslegung von Rechtsvorschriften generell als unzulässig angesehen werden.[179] Allerdings vermögen wegen dem Gewicht des semantischen Sinngehaltes im „beweglichen System der Auslegungskriterien“ nur pragmatische Kriterien von **besonderer Überzeugungskraft** Reduktionen zu begründen. Dies wird vor allem dann anzunehmen sein, wenn im Lichte des deutlich erkennbaren

177 Siehe VII.E.

178 Näher zu diesem Beispiel *Griller/Potacs*, in Vetter/Potacs, 103 ff.

179 In diesem Sinn jedoch etwa *Scalia/Garner*, Law, 57 f, 99 f; dazu auch *Melin*, Gesetzesauslegung, 137.

Zweckes einer Bestimmung ihre Anwendung auf einen von ihrem Sinngehalt umfassten Fall überhaupt keinen Sinn machen würde.[180] Freilich können Rechtsordnungen zumindest auf bestimmten Gebieten die Zulässigkeit von Reduktionen einschränken.[181]

180 Auch Reduktionen stellen insoweit eine Ausprägung der „sinnvollen Interpretation" (siehe VII.F.) dar.

181 Siehe etwa in Bezug auf strafrechtliche Vorschriften *Potacs*, Auslegung, 258.

Literaturverzeichnis

Adomeit, Klaus/Hähnchen, Susanne, Rechtstheorie für Studierende, 6. Aufl. C.F. Müller, Heidelberg-München-Landsberg-Frechen-Hamburg 2012 [Rechtstheorie⁶]

Adrian, Axel, Wie wissenschaftlich ist die Rechtswissenschaft? – Gibt es eine bindende Methodenlehre?, Rechtstheorie 41 (2010), 521

Albert, Hans, Erkenntnis und Recht. Die Jurisprudenz im Lichte des Kritizismus, in Jahrbuch für Rechtssoziologie und Rechtstheorie 1976, 80

Albert, Hans, Trakat über rationale Praxis, Mohr Siebeck, Tübingen 1978 [Praxis]

Albert, Hans, Kritik der reinen Erkenntnislehre, Mohr Siebeck, Tübingen 1987 [Erkenntnislehre]

Alexy, Robert, Rechtssystem und praktische Vernunft, Rechtstheorie 18 (1987), 405

Alexy, Robert, Zur Kritik des Rechtspositivismus, ARSP Beiheft 37 (1990), 9 [ARSP Beiheft 37]

Alexy, Robert, Begriff und Geltung des Rechts, 3. Auflage, Alber Verlag, Freiburg im Breisgau 2011 [Begriff³]

Alexy, Robert, Recht, Vernunft, Diskurs. Studien zur Rechtsphilosophie, Suhrkamp, Frankfurt am Main 1995 [Recht, Vernunft, Diskurs]

Alexy, Robert, Zur Struktur der Rechtsprinzipien, in Bernd Schilcher/Peter Koller/Bernd-Christian Funk (Hrsg), Regeln, Prinzipien und Elemente im System des Rechts, Verlag Österreich 2000, 31 [in Schilcher/Koller/Funk]

Alexy, Robert, Rechtsregeln und Rechtsprinzipien, in Robert Alexy/Hans-Joachim Koch/Lothar Kuhlen/Helmut Rüßmann (Hrsg), Elemente einer juristischen Begründungslehre, Nomos Verlag, Baden-Baden 2003, 217 [in Alexy/Koch/Kuhlen/Rüßmann]

Alexy, Robert, Theorie der juristischen Argumentation. Die Theorie des rationalen Diskurses als Theorie der juristischen Begründung, 7. Aufl., Suhrkamp, Frankfurt am Main 2012 [Theorie⁷]

Amrhein, Christine, Monismus und Dualismus in den Völkerrechtslehren, Duncker & Humblot, Berlin 2003 [Monismus]

Bankowski, Zenon/*MacCormick*, Neil, Statutory Interpretation in the United Kingdom, in MacCormick, Neil/Summers, Robert [Hrsg], Interpreting Statutes. A Comparative Study, Dartmouth, Aldershot-Brookfield-Hong Kong-Singapore-Sydney 1991, 359 [in MacCormick/Summers]

Bankowski, Zenon/*MacCormick*, Neil/*Summers*, Robert/*Wróblewski*, Jerzy, On Method and Methodology, in MacCormick, Neil/Summers, Robert [Hrsg], Interpreting Statutes. A Comparative Study, Darthmouth, Aldershot-Brook-field-Hong Kong-Singapore-Sydney 1991, 359 [in MacCormick/Summers]

Barak, Aharon, Purposive Interpretation in Law, Princeton University Press, Princeton/Oxford 2005 [Purposive Interpretation]

Bingham, Joseph W., What is the Law?, Michigan Law Review XI (1912), 1

Böth, Katharina, Evolutive Auslegung völkerrechtlicher Verträge. Eine Untersuchung zu Voraussetzungen und Grenzen in Anbetracht der Praxis internationaler Streitbeilegungsinstitutionen, Duncker & Humblot, Berlin 2013 [Evolutive Auslegung]

Breyer, Stephen, On the Uses of Legislative History in Interpreting Statutes, Southern California Law Review 65 (1992), 845

Correia, Edward O, A Legislative Conception of Legislative Supremacy, Case Western Reserve Law Review 42 (1992), 1129

Daillier, Patrick/*Pellet,* Alain, Droit International Public, 7. Auflage, L.G.D.J. lextenso edition, Paris 2002 [Droit International Public[7]]

Dörr, Oliver, Art 31, in Oliver Dörr/Kirsten Schmalenbach (Hrsg), Vienna Convention on the Law of Treaties, Springer Verlag, Heidelberg-Dordrecht-London-New York 2012, 560 [in Dörr/Schmalenbach]

Dreier, Ralf, Was ist und wozu Allgemeine Rechtstheorie?, Mohr Siebeck, Tübingen 1975 [Rechtstheorie]

Dworkin, Ronald M., The Model of Rules, The University of Chicago Law Review 35 (1967), 14

Dworkin, Ronald M., Law's Empire, Fontana Press, Glasgow 1986 [Empire]

Dworkin, Ronald M., Bürgerrechte ernstgenommen, Suhrkamp, Frankfurt am Main 1990 [Bürgerrechte]

Eckmann, Horst, Rechtspositivismus und analytische Sprachphilosophie. Der Begriff des Rechts in der Rechtsphilosophie H.L.A. Harts, Duncker & Humblot, Berlin 1969 [Rechtspositivismus]

Esser, Josef, Vorverständnis und Methodenwahl in der Rechtsfindung, Athenäum Verlag; Frankfurt am Main 1970 [Vorverständnis]

Fikentscher, Wolfgang, Methoden des Rechts in vergleichender Darstellung, Band II, Anglo-Amerikanischer Rechtskreis, Mohr Siebeck, Tübingen 1975 [Methoden II]

Fritzsche, Thomas, Kelsen und Hart, in Robert Walter/Klaus Zeleny, Reflexionen über Demokratie und Recht, Festakt aus Anlass des 60. Geburtstages von Clemens Jabloner, Manz Verlag, Wien 2009, 77 [in FS Jabloner]

Grabenwarter, Christoph/*Pabel,* Katharina, Europäische Menschenrechtskonvention, 5. Aufl., C.H. Beck Verlag, Helbing Lichtenhahn Verlag, Manz Verlag, Müncehn-Basel-Wien 2012 [Menschenrechtskonvention⁵]

Greenawalt, Kent, Legal Interpretation. Perspectives from other Disciplines and Private Texts, Oxford University Press, New York 2010 [Legal Interpretation]

Greenawalt, Kent, Statutory and Common Law Interpretation, Oxford University Press, New York 2013 [Statutory and Common Law]

Griller, Stefan, Gibt es eine intersubjektiv überprüfbare Bedeutung von Normtexten? Bemerkungen zur Sprachphilosophie Ludwig Wittgensteins, in Stefan Griller/Karl Korinek/Michael Potacs (Hrsg), Grundfragen und aktuelle Probleme des öffentlichen Rechts, Orac Verlag, Wien 1995, 543 [in FS Rill]

Griller, Stefan, Völkerrecht und Landesrecht – unter Berücksichtigung des Europarechts, in Robert Walter/Clemens Jabloner/Klaus Zeleny (Hrsg), Kelsen und Völkerrecht, Manz Verlag, Wien 2004, 83 [in Walter/Jabloner/Zeleny]

Griller, Stefan/*Potacs*, Michael, Zur Unterscheidung von Pragmatik und Semantik in der juristischen Hermeneutik, in Vetter, Helmuth/Potacs, Michael (Hrsg), Beiträge zur juristischen Hermeneutik, Literas Universitätsverlag, Wien 1990, 66 [in Vetter/Potacs]

Hart, Henry/*Sacks*, Albert, The Legal Process: Basic Problems in the Making and Application of Law, Neuausgabe der Auflage von 1958 (Hrsg William N. Eskridge, Jr/Philipp Frickey), Westbury (N.Y.) 1994 [Legal Process]

Hart, H.L.A., Kelsen's Doctrine of the Unity of Law, in Howard E. Kiefer/Milton K. Munitz (Hrsg), Ethics an Justice, State University of New York Press, Albany 1970, 171 [in Kiefer/Munitz]

Hart, H.L.A, Der Begriff des Rechts. Mit dem Postskripktum von 1994 und einem Nachwort von Christoph Möllers, Suhrkamp, Frankfurt am Main 2011 [Begriff]

Heidegger, Martin, Sein und Zeit, 15. Aufl., Max Niemayer Verlag, Tübingen 1979 [Sein und Zeit¹⁵]

Herberger, Maximilian/Simon, Dieter, Wissenschaftstheorie für Juristen, Alfred Metzner Verlag, Frankfurt am Main 1980 [Wissenschaftstheorie]

Herdegen, Matthias, Völkerrecht, 12. Aufl., C.H. Beck Verlag, München 2013 [Völkerrecht¹²]

Hoerster, Norbert, Kritischer Vergleich der Theorien der Rechtsgeltung von Hans Kelsen und H.L.Hart, in Stanley L. Paulson/Robert Walter (Hrsg), Untersuchungen zur Reinen Rechtslehre, Manz Verlag, Wien 1986, 1 [in Paulsen/Walter]

Hoerster, Norbert, Zum Problem der absoluten Normgeltung, in Heinz Mayer/Clemens Jabloner/Gabriele Kucsko-Stadlmayer/René Laurer/Kurt Ringhofer/Rudolf Thienel (Hrsg) ua (Hrsg), Staatsrecht in Theorie und Praxis, Festschrift für Robert Walter zum 60. Geburtstag, Manz Verlag, Wien 1991, 255 [in FS Walter]

Hoerster, Norbert, Hans Kelsens Grundnormlehre kritisch betrachtet, JZ 2008, 2008, 1023

Holoubek, Michael, Zur Begründung des Verhältnismäßigkeitsgrundsatzes – verwaltungs-, verfassungs- und gemeinschaftsrechtliche Aspekte, in Stefan Griller/Karl Korinek/Michael Potacs (Hrsg), Grundfragen und aktuelle Probleme des öffentlichen Rechts. Festschrift für Heinz Peter Rill zum 60. Geburtstag, Verlag Orac, Wien 1995, 97 [in FS Rill]

Holoubek, Michael, Rechtswissenschaftliche Rechtspolitik? Plädoyer für einen (weiteren) Gegenstand der Rechtswissenschaften, in Michael Holoubek/Georg Lienbacher (Hrsg), Rechtspolitik der Zukunft – Zukunft der Rechtspolitik, Springer Verlag, Wien New York 1999, 9 [in Holoubek/Lienbacher]

Holoubek, Michael, Gedanken zur Auslegungslehre, in Clemens Jabloner/Gabriele Kucsko-Stadlmayer/Gerhard Muzak/Betina Perthold-Stoitzner/Karl Stöger (Hrsg), Vom praktischen Wert der Methode, Manz Verlag, Wien 2011 [in FS Mayer]

Jabloner, Clemens, Kein Imperativ ohne Imperator – Anmerkungen zu einer These Kelsens, in Robert Walter (Hrsg), Untersuchungen zur Reinen Rechtslehre II, Manz Verlag, Wien 1988, 75 [in Walter]

Jabloner, Clemens, Die Gesetzesmaterialien als Mittel der historischen Auslegung, in Johannes Hengstschläger/Heribert Franz Köck/Karl Korinek/Klaus Stern/Antonio Truyol y Serra (Hrsg), Für Staat und Recht, Festschrift für Herbert Schambeck, Duncker & Humblot, Berlin 1994, 441 [in FS Schambeck]

Jahr, Günther, Zum Verhältnis von Rechtsdogmatik und Rechtstheorie, in Günther Jahr/Werner Maihofer (Hrsg), Rechtstheorie. Beiträge zur Grundlagendiskussion, Klostermann Verlag, Frankfurt am Main 1971, 303 [in Jahr/Maihofer]

Kantorowicz, Hermann, der Begriff des Rechts,Vandenhoeck & Ruprecht, Göttingen 1963 [Begriff]

Karpen, Ulrich, Gesetzgebungslehre – neu evaluiert, 2. Aufl., Nomos Verlag, Baden-Baden 2008 [Gesetzgebungslehre[2]]

Kaufmann, Arthur, Rechtstheorie. Ansätze zu einem kritischen Rechtsverständnis, Verlag C.F.Müller, Karlsruhe 1971 [Rechtstheorie]

Kelsen, Hans, Eine „Realistische“ und die Reine Rechtslehre. Bemerkungen zu Alf Ross: On Law and Justice, ZÖR X (1959), 1

Kelsen, Hans, Reine Rechtslehre, 2. Auflage, Verlag Franz Deuticke, Wien 1960 [Reine Rechtslehre[2]]

Kelsen, Hans, Recht und Logik, Forum XXII (1965), 421

Kelsen, Hans, Nochmals: Recht und Logik. Zur Frage der Anwendbarkeit Logischer Prinzipien auf Rechtsnormen, Neues Forum XIV (1967), 39

Kelsen, Hans, Allgemeine Theorie der Normen, Manz Verlag, Wien 1979 [Allgemeine Theorie]

Klabbers, Jan, International Law, Cambridge University Press, Cambridge 2013 [International Law]

Koch, Hans-Joachim/*Rüßmann*, Helmut, Juristische Begründungslehre. Eine Einführung in die Grundprobleme der Rechtswissenschaft, Beck Verlag, München 1982 [Begründungslehre]

Koller, Peter, Theorie des Rechts. Eine Einführung, 2. Aufl., Böhlau Verlag, Wien-Köln-Weimar 1997 [Theorie[2]]

Kramer, Ernst A. Juristische Methodenlehre, 3. Aufl. , Stämpfli Verlag AG, Verlag C.H. Beck, Manz Verlag, Bern 2010 [Methodenlehre[3]]

Krawietz, Werner, Juristische Entscheidung und wissenschaftliche Erkenntnis, Springer Verlag, Wien-New York 1978 [Entscheidung]

Kunig, Philip, Völkerrecht und staatliches Recht, in Wolfgang Vitzthum (Hrsg), Völkerrecht, 4. Aufl., De Gruyter, Berlin 2007 [in Vitzthum[4]]

Küper, Georg, Begriff und Grund der Rechtsgeltung in der aktuellen Diskussion, Rechtstheorie 22 (1991), 71

Langenbucher, Katja, Zur Rolle des Richters in der anglo-amerikanischen Rechtstheorie 25 (1994), 392

Leiter, Brian, American Legal Realism, The University Texas School of Law. Public Law and Legal Theory Research Paper Nr. 042, 2002 [Legal Realism]

Luhmann, Niklas, Die Einheit des Rechtssystems, Rechtstheorie 14 (1983), 129

Llewellyn, Karl N., Remarks on the Theory of Appellate Decision and the Rules or Canons about how Statutes are to be Construed, Vanderbilt Law Review 3 (1949–1950), 395

MacCormic, Neil D., Das Recht als institutionelle Tatsache, in Neil D. MacCormick/ Ota Weinberger, Grundlagen des Institutionalistischen Rechtspositivismus, Duncker & Humblot, Berlin 1985, 76 [Recht]

MacCormick, Neil D., Über analytische Jurisprudenz, in Neil D. MacCormick/Ota Weinberger, Grundlagen des Institutionalistischen Rechtspositivismus, Duncker & Humblot, Berlin 1985, 124 [Jurisprudenz]

MacCormick, Neil D., Ein Postskriptum zu Weinbergers Einleitung, in Neil D. MacCormick/Ota Weinberger, Grundlagen des Institutionalistischen Rechtspositivismus, Duncker & Humblot, Berlin 1985, 57 [Postskriptum]

MacCormick, Neil/*Summers*, Robert, Interpretation and Justification, in MacCormick, Neil/Summers, Robert [Hrsg], Interpreting Statutes. A Comparative Study, Dartmouth, Aldershot-Brookfield-Hong Kong-Singapore-Sydney 1991, 511 [in MacCormick/Summers]

MacCormick, Neil, Argumentation and Interpretation in Law, Ratio Juris 6 (1993), 16

Mahlmann, Matthias, Rechtsphilosophie und Rechtstheorie, Nomos Verlag, 2. Auflage Baden-Baden 2012 [Rechtsphilosophie[2]]

Maltz, Earl M., Statutory Interpretation and Legislative Power: The Case for a Modified Intentionalist Approach, Tulane Law Review 63 (1988), 1

Mastronardi, Philipe, Angewandte Rechtstheorie, Haupt Verlag, Bern-Stuttgart-Wien 2009 [Rechtstheorie]

Mayer, Heinz, Die Interpretationstheorie der Reinen Rechtslehre, in Robert Walter (Hrsg), Schwerpunkte der Reinen Rechtslehre, Manz Verlag, Wien 1992, 61 [in Walter]

Melin, Patrick, Gesetzesauslegung in den USA und in Deutschland, Mohr Siebeck, Tübingen 2004 [Gesetzesauslegung]

Merkl, Adolf Julius, Allgemeines Verwaltungsrecht, Verlag Julius Springer, Wien-Berlin 1927 [Verwaltungsrecht]

Merkl, Adolf, Julius, Prolegomina einer Theorie des rechtlichen Stufenbaus, in Alferd Verdross (Hrsg), Gesellschaft, Staat und Recht. Untersuchungen zur Reinen Rechtslehre (unveränderter Nachdruck der Ausgabe von 1931), Sauer & Ackermann, Frankfurt am Main 1967, 252 [in FS Kelsen]

Merten, Arthur T. von/Murray, Peter L., Das Recht in den Vereinigten Staaten von Amerika, xenomoi Verlag, Berlin 2008 [Recht in den Vereinigten Staaten]

Mettenheim, Christoph von, Recht und Rationalität, Mohr Siebeck Verlag, Tübingen 1984 [Recht]

Mols, Manfred, Politik als Wissenschaft: Zur Definition, Entwicklung und Standortbestimmung einer Diszipiln. In Hans-Joachim Lauth/Christian W. Wagner (Hrsg), Politikwissenschaft: Eine Einführung, 7. Aufl., Ferdinand Schöning Verlag, Paderborn 2009, 23 [in Lauth/Wagner]

Müller, Friedrich/*Christensen*, Ralph, Juristische Methodik. Band II: Europarecht, Duncker & Humblot, 2. Auflage, Berlin 2007 [Methodik II[2]]

Müller, Friedrich/Christensen, Ralph, Juristische Methodik, Band I, 11. Auflage, Duncker & Humblot, Berlin 2013 [Methodik I[11]]

Neumann, Ulfried, Wissenschaftstheorie der Rechtswissenschaft, in Arthur Kaufmann/Winfried Hassemer/Ulfried Neumann (Hrsg), Einführung in Rechtsphilosophie und Rechtstheorie der Gegenwart, 7. Aufl., Heidelberg 2004 [in Kaufmann/Hassemer/Neumann]

Noll, Peter, Gesetzgebungslehre, Rowohlt, Reinbek bei Hamburg 1973 [Gesetzgebungslehre]

Öhlinger, Theo, Der Stufenbau der Rechtsordnung. Rechtstheoretische und ideologische Aspekte, Manz Verlag 1975 [Stufenbau]

Öhlinger, Theo/Potacs, Michael, EU-Recht und staatliches Recht. Die Anwendung des Europarechts im innerstaatlichen Bereich, 5. Aufl., LexisNexis Verlag, Wien 2014 [EU-Recht[5]]

Olivecrona, Karl, Law as Fact, 2. Aufl., Stevens & Sons, London 1971 [Law[2]]

Ott, Walter, Der Rechtspositivismus, 2. Auflage, Duncker & Humblot, Berlin 1992 [Rechtspositivismus[2]]

Patterson, Dennis, Recht und Wahrheit, Nomos Verlag, Baden-Baden 1999 [Recht und Wahrheit]

Pawlik, Michael, Der Rechtsbegriff bei H.L.A. Hart, in Stefan Griller/Heinz Peter Rill (Gesamtredaktion), Rechtstheorie. Rechtsbegriff-Dynamik-Auslegung, Springer Verlag, Wien-New York 2011, 41 [in Griller/Rill]

Popper, Karl R., Objektive Erkenntnis. Ein evolutionärer Entwurf, Hoffmann & Campe Verlag, Hamburg 1973 [Erkenntnis]

Popper, Karl R. Ausgangspunkte. Meine intellektuelle Entwicklung, Hoffmann & Campe Verlag, Hamburg 1979 [Ausgangspunkte]

Popper, Karl R., Logik der Forschung, 9. Aufl., Mohr Siebeck, Tübingen 1989 [Logik[9]]

Poscher, Ralf, Wahrheit und Recht. Die Wahrheitsfragen des Rechts im Lichte deflationärer Wahrheitstheorie, ARSP 89 (2003), 200.

Posner, Richard A., Economics, Politics, and the Reading of Statutes and the Constitution, The University of Chicago Law Review 49 (1982), 263

Posner, Richard A., Statutatory Interpretation – in the Classroom and in the Courtroom, The Chicago Law Review 50 (1983), 800

Posner, Richard A., Frontiers of Legal Theory, Harvard University Press, Cambridge-Massachusetts/London 2004 [Legal Theory]

Potacs, Michael, Rechtsdogmatik als empirische Wissenschaft, Rechtstheorie 25 (1994), 191

Potacs, Michael, Auslegung im öffentlichen Recht. Eine vergleichende Untersuchung der Auslegungspraxis des Europäischen Gerichtshofs und der österreichischen Gerichtshöfe des öffentlichen Rechts, Nomos Verlag, Baden-Baden 1994 [Auslegung]

Potacs, Michael, Kritischer Rationalismus und Rechtswissenschaft, in Reinhard Neck/Kurt Salamun (Hrsg), Karl R. Popper – Plädoyer für eine kritisch rationale Wissenschaft, Peter Lang Verlag, Frankfurt am Main-Berlin-Bern-Brüssel-New York-Oxford-Wien 2004, 109 [in Neck/Salamun]

Potacs, Michael, Objektive Rechtswissenschaft ohne Grundnorm, Rechtstheorie 36 (2005), 5

Potacs, Michael, Ökonomische Effizienz als Interpretationsmaxime?, ZfV 2008, 598

Potacs, Michael, Effet utile als Auslegungsgrundsatz, EuR 2009, 465

Potacs, Michael, Das Verhältnis zwischen der EU und ihren Mitgliedstaaten im Lichte traditioneller Modelle, ZÖR 65 (2010), 117

Potacs, Michael, Erkenntnisinteresse und Methodenwahl, in Clemens Jabloner/Gabriele Kucsko-Stadlmayer/Gerhard Muzak/Bettina Perthold-Stoitzner/Karl Stöger (Hrsg), Vom praktischen Wert der Methode. Festschrift Heinz Mayer zum 65. Geburtstag, Manz Verlag, Wien 2011, 539 [in FS Mayer]

Potacs, Michael, Zur Logik im Recht, in Clemens Jabloner/Dieter Kolonovits/Gabriele Kucsko-Stadlmayer/Hans René Laurer/Heinz Mayer/Rudolf Thienel (Hrsg), Gedenkschrift Robert Walter, Manz Verlag, Wien 2013, 643 [in GS Walter]

Potacs, Michael, Die Struktur von Abwägungsentscheidungen, in Lamiss Khakzadegh-Leiler/Sebastian Schmidt/Karl Weber (Hrsg), Interessenabwägung und Abwägungsentscheidung, Verlag Österreich, Wien 2014, 15 [in Khakzadegh-Leiler/Schmidt/Weber]

Potacs, Michael/*Mayer*, Claudia, Effet Utile as a Method of Interpretation, in Tichý, Lubos/Potacs, Michael/Dumbrovský, Tomás [Hrsg], Effet Utile, Centre for Comparative Law of the Faculty of Law Charles University in Prague, Prague 2014, 17 [in Tichý/Potacs/Dumbrovský]

Raz, Joseph, Kelsen's Theory of the Basic Norm, The American Journal of Jurisprudence 19 (1974), 19

Raz, Joseph, The Concept of a Legal System, Oxford University Press, Second edition New York 1980, Reprinted 1997 [Legal System^2]

Rehbinder, Manfred, Rechtssoziologie, 7. Aufl., Verlag C.H.Beck, München 2009 [Rechtssoziologie^7]

Reinisch, August, Richterrecht im Völkerrecht, JRP 2001, 294

Rill, Heinz Peter, Juristische Methodenlehre und Rechtsbegriff, ZfV 1985, 461, 577

Rill, Heinz Peter, Hermeneutik des kommunikationstheoretischen Ansatzes, in Helmuth Vetter/Michael Potacs (Hrsg), Beiträge zur juristischen Hermeneutik, Literas Universitätsverlag, Wien 1990, 53 [in Vetter/Potacs]

Rill, Heinz Peter, Grundlegende Fragen bei der Entwicklung eines Rechtsbegriffs, in Stefan Griller/Heinz Peter Rill (Gesamtredaktion), Rechtstheorie. Rechtsbegriff-Dynamik-Auslegung, Springer Verlag, Wien-New York 2011, 1 [in Griller/Rill]

Rill, Heinz Peter, Internationales, supranationales und nationales Recht – eine Einheit, in Clemens Jabloner/Dieter Kolonovits/Gabriele Kucsko-Stadlmayer/Hans René Laurer/Heinz Mayer/Rudolf Thienel (Hrsg), Gedenkschrift Robert Walter, Manz Verlag, Wien 2013, 679 [in GS Walter]

Rosenmayr, Stefan, Einige Theorien der Geltung des Rechts, in Stanley L. Paulson/Robert Walter (Hrsg), Untersuchungen zur Reinen Rechtslehre, Manz Verlag, Wien 1986, 192 [in Paulson/Walter]

Ross, Alf, On Law and Justice, Stevens & Sons, London 1958 [Law]

Ross, Alf, Towards a Realistic Jurisprudence, Scientia Verlag, Aaalen 1989 [Jurisprudence]

Rottleuthner, Hubert, Rechtstheorie und Rechtssoziologie, Karl Alber Verlag, Freiburg im Breisgau-München 1981 [Rechtstheorie und Rechtssoziologie]

Röhl, Klaus F./*Röhl*, Hans Christian, Allgemeine Rechtslehre, Carl Heymanns Verlag, 3. Auflage Köln-München 2008 [Rechtslehre[3]]

Rüthers, Bernd/*Fischer*, Christian/*Birk*, Axel, Rechtstheorie mit Juristischer Methodenlehre, 7. Aufl., Verlag C.H.Beck München 2013 [Rechtstheorie[7]]

Samuel, Geoffrey, Common law, in Jan M. Smits (Hrsg), Elgar Encyclopedia of Comparative Law, Edward Elgar, Cheltenham UK-Northampton USA 2006, 242 [in Smits]

Savigny, Eike von, Die Philosophie der normalen Sprache, Suhrkamp, Frankfurt am Main 1969 [Philosophie]

Scalia, Antonin/*Garner*, Bryan A., Reading Law. The Interpretation of Legal Texts, Thompson/West, St. Paul 2012 [Law]

Schauer, Frederick, Thinking like a Lawyer, Harvard University Press, Cambridge-London 2009 [Lawyer]

Schäffer, Heinz, Verfassungsinterpretation in Österreich, Springer Verlag, Wien-New York 1971 [Verfassungsinterpretation]

Schmidt, Michael, Reine Rechtslehre versus Rechtsrealismus, in Robert Walter (Hrsg), Schwerpunkte der Reinen Rechtslehre, Manz Verlag, Wien 1992, 137 [in Walter]

Searle, John R., Sprechakte: Ein sprachphilosophisches Essay, Suhrkamp, Frankfurt am Main 1983 [Sprechakte]

Searle, John R., Ausdruck und Bedeutung. Untersuchungen zur Sprechakttheorie, Suhrkamp, Frankfurt am Main 1982 [Ausdruck]

Seyr, Sybille, Der effet utile in der Rechtsprechung des EuGH, Duncker & Humblot, Berlin 2008 [Effet utile]

Shapiro, Scott J., Legality, the Belknap Press of Havard University Press, Cambridge, Massachusetts-London, England 2011 [Legality]

Smith, Damian, England and Wales, in Jan M. Smits (Hrsg), Elgar Encyclopedia of Comparative Law, Edward Elgar Verlag, Cheltenham, UK-North-hampton, Massachusetts USA 2006, 242 [in Smits]

Somek, Alexander/*Forgo,* Nikolaus, Nachpositivistisches Rechtsdenken, Wiener Universitätsverlag, Wien 1996 [Nachpositivistisches Rechtsdenken]

Somek, Alexander, Rechtliches Wissen, Suhrkamp, Frankfurt am Main 2006 [Wissen]

Summers, Robert, Statutory Interpretation in the United States, in MacCormick, Neil/Summers, Robert [Hrsg], Interpreting Statutes. A Comparative Study, Darmouth, Aldershot-Brookfield-Hong Kong-Singapore-Sydney 1991, 407 [in MacCormick/Summers]

Summers, Robert/*Tartuffo,* Michele, Interpretation and Comparative Analysis, in: MacCormick, Neil/Summers, Robert [Hrsg], Interpreting Statutes. A Comparative Study, Darthmouth, Aldershot-Brookfield-Hong Kong-Singapore-Sydney 1991,461 [in MacCormick/Summers]

Thienel, Rudolf, Geltung und Wirksamkeit, in Stanley L. Paulson/Robert Walter (Hrsg), Untersuchungen zur Reinen Rechtslehre, Manz Verlag, Wien 1986, 20 [in Paulsen/Walter]

Thienel, Rudolf, Kritischer Rationalismus und Jurisprudenz, Manz Verlag, Wien 1991 [Rationalismus]

Teubner, Gunther, Recht als autopoietisches System. Suhrkamp Verlag, Frankfurt am Main 1989 [System]

Verdross, Alfred, Völkerrecht, 5. Aufl., Springer Verlag, Wien 1964 [Völkerrecht^5]

Vesting, Thomas, Rechtstheorie, Verlag C.H.Beck, München 2007 [Rechtstheorie]

Vogenauer, Stefan, Die Auslegung von Gesetzen in England und auf dem Kontinent, Band I und II, Verlag Mohr Siebeck, Tübingen 2001 [Auslegung]

Vogenauer, Stefan, Staturory Interpretation, in Smits, Jan M. [Hrsg], Elgar Encyclopedia of Comparative Law, Edward Elgar Publishing, Cheltenham-Northhampton 2006, 677 [in Smits]

Walter, Robert, Der Aufbau der Rechtsordnung, 2. Aufl., Manz Verlag, Wien 1974 [Aufbau^2]

Walter, Robert, Das Problem des Verhältnisses von Recht und Logik in der Reinen Rechtslehre, Rechtstheorie 11 (1980), 299

Walter, Robert, Das Auslegungsproblem der Reinen Rechtslehre, in Günther Kohlmann (Hrsg), Festschrift für Ulrich Klug zum 70. Geburtstag, Band I: Rechtsphilosophie/Rechtstheorie, Verlag Peter Deubner, Köln 1983, 187 [in FS Klug]

Walter, Robert, Die Entwicklung der Reinen Rechtslehre und das Auslegungsproblem, in: Michael W. Fischer/Erhard Mock/Helmut Schreiner, Hermeneutik und Strukturtheorie des Rechts, ARSP Beiheift 20 (1984), 129 [in Fischer/Mock/Schreiner]

Weinberger, Ota, Kelsens These von der Unanwendbarkeit logischer Regeln auf Normen, in Die reine Rechtslehre in wissenschaftlicher Diskussion, Schriftenreihe des Hans Kelsen Institutes, Manz Verlag, Wien 1982 [Unanwendbarkeit]

Weinberger, Ota, Ausgangspunkte des Institutionalistischen Rechtspositivismus, in Neil D. MacCormick/Ota Weinberger, Grundlagen des Institutionalistischen Rechtspositivismus, Duncker & Humblot, Berlin 1985, 11 [Ausgangspunkte]

Weinberger, Ota, Jenseits von Positivismus und Naturrecht, in Neil D. MacCormick/Ota Weinberger, Grundlagen des Institutionalistischen Rechtspositivismus, Duncker & Humblot, Berlin 1985, 140 [Positivismus]

Weinberger, Ota, Die Norm als Gedanke und Realität, in Neil D. MacCormick/Ota Weinberger, Grundlagen des Institutionalistischen Rechtspositivismus, Duncker & Humblot, Berlin 1985, 60 [Norm und Gedanke]

Weinberger, Ota, Tatsachen und Tatsachenbeschreibung, in Neil D. MacCormick/Ota Weinberger, Grundlagen des Institutionalistischen Rechtspositivismus, Duncker & Humblot, Berlin 1985, 108 [Tatsachen]

Weinberger, Ota, Norm und Institution, Manz Verlag, Wien 1988 [Norm]

Weinberger, Ota, Rechtslogik, 2. Aufl., Duncker & Humblot, Berlin 1989 [Rechtslogik^2]

Wiederin, Ewald, Was ist und welche Konsequenzen hat ein Normenkonflikt?, Rechtstheorie 21 (1990), 311

Wiederin, Ewald, Die Stufenbaulehre Adolf Julius Merkls, in Stefan Griller/Heinz Peter Rill (Gesamtredaktion), Rechtstheorie. Rechtsbegriff-Dynamik-Auslegung, Springer Verlag, Wien New York 2011, 81 [in Griller/Rill]

Wittgenstein, Ludwig, Philosophische Untersuchungen, in Ludwig Wittgenstein, Werkausgabe Band 1, Suhrkamp, Frankfurt am Main 1984, 225 [Untersuchungen]

Wunderlich, Dieter, Studien zur Sprechakttheorie, Suhrkamp, Frankfurt am Main 1976 [Sprechakttheorie]

Zippelius, Reinhold, Rechtsphilosophie, Verlag C.H. Beck, 6. Aufl. München 2011 [Rechtsphilosophie^6]

Stichwortverzeichnis